全国优秀教材二等奖

普通高等教育"十一五"国家级规划教材

高等学校俄语专业教材

大学俄语
РУССКИЙ ЯЗЫК
〔新版〕 ЯЗЫК

学生用书

7

总主编：史铁强

主　编：史铁强

外语教学与研究出版社
北京

U校园 App

图书在版编目（CIP）数据

东方大学俄语新版 7 学生用书 ／ 史铁强主编． —— 北京 ：外语教学与研究出版社，2023.5

高等学校俄语专业教材 ／ 史铁强总主编

ISBN 978-7-5213-4461-5

Ⅰ．①东… Ⅱ．①史… Ⅲ．①俄语－高等学校－教材 Ⅳ．①H359.39

中国国家版本馆 CIP 数据核字 (2023) 第 078983 号

出 版 人　王　芳
项目策划　崔　岚　周朝虹
责任编辑　秦睿梓
责任校对　叶晓奕
封面设计　高　蕾　锋尚设计
版式设计　孙莉明
出版发行　外语教学与研究出版社
社　　址　北京市西三环北路 19 号（100089）
网　　址　https://www.fltrp.com
印　　刷　天津市光明印务有限公司
开　　本　787×1092　1/16
印　　张　10.5
版　　次　2023 年 6 月第 1 版 2023 年 6 月第 1 次印刷
书　　号　ISBN 978-7-5213-4461-5
定　　价　45.00 元

如有图书采购需求，图书内容或印刷装订等问题，侵权、盗版书籍等线索，请拨打以下电话或关注官方服务号：
客服电话：400 898 7008
官方服务号：微信搜索并关注公众号"外研社官方服务号"
外研社购书网址：https://fltrp.tmall.com

物料号：344610001

"东方"大学俄语(新版)学生用书编委会

总 主 编:史铁强

顾　　问:丁树杞

审　　定:李英男

(俄罗斯)Б. Ю. 扎沃龙科夫

(俄罗斯)И. В. 安德列耶娃

(俄罗斯)А. А. 安德列耶夫

(比利时)Я. Н. 普里鲁茨卡娅

前　　言

　　本书是《东方大学俄语新版》系列教材学生用书第七册，是供我国高等学校俄语专业本科四年级学生上学期使用的精读课教材。

　　四年级是大学俄语教学的最后阶段。首先，应该进一步发展和完善学生的语言基本功，提高其口笔语交际能力，使学生的俄语知识和口笔语技能熟巧，尽量适应未来工作的实际需要；第二，需要增加学生的人文知识储备，提高其认识水平，加强其对所学语言国国别的研究；第三，作为语文学科的主干课程，应当使学生具有语言分析能力和文章鉴赏能力，并提高自己的言语素养。这些目标和任务体现在以下几个方面：

　　1. 在题材和课文的选择上，力争反映俄罗斯的人文精神和国民特质，分析影响俄罗斯民族性格形成的因素，为未来的俄罗斯研究奠定基础。

　　2. 每一专题中有两篇主课文，分别是文学作品和理论文章。小说作为语言学习的基本材料，也是文学作品语言分析的对象，同时为专题研讨提供生动的形象支撑。论说文是关于该话题的理论阐释，旨在帮助学生提高认识水平，并提供观察的视角。

　　3. 选材及练习力求贯彻"研讨式教学"的原则，提出问题，探讨问题，启发独立思考和用外语表达思想的积极性。教材提供了一些思考题和讨论题，以帮助学生就专题进行自由讨论。教师在组织教学过程中，可根据具体情况灵活掌握讨论的时间和深度。

　　4. 为了扩大学生的词汇量，提高学生对词的构成、词汇意义的分析能力，本书中有不少构词法及词汇辨析练习，介绍了常用的构词方法、近义词的语义和用法区别，以及常用句式和熟语的用法。此外，在每课的末尾特设了同义词或同根词练习。词条的选择力求与本课出现的词有联系，但同时也相对独立，自成系统。

　　5. 每课的最后部分安排了补充阅读课文，旨在帮助学生获取每个专题更多的信息。补充课文多为俄罗斯著名思想家、哲学家的著作节选，难度略超出正课课文，因此仅作为学生课后阅读材料，不建议纳入课堂教学计划。

　　本书中每个专题的教学时数预计为 14~16 课时，即每月讲授约 1 个专题。

　　本书审订由 Я. Н. 普里鲁茨卡娅女士和 И. В. 安德列耶娃女士完成。本书初稿完成后，曾在北京外国语大学等多所院校试用，其间师生提出了不少建设性意见。试用期间，俄罗斯《Златоуст》出版社专家 А. И. 柳比娃娅审读了全书，并作了适当修改。在此，作者对他们也表示衷心感谢。

　　本书于 2023 年 4 月升级改版，将原有的 MP3 光盘变更为"U 校园"App，方便广大师生使用。扫描图书封底二维码，下载"U 校园"App 并注册，根据提示找到本教材对应音频。如需下载教材配套音频，可登陆 mlp.fltrp.com。

编　者

2023 年 4 月

ОГЛАВЛЕНИЕ
目录

УРОК 1

РУССКАЯ МЕНТАЛЬНОСТЬ

I ВВЕДЕНИЕ В ТЕМУ

Вряд ли в современных социально-гуманитарных науках есть столь сложная и столь же острая проблема, как определение национального характера.

При изучении вопроса о национальном характере надо учитывать общее и единичное. Раскрыть характер народа – это раскрыть его самые яркие социально-психологические особенности. На Западе широко распространены исследования характера народа через его культурную продукцию: литературу, искусство, философию. Считается, что именно через них выражается «душа народа». На основе этой традиции многие учёные описывают, например, «русскую душу», сверяясь с романами Ф. М. Достоевского, Л. Н. Толстого и других классиков русской литературы. Более того, этот метод использовался немецким командованием в ходе подготовки войны с Россией.

В чём же суть понимания национального характера, его, так сказать, ментальности? Понятие ментальности обозначает интегральную характеристику людей, живущих в конкретной культуре, с их особым способом восприятия мира, образом мыслей, структурой жизненных ценностей, формами бытового и социального поведения. Уже давно русский мыслитель В. Белинский сказал: «Тайна каждого народа заключается не в его одежде и кухне, а в его, так сказать, манере понимать вещи».

■ Новые слова

ментальность (*книжн.*)	（民族或个人的）精神气质，心理状态；思维方式	свериться, -рюсь, -ришься *сов.* // сверяться *несов.* (*с чем*)	（根据某种资料）查对
столь (*книжн.*)	如此，那样，这样	командование	指挥；指挥部，司令部
единичный	唯一的，单个的；为数不多的；个别的 ‖ единично	суть	实质，本质
		так сказать (*вводн. сл.*)	可以说，这样说吧
		интегральный	完整的，整体的
		тайна	秘密，机密；秘诀

Задание 1 Ответьте на вопросы к тексту введения.

1) Что является острой проблемой в современном обществоведении?

2) Какой способ изучения национального характера распространён на Западе?

3) Как вы понимаете высказывание Белинского?

Зада́ние 2 Прочита́йте и отве́тьте на вопро́сы.

> Социа́льно-гуманита́рные нау́ки разделя́ются на социа́льные нау́ки и гуманита́рные нау́ки. Социа́льные нау́ки изуча́ют о́бщие социа́льные закономе́рности, структу́ру о́бщества и его́ зако́ны; гуманита́рные нау́ки – челове́ческий мир.

1) Вспо́мните, каки́е те́мы бы́ли затро́нуты в 5-й и 6-й частя́х на́шего уче́бника, и скажи́те, к каки́м (социа́льным или гуманита́рным) нау́кам они́ отно́сятся.
2) Прочита́йте те́мы 7-й и 8-й часте́й уче́бника и скажи́те, к каки́м нау́кам вы бы их отнесли́.

II ТЕКСТЫ

1

НЕМНОГО О ПИСАТЕЛЕ И ПРОИЗВЕДЕНИИ

Васи́лий Мака́рович Шукши́н (1929–1974 гг.) – сове́тский актёр, кинорежиссёр, писа́тель.

Васи́лий Шукши́н роди́лся в Сиби́ри, в крестья́нской семье́. Учи́лся в те́хникуме, рабо́тал на заво́дах, служи́л в Вое́нно-Морско́м фло́те, был учи́телем исто́рии и дире́ктором шко́лы се́льской молодёжи.

Всего́ за свою́ жизнь Шукши́н написа́л 125 расска́зов. Его́ геро́и взя́ты из жи́зни, в них мно́го ра́зного: хоро́шего и плохо́го, зло́го и до́брого, смешно́го и печа́льного. В расска́зе «Ве́рую!» гла́вного геро́я Макси́ма му́чит невырази́мая тоска́. Он стара́ется найти́ её причи́ну, разобра́ться с тем, что с ним происхо́дит. Он пыта́ется объясни́ть э́то окружа́ющим. Пыта́ется показа́ть, что душе́вная боль мо́жет быть тако́й же си́льной и стра́шной, как и други́е боле́зни челове́ка.

Текст 1. Ве́рую!

По воскресе́ньям нава́ливалась осо́бенная тоска́. Макси́м физи́чески чу́вствовал её.
– Опя́ть!.. Навали́лась.
– О!.. Го́споди... Туда́ же, куда́ и лю́ди, – тоска́, – издева́лась жена́ Макси́ма, Лю́да, нела́сковая, рабо́чая же́нщина: она́ не зна́ла, что тако́е тоска́. – С чего́ тоска́-то?
Макси́м Яриков смотре́л на жену́ чёрными, с горя́чим бле́ском глаза́ми...

– Не поймёшь ведь.

– Почему́ же я не пойму́? Объясни́, пойму́.

– Вот у тебя́ всё есть – ру́ки, но́ги... и други́е о́рганы. Како́го разме́ра – э́то друго́й вопро́с, но всё, так сказа́ть, на ме́сте. Заболе́ла нога́ – ты чу́вствуешь, захоте́ла есть – нала́живаешь обе́д... Так?

– Ну.

Макси́м легко́ снима́лся с ме́ста (он был сорокале́тний лёгкий мужи́к, ника́к не чу́вствовал уста́лость на рабо́те, хоть рабо́тал мно́го), ходи́л по ко́мнате, и глаза́ его́ свире́по блесте́ли.

– Но у челове́ка есть та́кже – душа́! Вот она́, здесь, – боли́т! – Макси́м пока́зывал на грудь. – Я же не выду́мываю! Я элемента́рно чу́вствую – боли́т.

– Бо́льше нигде́ не боли́т?

– Слу́шай! – сказа́л Макси́м. – Раз хо́чешь поня́ть, слу́шай! Если сама́ не чу́вствуешь, то постара́йся хоть поня́ть, что быва́ют лю́ди с душо́й. Я же не прошу́ у тебя́ де́нег на во́дку, я же хочу́... Ду́ра! – во́все срыва́лся Макси́м, потому́ что вдруг я́сно понима́л: никогда́ он не объясни́т, что с ним происхо́дит, никогда́ жена́ Лю́да не поймёт его́. Никогда́! Ста́ло быть, всё это – пусты́е слова́. Чего́ и злить себя́? – Спроси́ меня́: кого́ я ненави́жу бо́льше всего́ на све́те? Я отве́чу: люде́й, у кото́рых души́ не́ту[1]. С ва́ми говори́ть – всё равно́, что об сте́нку голово́й би́ться[2].

– А тогда́ почему́ же ты тако́й злой, е́сли у тебя́ душа́ есть?

– А что, по-тво́ему, душа́-то – пря́ник, что ли? Вот она́ как раз и не понима́ет, для чего́ я её таска́ю, душа́-то, и боли́т. А я злюсь поэ́тому. Не́рвничаю.

– Ну и не́рвничай, чёрт с тобо́й![3] Лю́ди дожду́тся воскресе́нья-то да отдыха́ют культу́рно... В кино́ хо́дют.[4] А э́тот – не́рвничает, ви́дите ли.

Макси́м, когда́ тоску́ет, не филосо́фствует, никого́ мы́сленно ни о чём не про́сит, чу́вствует боль и зло́бу. И злость э́ту свою́ он ни к кому́ не обраща́ет, не хо́чется никому́ по мо́рде дать. Ничего́ не хо́чется! И лежа́ть не хо́чется. И во́дку пить не хо́чется – не хо́чется, чтобы над ним смея́лись, проти́вно.

В одно́ тако́е мучи́тельное воскресе́нье Макси́м стоя́л у окна́ и смотре́л на доро́гу. Опя́ть бы́ло я́сно и моро́зно, и дыми́лись тру́бы.

«Ну и что? – серди́то ду́мал Макси́м. – Так же бы́ло сто лет наза́д. Что но́вого-то? И всегда́ так бу́дет. Вон парни́шка идёт, Ва́ньки Малофе́ева сын... А я по́мню самого́ Ва́ньку, когда́ он вот тако́й же ходи́л, и сам я тако́й был. Пото́м у э́тих – свои́ таки́е же бу́дут. А у тех – свои́... И всё? А заче́м?»

Совсе́м то́шно ста́ло Макси́му... Он вспо́мнил, что к Илю́хе Лапшину́ прие́хал в го́сти ро́дственник жены́, а ро́дственник тот – поп. Са́мый натура́льный поп – с волоса́ми. У попа́ что́-то тако́е бы́ло с лёгкими – боле́л. Прие́хал лечи́ться.

Макси́м пошёл к Лапшины́м.

Илю́ха с попо́м сиде́ли как раз за столо́м, пи́ли во́дку и бесе́довали.

Попу́ бы́ло ску́чно с Илю́хой, и он обра́довался, когда́ пришёл Макси́м.

– Что? – спроси́л он.

– Душа́ боли́т, – сказа́л Макси́м. – Я пришёл узна́ть: у ве́рующих душа́ боли́т и́ли нет?

– Во́дки хо́чешь?

– Ты то́лько не поду́май, что я пришёл специа́льно вы́пить. Я могу́, коне́чно, вы́пить, но я не для того́ пришёл. Мне интере́сно знать: боли́т у тебя́ когда́-нибудь душа́ и́ли нет?

Поп нали́л в стака́ны во́дку, придви́нул Макси́му оди́н стака́н.

Поп был кру́пный шестидесятиле́тний мужчи́на, широ́кий в плеча́х, с огро́мными рука́ми. Да́же не ве́рилось, что у него́ что́-то там с лёгкими. И глаза́ у попа́ – я́сные, у́мные. И смо́трит он при́стально. Макси́м сра́зу э́то почу́вствовал – с попо́м о́чень интере́сно.

– Душа́ боли́т?

– Боли́т.

– Так, – поп вы́пил. – Начнём подъезжа́ть издалека́. Слу́шай внима́тельно, не перебива́й. – Поп погла́дил бо́роду и с удово́льствием заговори́л:

– Как то́лько появи́лся род челове́ческий, так появи́лось зло. Как появи́лось зло, так появи́лось жела́ние боро́ться с ним, со злом то есть. Появи́лось добро́. Зна́чит, добро́ появи́лось то́лько тогда́, когда́ появи́лось зло. Други́ми слова́ми, есть зло – есть добро́, нет зла – нет добра́, Понима́ешь меня́?

– Ну, ну.

– Что тако́е Христо́с? Это воплощённое добро́, при́званное уничто́жить зло на земле́. Две ты́щи⁵ лет он прису́тствует среди́ люде́й как иде́я – бо́рется со злом.

Илю́ха засну́л за столо́м.

– Ты спроси́л: отчего́ боли́т душа́? Я рису́ю тебе́ карти́ну мирозда́ния, что́бы душа́ твоя́ обрела́ поко́й. Внима́тельно слу́шай и постига́й. Ита́к, иде́я Христа́ возни́кла из жела́ния победи́ть зло. Ина́че – заче́м? Предста́вь себе́: победи́ло добро́. Победи́л Христо́с... Но тогда́ – заче́м он ну́жен? На́добность в нём отпада́ет. Зна́чит, э́то не есть не́что ве́чное, непреходя́щее, а есть вре́менное сре́дство. Я же хочу́ ве́рить в ве́чность, в ве́чную огро́мную си́лу и в ве́чный поря́док, кото́рый бу́дет.

– Ты прости́ меня́... Мо́жно я одно́ замеча́ние сде́лаю?

– Дава́й.

– Ты како́й-то... интере́сный поп. Ра́зве таки́е попы́ быва́ют?

– Я – челове́к, и ничто́ челове́ческое мне не чу́ждо.

– Зна́чит, е́сли я тебя́ пра́вильно по́нял, бо́га нет?

– Я сказа́л – нет. Тепе́рь я скажу́ – да, есть. Нале́й-ка мне, сын мой, во́дки. И себе́ то́же нале́й. – Поп вы́пил. – Тепе́рь я скажу́, что бог – есть. И́мя ему́ – Жизнь. В э́того бо́га я ве́рую. Это – суро́вый, могу́чий Бог. Он предлага́ет добро́ и зло вме́сте – э́то, со́бственно, и есть рай. Чего́ мы реши́ли, что добро́ должно́ победи́ть зло? Заче́м?

Поп говори́л гро́мко, лицо́ его́ пыла́ло, он вспоте́л. – Ты пришёл узна́ть: во что ве́рить? Ты пра́вильно догада́лся: у ве́рующих душа́ не боли́т. Но во что ве́рить? Верь в Жизнь. Чем всё э́то ко́нчится, не зна́ю. Куда́ всё устреми́лось, то́же не зна́ю. Но мне кра́йне интере́сно бежа́ть со все́ми вме́сте, а е́сли уда́стся, то и обогна́ть други́х...

– Что́-то я не чу́вствую, что́бы я устремля́лся куда́-нибудь, – сказа́л Макси́м.

– Зна́чит, слаб в коле́нках.❻ Зна́чит, до́ля така́я – пла́кать на ме́сте.

– Хорошо́, тогда́ почему́ же у тебя́ у самого́ душа́ боли́т?

– Я бо́лен, друг мой. Я пробежа́л то́лько полови́ну диста́нции и захрома́л. Налей.

Макси́м нали́л.

– Ты самолётом лета́л? – спроси́л поп.

– Лета́л. Мно́го раз.

– А я лете́л вот сюда́ пе́рвый раз. Грандио́зно! Прекра́сно чу́вствовал себя́ всю доро́гу! А когда́ он меня́ оторва́л от земли́ и понёс, я да́же погла́дил по бо́ку – молоде́ц. В самолёт ве́рую. Вообще́ в жи́зни мно́го справедли́вого. Вот жале́ют: Есе́нин ма́ло про́жил. Ро́вно – с пе́сню. Будь она́, э́та пе́сня, длинне́й, она́ не была́ бы тако́й щемя́щей. Дли́нных пе́сен не быва́ет.

– А у вас в це́ркви... как заведу́т...

– У нас не пе́сня, у нас – стон. Нет, Есе́нин... Здесь про́жито как раз с пе́сню. Лю́бишь Есе́нина?

– Люблю́.

– Споём?

– Я не уме́ю.

– Слегка́ подде́рживай, то́лько не меша́й.

И поп загуде́л, да так гру́стно и у́мно ка́к-то загуде́л, что и пра́вда защеми́ло в груди́. На слова́х «ах, и сам я ны́нче что́й-то стал несто́йкий» поп уда́рил кулако́м в стол и запла́кал.

– Ми́лый, ми́лый!.. Люби́л крестья́нина!.. Жале́л! Ми́лый!.. А я тебя́ люблю́. Справедли́во? Справедли́во. По́здно? По́здно...

Макси́м чу́вствовал, что он то́же начина́ет люби́ть попа́.

– Оте́ц! Оте́ц... Слу́шай сюда́!

– Не хочу́! Ты слаб в коле́нках...

– Я таки́х, как ты, обгоню́ на пе́рвом же киломе́тре! Слаб в коле́нках...

– Моли́сь! – Поп встал. – Повторя́й за мной: ве́рую!

– Ве́рую! – сказа́л Макси́м.

– Гро́мче! Торже́ственно: ве́-рую! Вме́сте: ве́-ру-ю-у!

Вме́сте заора́ли:

– Ве́-ру-ю-у!

...Когда́ Илю́ха Лапши́н откры́л глаза́, он уви́дел: о́ба, поп и Макси́м, пляса́ли с како́й-то зло́стью.

Илю́ха посмотре́л-посмотре́л на них и стал пляса́ть то́же. И тро́е во главе́ с я́ростным попо́м пошли́, припля́сывая, круго́м, круго́м.

– Эх, ве́рую! Ве́рую!..

По В. М. Шукшину́

■ Но́вые слова́

ве́ровать, -рую, -руешь *несов.* (*в кого́-что*) (*книжн.*)	相信，确信；信教，信神
тоска́	忧郁，忧愁；苦闷，厌倦
душе́вный	心灵的，内心的；衷心的，诚挚的 ‖ душе́вно
навали́ться, -алю́сь, -а́лишься *сов.* ‖ нава́ливаться *несов.* (*на кого́-что*) (*разг.*)	用力压、挤；（感情、情绪、疾病等）向……袭来
госпо́дь (*м.*) (*разг.*)	贵族，上帝；го́споди 上帝，天主啊
издева́ться *несов.* (*над кем-чем*)	挖苦，讥讽；嘲弄，侮辱
блеск	光辉，光泽；闪光
блесте́ть, *блещу́, блести́шь несов.* ‖ блесну́ть, -ну́, -нёшь *сов.* (*однокр.*) (*чем*)	发光；闪现出，流露出
ду́ра (*разг.*)	蠢女人
во́все (*разг.*)	完全，全然；绝（不），一点也（不）
сорва́ться, -ву́сь, -вёшься; -а́лся, -ла́сь, -ло́сь *сов.* ‖ срыва́ться *несов.*	脱落，掉下；挣脱，摆脱；迅速离开
ста́ло быть (*разг.*)	所以，因此，可见
злить, злю, злишь *несов.* ‖ разозли́ть *сов.* (*кого́*)	激怒，触怒，惹……生气
пря́ник	蜜糖饼
таска́ть *несов.* (тащи́ть 的不定向) (*кого́-что*) (*разг.*)	穿（衣服、鞋）；总是随身携带
зли́ться, злюсь, зли́шься *несов.* ‖ разозли́ться *сов.* (*на кого́*)	发怒，生气
не́рвничать *несов.* ‖ поне́рвничать *сов.* (*из-за кого́-чего́*)	发急，发脾气
тоскова́ть *несов.* (*о ком-чём* 或 *по кому́-чему́*) (*разг.*)	忧郁，忧愁；挂念
филосо́фствовать *несов.* (*разг.*)	不着边际地空谈，抽象地议论
мы́сленный	想象的；心里想的 ‖ мы́сленно
злость	怨恨，气愤，恶意
мо́рда	（兽的）嘴脸；（人的）脸
мучи́тельный	令人痛苦的，折磨人的 ‖ мучи́тельно
дыми́ться, -и́тся *несов.*	冒烟，（烟雾、蒸气）升起
вон (*разг.*)	那里，那就是；出去！滚！
парни́шка (*разг.*)	男孩子，小伙子
то́шный (*разг.*)	令人恶心的；讨厌的；折磨人的 ‖ то́шно

поп, -á	神父，牧师
натура́льный	大自然的；天然的；十分自然的，不做作的
ве́рующий	信徒，信教的人 ‖ ве́рующая
придвига́ть *несов.* // придви́нуть *сов.* (что к кому́-чему́)	挪近，移近
ве́риться, -ится (*безл.*) *несов.*	相信
при́стальный	聚精会神的，集中注意力的 ‖ при́стально
гла́дить, -а́жу, -а́дишь *несов.* // погла́дить *сов.* (кого́-что)	熨好，烫平；抿平；抚摩
добро́	善；善事，好事
воплоти́ть, -ощу́, -оти́шь *сов.* // воплоща́ть *несов.* (кого́-что в ком-чём) (*книжн.*)	体现，表现，使具体化
отчего́ (*разг.*)	为什么；因此，所以
мирозда́ние (*книжн.*)	宇宙，世界
обрести́, -ету́, -етёшь; -рёл, -ела́ *сов.* // обрета́ть *несов.* (кого́-что) (*книжн.*)	找到，寻到，获得
постига́ть *несов.* // пости́гнуть и пости́чь, -и́гну, -и́гнешь *сов.* (кого́-что)	理解，了解；临到……头上
на́добность	需要，必要
отпа́сть, -адёт; -а́л *сов.* // отпада́ть *несов.*	掉下，脱落
непреходя́щий (*книжн.*)	永久的，永恒的
чу́ждый	异己的；志趣不同的；没有……的
бог [бох], (*мн.*) -и, -о́в, -а́м (呼格бо́же)	神；上帝；老天爷
рай, *о ра́е, в раю́*	天堂；乐土，乐园
пыла́ть *несов.*	燃得很旺；发红；充满
потéть, -éю, -éешь *несов.* // вспотéть *сов.*	出汗；蒙上水汽
устреми́ться, -млю́сь, -ми́шься *сов.* // устремля́ться *несов.* (куда́, к чему́)	向（某方向）冲去，奔去；朝向
кра́йне	极，极其；极端
обогна́ть, обгоню́, обго́нишь; -áл, -лá, -ло *сов.* // обгоня́ть *несов.* (кого́-что)	超过，赶过，越过
до́ля, (*мн.*) -и, -е́й, -я́м	部分，份；运气，命运
захрома́ть *сов.*	瘸起来，跛起来
понести́ *сов.*	带走，拿走，刮走
щемя́щий	使压抑的，令人感到沉重的
стон	呻吟声，哼哼声
слегка́	轻微地，稍微地
загудéть *сов.*	嗡嗡响起来，呜呜响起来
защеми́ть *сов.* // защемля́ть *несов.* (кого́-что)	夹住，夹紧；夹痛，夹伤
сто́йкий	坚固的；稳定的；坚强的 ‖ сто́йко
уда́рить, -рю, -ришь *сов.* // ударя́ть *несов.* (кого́ по чему́ 或 во что)	打，击；敲响；袭击
кула́к, -á	拳头
моли́ться, молю́сь, мо́лишься *несов.* // помоли́ться *сов.* (кому́-чему́)	祈祷，祷告；崇敬
заора́ть, -ору́, -орёшь *сов.* (*разг.*)	大喊起来
пляса́ть, -яшу́, -я́шешь *несов.* // спляса́ть *сов.* (что)	跳（舞）（多指民间舞）
во главе́ с (кем)	以……为首
я́ростный	盛怒的，狂热的；猛烈的 ‖ я́ростно
припля́сывать *несов.*	蹦蹦跳跳

Коммента́рии

① не́ту *разг.* = нет.

② Всё равно́, что об сте́нку голово́й би́ться – бесполе́зно.

③ Чёрт с (*кем-чем*) 见……的鬼 – обы́чно с ли́чными местоиме́ниями: (*чёрт с тобо́й, чёрт с ним*) – выраже́ние пренебреже́ния и́ли нежела́ния беспоко́иться по по́воду чего́-ли́бо, име́ть де́ло с кем-/чем-ли́бо.

④ хо́дют *прост.* = хо́дят.

⑤ ты́ща *прост.* = ты́сяча

⑥ Слаб в коле́нках – (*здесь*) нереши́тельный, несме́лый.

ПОНИМАНИЕ ТЕКСТА

Зада́ние 3 Отве́тьте на вопро́сы.

1) От чего́ му́чается гла́вный геро́й расска́за «Ве́рую!» Макси́м? Како́й вопро́с его́ волну́ет? Как геро́й пыта́лся спра́виться со свое́й тоско́й? Каки́ми слова́ми а́втор передаёт страда́ния геро́я?

2) Разделя́ет ли жена́ Макси́ма его́ тоску́? Как она́ отно́сится к му́жу? Найди́те в те́ксте слова́, подтвержда́ющие ва́шу мысль.

3) Во что ве́рит поп? Каки́е сове́ты он даёт Макси́му? Приведи́те цита́ты из расска́за.

4) Получи́л ли Макси́м от попа́ отве́ты на волну́ющие его́ вопро́сы? Как вы ду́маете, успоко́илась ли душа́ Макси́ма по́сле разгово́ра с ним?

5) Как вы ду́маете, почему́ поп упомина́л и́мя Есе́нина? Что вы зна́ете о Есе́нине?

Зада́ние 4 Прочита́йте предложе́ния из расска́за. Вспо́мните и опиши́те ситуа́ции, свя́занные с ка́ждым из них. Объясни́те свои́ми слова́ми, как вы понима́ете да́нные предложе́ния.

1) По воскресе́ньям нава́ливалась осо́бенная тоска́.

2) Совсе́м то́шно ста́ло Макси́му...

3) Это воплощённое добро́, при́званное уничто́жить зло на земле́.

4) Я – челове́к, и ничто́ челове́ческое мне не чу́ждо.

АНАЛИЗ ТЕКСТА

Зада́ние 5 Познако́мьтесь с теорети́ческим материа́лом о **стилисти́ческой окра́ске**.

Слова́ в ру́сском языке́ де́лятся на стилисти́чески нейтра́льные и стилисти́чески окра́шенные, то есть слова́ со стилисти́ческой окра́ской.

Стилисти́чески окра́шенные слова́ распада́ются на кни́жные и разгово́рные. Приведём к приме́ру слова́, облада́ющие **кни́жной** окра́ской: *дина́мика, аргуме́нт,* *привиле́гии, беспрепя́тственный, блиста́тельный, стабилизи́роваться,* А сле́дующие слова́ облада́ют **разгово́рной** окра́ской: *чита́лка, секрета́рша, глаза́стый, безде́льничать, швыря́ть, а́хнуть, то́лком, боле́льщик, по-бы́строму.*

К стилисти́чески нейтра́льной ле́ксике отно́сятся слова́, употребля́емые в любо́м сти́ле, в любо́м те́ксте, наприме́р: *рука́, голова́, вода́, дом, хоро́ший, большо́й, де́лать, знать, чита́ть, бы́стро, легко́.*

Зада́ние 6 Каки́е из приведённых ни́же слов явля́ются стилисти́чески нейтра́льными, а каки́е име́ют стилисти́ческую окра́ску? Какова́ э́та окра́ска?

культу́ра	легко́	нава́ливаться	го́споди
характери́стика	говори́ть	уника́льный	прису́щий
та́йна	не́ту	боле́ть	да (в значе́нии «и»)
зима́	боль	моро́зно	я́сно
ка́чество	я́рко	парни́шка	проду́кция
кла́ссик	мужи́к	е́сли	мента́льность
ду́ра	обре́чь	ми́лый	сме́лый

Зада́ние 7 Прочита́йте материа́л о **стилисти́ческих поме́тах**.

В словаре́, поми́мо толкова́ния значе́ния сло́ва, даю́тся стилисти́ческие поме́ты. Наприме́р:

(разг.), т. е. Разгово́рное, означа́ет: сво́йственно преиму́щественно разгово́рной ре́чи, но не наруша́ет норм литерату́рного употребле́ния.

(прост.), т. е. Просторе́чие, означа́ет: сво́йственно просто́й, непринуждённой и́ли да́же грубова́той у́стной ре́чи, не свя́занной но́рмами литерату́рного языка́.

(книжн.), т. е. Кни́жное, означа́ет: сво́йственно преиму́щественно кни́жному языку́; употреблённое в разгово́рной ре́чи, всё же сохраня́ет отпеча́ток кни́жности.

Зада́ние 8 Прочита́йте сле́дующие слова́ и фразеологи́ческие выраже́ния. Да́йте стилисти́ческие поме́ты, е́сли слова́ явля́ются стилисти́чески окра́шенными.

лицо́, ли́чико, мо́рда, ро́жа;
рука́, ру́чка, ручи́ща, ла́па;
поня́ть, осозна́ть, осмы́слить, взять в толк;
ве́чный, непреходя́щий, бессме́ртный;
потому́ что, та́к как, и́бо, потому́.

Зада́ние 9 Укажи́те стилисти́ческую окра́ску вы́деленных слов и замени́те их стилисти́чески нейтра́льными слова́ми.

1) **Раз** хо́чешь поня́ть, слу́шай!
2) Я рису́ю тебе́ карти́ну **мирозда́ния**, что́бы душа́ твоя́ **обрела́** поко́й.

3) **Чего́** мы реши́ли, что добро́ должно́ победи́ть зло?

4) **Что́-то** я не чу́вствую, что́бы я устремля́лся куда́-нибудь, – сказа́л Макси́м.

5) Но мне **кра́йне** интере́сно бежа́ть со все́ми вме́сте...

6) – Ду́ра! – **во́все** срыва́лся Макси́м...

Зада́ние 10 В расска́зе встреча́ется и́мя **Илю́ха**, в кото́ром **-юх(а)** явля́ется су́ффиксом субъекти́вной оце́нки. В ру́сском языке́ существу́ет це́лый ряд таки́х су́ффиксов. Среди́ них су́ффиксы **-ул(я)**, **-уш(а)**, **-юш(а)**, **-ушк(а)**, **-юшк(а)**, придаю́щие существи́тельным – имена́м лица́ – ласка́тельное значе́ние. Испо́льзуя э́ти су́ффиксы, образу́йте от да́нных ни́же существи́тельных слова́ с ласка́тельным значе́нием.

-ул(я): ма́ма, па́па, ба́ба (ба́бушка), дед;

-уш(а), **-юш(а)**: Пётр, Андре́й, Ка́тя;

-ушк(а), **-юшк(а)**: мать, тётя, дя́дя, ня́ня.

Зада́ние 11 Как вы ду́маете, с како́й це́лью В. Шукши́н испо́льзует в расска́зе слова́, имити́рующие разгово́рное и да́же просторе́чное произноше́ние слов и словофо́рм, таки́х, как **ты́ща** (ты́сяча), **счас** (сейча́с), **хо́дют** (хо́дят)?

Зада́ние 12 Познако́мьтесь с теорети́ческим материа́лом о **прямо́й ре́чи и речево́й характери́стике**.

Пряма́я речь – э́то спо́соб построе́ния те́кста худо́жественного произведе́ния с то́чки зре́ния персона́жа. Роль прямо́й ре́чи в литерату́рном произведе́нии чрезвыча́йно велика́ и, коне́чно, не ограни́чивается ра́мками переда́чи информа́ции. Пряма́я речь мо́жет дава́ть глубо́кую характери́стику о́браза, ука́зывать на тонча́йшие психологи́ческие и нра́вственные отте́нки хара́ктера геро́я.

Диало́г в худо́жественном те́ксте не то́лько развива́ет сюже́т, но и характеризу́ет персона́жей. **Речева́я характери́стика** – э́то подбо́р осо́бых для ка́ждого де́йствующего лица́ слов и выраже́ний как сре́дство худо́жественного изображе́ния персона́жей. В одни́х слу́чаях для э́той це́ли испо́льзуются слова́ и синтакси́ческие констру́кции кни́жной ре́чи, в други́х сре́дством речево́й характери́стики слу́жат просторе́чная ле́ксика и необрабо́танный си́нтаксис. Поэ́тому пряма́я речь мо́жет характеризова́ть литерату́рного персона́жа с той и́ли ино́й стороны́: общекульту́рной, социа́льной, профессиона́льной и т. п.

Зада́ние 13 На осно́ве тео́рии о речево́й характери́стике проведи́те ана́лиз прямо́й ре́чи попа́.

Зада́ние 14 Познако́мьтесь с теорети́ческим материа́лом о **несо́бственно-прямо́й ре́чи**.

Несо́бственно-пряма́я речь. – э́то спо́соб построе́ния выска́зывания с то́чки зре́ния персона́жа, при кото́ром речь персона́жа передаётся от 3-го лица́, как бы при посре́дничестве а́вторской то́чки зре́ния. При э́том речь геро́я легко́ вычленя́ется из а́вторского повествова́ния. Несо́бственно-пряма́я речь в бо́льшей и́ли ме́ньшей сте́пени опира́ется на словоупотребле́ния геро́я, на синтакси́ческие констру́кции, характе́рные для разгово́рной ре́чи. Повествова́ние ориенти́ровано на геро́я.

Несо́бственно-пряма́я речь в худо́жественном произведе́нии ча́сто сосе́дствует с прямо́й ре́чью и употребля́ется для переда́чи вну́тренней ре́чи геро́я его́ размышле́ний.

В несо́бственно-прямо́й ре́чи возмо́жно появле́ние ритори́ческих вопро́сов, вво́дных слов со значе́нием вероя́тности, оце́нки, разгово́рной ле́ксики, инве́рсий, вы́званное тем, что э́ти отре́зки те́кста сформи́рованы с то́чки зре́ния персона́жа. По свое́й приро́де, по функциона́льному назначе́нию несо́бственно-пряма́я речь весьма́ близка́ прямо́й ре́чи.

Зада́ние 15 Прочита́йте ещё раз отры́вок из расска́за «Ве́рую!» начина́я со слов «*Макси́м, когда́ тоску́ет…*» и конча́я слова́ми «*…не хо́чется, чтобы над ним смея́лись, проти́вно*». Найди́те в нём несо́бственно-пряму́ю речь. Скажи́те, с по́мощью каки́х языковы́х средств создаётся несо́бственно-пряма́я речь в э́том отры́вке? С како́й це́лью а́втор употребля́ет несо́бственно-пряму́ю речь?

Зада́ние 16 Познако́мьтесь с материа́лом об **основно́й мы́сли** произведе́ния.

Основна́я мысль произведе́ния – это выраже́ние мировоззре́ния а́втора, гла́вной иде́и произведе́ния. Она́ раскрыва́ет за́мысел писа́теля, рису́ет карти́ну ми́ра тако́й, како́й он её себе́ представля́ет. Основна́я мысль не всегда́ я́сно и чётко вы́ражена слова́ми. Она́ ча́сто выво́дится из содержа́ния произведе́ния. Бо́льше того́, основна́я мысль предполага́ет разли́чное толкова́ние.

Зада́ние 17 Основну́ю мысль расска́за «Ве́рую!» мо́жно улови́ть че́рез ре́плики попа́, одного́ из гла́вных персона́жей. Попро́буйте найти́ в ре́чи попа́ слова́ и выраже́ния, утвержда́ющие жи́зненное значе́ние.

Зада́ние 18 У мно́гих геро́ев Шукшина́ есть черта́, кото́рая их де́лает ча́стью индивидуа́льного худо́жественного ми́ра писа́теля. Эти просты́е лю́ди озабо́чены не бла́гами материа́льными, а свои́м вну́тренним ми́ром, они́ ду́мают, и́щут, пыта́ются поня́ть смысл своего́ существова́ния, свои́ чу́вства, позна́ть себя́. Скажи́те, как в геро́ях Шукшина́ прояви́лись черты́ ру́сского хара́ктера?

Зада́ние 19 Просмотри́те онла́йн худо́жественный фильм «Ве́рую!», сня́тый в 2009 г. Как вы счита́ете, смогли́ ли созда́тели фи́льма в по́лной ме́ре переда́ть иде́ю расска́за В. Шукшина́? Поясни́те свою́ то́чку зре́ния.

ЯЗЫКОВАЯ РАБОТА

Зада́ние 20

> Прилага́тельные мо́гут быть образо́ваны путём сложе́ния осно́в, в э́том слу́чае получа́ется сло́жное сло́во: **доброду́шный** наро́д, **вагоноремо́нтный** заво́д.
>
> Сло́жные прилага́тельные образу́ются от подчини́тельных словосочета́ний: **народнохозя́йственный** – наро́дное хозя́йство, **однокомнатный** – одна́ ко́мната, **сорокале́тний** – со́рок лет. Таки́е прилага́тельные мо́гут име́ть соедини́тельные гла́сные **о**, **е**: **древнеру́сский**, **западноевропе́йский**.

а) Образу́йте сло́жные прилага́тельные от сле́дующих словосочета́ний.

широ́кие пле́чи	чёрные во́лосы	есте́ственные нау́ки
Ю́жная Аме́рика	сверх пла́на	мно́го отрасле́й
сре́дние века́	Да́льний Восто́к	одно́ вре́мя
сло́жное подчине́ние		

б) Образу́йте сло́жные прилага́тельные по образцу́.

Образе́ц: три этажа́ – **трёхэта́жный**, со́рок лет – **сорокале́тний**

шестьдеся́т лет	де́вять лет
пятьсо́т лет	два́дцать четы́ре го́да
семь неде́ль	два ме́сяца
со́рок ме́тров	во́семь киломе́тров
две стороны́	полови́на ме́сяца

Зада́ние 21

а) Прочита́йте предложе́ния с констру́кцией **(не) столь.., как**.

1) Но Рона́лдо смог не про́сто верну́ться в футбо́л, он ещё и на́чал забива́ть почти́ **столь** же ча́сто, **как** и в пре́жние го́ды.

2) Расскажи́те немно́го о тако́м **столь** «мо́дном» сего́дня явле́нии, **как** гражда́нский брак.

3) «Наш мир со́здан каки́м-то Достое́вским, то́лько **не столь** гениа́льным, **как** Фёдор Миха́йлович», – сказа́л он.

4) Её избира́тель **не столь** дисциплини́рован, **как** у КПРФ, – возьмёт, да и не пойдёт на вы́боры.

5) На са́мом де́ле слу́жба протоко́ла существова́ла всегда́, но, мо́жет быть, её рабо́та была́ **не столь** заме́тна, как сейча́с.

б) Переведи́те предложе́ния на ру́сский язы́к, испо́льзуя на́званную вы́ше констру́кцию.

1) 近年来，生物技术像生物科学一样，发展得非常迅猛。

2) 遗憾的是，今天消费者对食品质量安全的信任度不像以前那么高了。

3) 许多俄罗斯人希望，加入世界贸易组织之后，本国的经济会像中国经济那样顺利发展。

Зада́ние 22

а) Прочита́йте предложе́ния. Обрати́те внима́ние на значе́ния усто́йчивых выраже́ний.

1) Же́нщины ни в уме́, ни в тала́нте не уступа́ют мужчи́нам. **Бо́лее того́**, в шко́ле де́вочки у́чатся обы́чно лу́чше ма́льчиков.

2) Он мог переплы́ть э́тот пруд, **бо́лее того́**, он мог переплы́ть его́ туда́ и обра́тно.

3) Э́то был не случа́йный, **бо́лее того́**, хорошо́ изве́стный здесь челове́к.

4) По э́тому вопро́су нет еди́ного мне́ния, **бо́лее того́**, ведётся оживлённая диску́ссия.

5) Мы о́чень благода́рны вам за вчера́шнюю рабо́ту, **тем бо́лее что** вам не удало́сь отдохну́ть.

6) – Разреши́те войти́. – Разреша́ю, **тем бо́лее что** вы уже́ вошли́.

7) Она́ **бо́лее и́ли ме́нее** уже́ осво́илась в но́вой обстано́вке.

8) Тако́е реше́ние **бо́лее и́ли ме́нее** справедли́во. На́до приня́ть его́.

б) Запо́лните про́пуски, испо́льзуя вы́деленные вы́ше усто́йчивые выраже́ния.

1) Ты поступи́л нече́стно, _____, по́дло.

2) Я не возража́ю про́тив э́того предложе́ния, _____, я по́лностью подде́рживаю его́.

3) Говори́ пря́мо, что ду́маешь, _____ здесь все свои́.

4) – Ты уже́ пригото́вила своё сообще́ние? – _____.

5) Из на́шей гру́ппы то́лько два челове́ка ему́ _____ бли́зки.

6) Мо́жно уже́ е́хать, _____ пого́да выдава́лась о́чень хоро́шая.

7) Пора́ уже́ уходи́ть. _____, нас ждут.

8) Он мог пробы́ть у нас _____ продолжи́тельное вре́мя.

Зада́ние 23

а) Объясни́те смыслвы́е отте́нки имён существи́тельных **секре́т** и **та́йна**.

1) Устро́йство прибо́ра Ви́ктор держа́л в **та́йне (секре́те)**.

2) Скажи́те, пожа́луйста, е́сли не **секре́т (та́йна)**, куда́ вы направля́етесь?

3) М. В. Ломоно́сов пе́рвым раскры́л **та́йну** поля́рного сия́ния.

4) Ещё о́чень мно́го **тайн** скры́то от челове́чества в мирово́м океа́не.

б) Вста́вьте в про́пуски слова́ **секре́т** и́ли **та́йна**. Укажи́те, где возмо́жны вариа́нты.

1) Пе́рвый самолёт, пе́рвый иску́сственный спу́тник, пе́рвый косми́ческий полёт – всё это эта́пы большо́го пути́ челове́чества к овладе́нию _____ приро́ды.

2) Куда́ это ты собра́лся в тако́й по́здний час, е́сли не _____?

3) – В чём де́ло? – Не могу́ сказа́ть. _____.

4) Далеко́ позади́ оста́лись те времена́, когда́ всё в приро́де бы́ло _____ для челове́ка.

5) Всё, что челове́к не мо́жет поня́ть, называ́ется _____.

Зада́ние 24 Назови́те анто́нимы к сле́дующим слова́м.

до́брый	добро́	те́ло
смешно́й	ра́дость	беспоко́йство

Зада́ние 25 По словообразова́тельному ти́пу **блесте́ть – блесну́ть** образу́йте глаго́лы со значе́нием однокра́тного де́йствия, мотиви́рованные да́нными глаго́лами.

толка́ть	дёргать	маха́ть	пры́гать	шага́ть
дви́гать	стреля́ть	вздыха́ть	сверка́ть	кива́ть
свисте́ть				

Зада́ние 26 Укажи́те ко́рни сле́дующих глаго́лов и подбери́те к ним однокоренны́е слова́.

зли́ться (на кого́-л.)	скуча́ть (о ком-л., по кому́-л.)
тоскова́ть (о ком-л., по кому́-л.)	беспоко́иться

Зада́ние 27

а) Прочита́йте предложе́ния. Обрати́те внима́ние на управле́ние глаго́лов **ударя́ть, бить, гла́дить**.

1) Све́рху упа́л ка́мень и бо́льно **уда́рил** Андре́я по плечу́.

2) Колю́чие ве́тки **би́ли** его́ по лицу́, но он бежа́л, не чу́вствуя бо́ли.

3) Аня подошла́ к ма́льчику и ла́сково **погла́дила** его́ по голове́.

б) Переведи́те сле́дующие словосочета́ния на ру́сский язы́к.

打……头部 打……腹部
打……耳光 打……前额
抚摸……的头发 抚摸……的头
抚摸……的脸 抚摸……的手

Зада́ние 28 Замени́те вы́деленные слова́ синоними́ческими выраже́ниями, взя́тыми из те́кста «Ве́рую!».

1) Тишина́ в ко́мнатах. Тяжёлой ту́чей **напа́ла** тоска́, и Варва́ра Серге́евна, не зна́я, что ей де́лать в до́ме, се́ла на крова́ть и заду́малась.

2) – Неуже́ли он **рассерди́лся** на меня́ за то, что я вы́скочила из маши́ны? – поду́мала она́.

3) Мы обо всём договори́лись, я, **зна́чит**, пойду́.

4) Тяжёлое, невыноси́мое чу́вство охвати́ло меня́, – э́то был не страх, а скоре́е кака́я-то смерте́льная **ску́ка**, каку́ю никаки́ми слова́ми не переда́шь.

Зада́ние 29 Переведи́те сле́дующие предложе́ния на ру́сский язы́к.

1）我活了这么多年，却到底没弄明白人的幸福在哪里？吃饱了，穿暖了，而似乎幸福感却越来越远。

2）"人们为什么要发怒、生气、互相憎恨？"陀思妥耶夫斯基在其作品中问道。

3）谁也不知道母亲心里有多么苦闷。

4）妇女的眼中闪着泪花，讲述着人们怎样从冰冷的河水中救出了她的女儿。

Зада́ние 30 Прочита́йте текст. Согла́сны ли вы, что ру́сская душа́ «зага́дочная»?

Текст 2. «Зага́дочная» ру́сская душа́

Поня́тие «ру́сская душа́» встреча́ется ча́сто. Оно́ возни́кло снача́ла как религио́зное поня́тие. По ру́сскому правосла́вию любо́й ве́рующий челове́к поми́мо забо́т о хле́бе насу́щном обя́зан ду́мать и о свое́й душе́ – и в це́ркви, и в любо́й тру́дной ситуа́ции, е́сли пе́ред ним стои́т вы́бор ме́жду добро́м и злом.

Те, кто начина́ет изуча́ть Росси́ю и её наро́д, сра́зу ста́лкиваются со мно́гими противоречи́выми её ка́чествами.

Изве́стные стихи́ Тю́тчева:

> *Умо́м Росси́ю не поня́ть,*
> *Арши́ном о́бщим не изме́рить –*
> *У ней осо́бенная стать:*
> *В Росси́ю мо́жно то́лько ве́рить.*

Эти стро́ки стихотворе́ния утверди́ли всех в непостижи́мости ру́сской души́. А ме́жду тем э́ти стихи́, на наш взгляд, про́сто пло́хо по́няты. «Ум», кото́рым нельзя́ поня́ть Росси́ю – э́то про́сто рассу́док. «Умо́м» нельзя́ вообще́ поня́ть о́чень мно́гое. «О́бщий арши́н» – то́же не универса́льное сре́дство для открыва́ния любо́й две́ри. «Ве́рить» у Тю́тчева – зна́чит понима́ть с по́мощью интуи́ции, сопережива́ть, сочу́вствовать. «Поня́ть» – зна́чит не познава́ть равноду́шно, а обяза́тельно с сочу́вствием. С по́мощью ра́зума, но без сочу́вствия, невозмо́жно поня́ть не то́лько Росси́ю, а вообще́ что бы то ни́ было.

Коне́чно, ру́сские, как и любо́й друго́й э́тнос, име́ют самобы́тные, неповтори́мые черты́. Иде́я, что ру́сские недосту́пны понима́нию, – не бо́лее чем миф. Его́ мо́жно объясни́ть то́лько непонима́нием, у́мственной ле́нью, незна́нием страны́ и её культу́ры, мента́льности ру́сских.

Для объекти́вности ска́жем, что и са́ми ру́сские пло́хо себя́ зна́ют. В э́том ещё в 1826 году́ их упрека́л сам А. Пу́шкин: «Росси́я сли́шком ма́ло изве́стна (сами́м) ру́сским». К сожале́нию, с тех пор ма́ло что измени́лось. Са́ми ру́сские поро́ю горди́тся, что они́ не похо́жи ни на кого́ в ми́ре, таки́е непоня́тные, таки́е самобы́тные и непредска́зуемые!..

Тогда́ что же мо́жет служи́ть «ключо́м» к ру́сскому хара́ктеру? По мне́нию К. Г. Ю́нга[1], ка́ждый челове́к принадлежи́т к како́му-то определённому психологи́ческому ти́пу – в зави́симости от того́, каки́е у него́ интере́сы в жи́зни, что его́ занима́ет бо́льше: ли́бо реа́льные предме́ты, материа́льная жизнь, ли́бо для него́ гла́вный интере́с – его́ вну́тренняя жизнь, и он как бы углублён в себя́.

Поясни́м э́ту иде́ю на приме́ре. Предста́вьте: пе́ред ва́ми на асфа́льте – лу́жа про́литого бензи́на. Гля́дя на неё, оди́н ста́нет негодова́ть от тако́й бесхозя́йственности, ре́зкого за́паха, начнёт проверя́ть испра́вность свое́й маши́ны и́ли зада́ст вопро́с, почему́ здесь не у́брано и т. п. Друго́й же по скла́ду своего́ хара́ктера отнесётся ко всему́ беззабо́тно и то́лько маши́на́льно отме́тит про себя́ ро́зовые, зелёные и лило́вые разво́ды. Да́лее его́ мысль переки́нется по ассоциа́ции на что́-то, свя́занное с цветовы́ми о́бразами и т. д. Сло́вом, пе́ред на́ми – два соверше́нно ра́зных психологи́ческих ти́па люде́й. Пе́рвого челове́ка, интере́сы кото́рого напра́влены на вне́шний мир, Юнг назва́л экстраве́ртом, второ́го («эмоциона́льного») – интрове́ртом. Ка́ждый из нас встреча́лся с таки́ми ти́пами люде́й.

Мо́жно предположи́ть, что скоре́е мужчи́на, чем же́нщина, придёт в раздраже́ние от про́литого бензи́на и проч., т. е. проя́вит «материа́льный» интере́с. Одна́ко Юнг уве́рен, что э́ти сво́йства хара́ктера челове́ка не зави́сят ни от по́ла, ни от воспита́ния, ни от социа́льной среды́ челове́ка. То́чно так же многоде́тная мать не перестаёт удивля́ться, что у неё «получи́лись» таки́е ра́зные де́ти, вы́росшие в одно́й семье́. Юнг счита́л, что сво́йства хара́ктера челове́ка – врождённые, а их причи́на – биологи́ческие предпосы́лки. Коне́чно, ну́жно воспи́тывать челове́ка, мо́жно да́же при э́том его́ психологи́чески «лома́ть». Одна́ко в есте́ственном состоя́нии ка́чества хара́ктера челове́ка, влия́ющие на его́ интере́сы, зало́жены в нём от рожде́ния. От них и зави́сит отноше́ние челове́ка к ми́ру, его́ поведе́ние, представле́ния обо всём, схе́ма мышле́ния и т. д.

Схо́дными ка́чествами мо́гут облада́ть не то́лько отде́льные лю́ди, но и больши́е гру́ппы люде́й – на́ции. В на́циях врождённые сво́йства мно́жества люде́й, по Ю́нгу, сформиро́ваны как «ито́г жи́зни це́лого ря́да пре́дков, нако́пленные миллио́нными повторе́ниями в сгущённые психологи́ческие ти́пы». Люба́я на́ция предста́влена свои́ми психологи́ческими ти́пами, кото́рые Юнг назва́л архети́пами. Зна́чит, архети́п – э́то усто́йчивые осо́бенности ка́ждой на́ции. Они́ проявля́ются и в подсозна́нии и на у́ровне языка́ в ви́де символи́ческих о́бразов, посло́виц, погово́рок. Архети́п – о́чень ёмкое поня́тие.

Ру́сских К. Г. Юнг отнёс к ти́пу «интуити́вно-эти́ческих интрове́ртов» и объясни́л, почему́ ру́сские и «европе́йцы» психологи́чески неспосо́бны поня́ть друг дру́га, насто́лько они́ ра́зные. К приме́ру, е́сли ру́сский – интуити́вный интрове́рт, то «европе́ец» ча́ще всего́ – экстраве́рт, его́ реше́ния и де́йствия не зави́сят от эмо́ций, а то́лько – от объекти́вных фа́ктов. У францу́зов Юнг подчёркивал их зави́симость от «мате́рии», будь то еда́, комфо́рт и́ли секс. Чем сильне́е ощуще́ния от объе́кта, тем он ценне́й. Таки́е лю́ди не скло́нны к размышле́нию о свои́х чу́вствах, для них ва́жно – получа́ть удово́льствие, наслажда́ться, ощуща́я объе́кт. Экстраве́рты легко́ адапти́руются в реа́льности, уме́ют выбира́ть себе́ заня́тие с перспекти́вой на благополу́чное бу́дущее, не заду́мываясь, «по душе́» ли им э́то. Они́ легко́ же́нятся и выхо́дят за́муж по расчёту, не сли́шком страда́я от отсу́тствия взаимопонима́ния. Их мышле́ние осно́вано на тради́ции, воспита́нии и образова́нии, а субъекти́вное мне́ние ча́сто ка́жется «чи́стым произво́лом». Для них не так уж ва́жны то́нкость вку́са, худо́жественное чутьё, культ дру́жбы и́ли стра́сти.

Как ни печа́льно, отмеча́л К. Г. Юнг, но ме́жду экстраве́ртами и интрове́ртами обы́чно сло́жные отноше́ния. Ча́сто они́ – непримири́мые противополо́жности, кото́рые беспричи́нно мо́гут раздража́ть друг дру́га. Они́ воспринима́ют друг дру́га как люде́й, на кото́рых нельзя́ положи́ться, с кото́рыми тру́дно ужи́ться и найти́ о́бщий язы́к.

Обе стороны́ ста́лкиваются с одно́й и той же пробле́мой: и те и други́е стара́ются найти́ оши́бку в умозаключе́ниях друг дру́га, чтобы оспо́рить её, чтобы доказа́ть свою́ правоту́. А ме́жду тем их разли́чия – бессозна́тельны, поэ́тому вы́ход то́лько оди́н: призна́ть э́ти разли́чия и учи́тывать их, уважа́я «непохо́жесть» друго́го. Коне́чно, э́то тре́бует уси́лий.

Коро́че говоря́, для ру́сских о́чень важна́ вну́тренняя (душе́вная, духо́вная) сторона́ жи́зни. Поро́ю она́ да́же важне́е, чем материа́льные ве́щи. Не случа́йно в их жи́зни (и в языке́) таку́ю ва́жную роль игра́ет поня́тие «*душа́*». Она́ мо́жет боле́ть, да́же е́сли «де́нег ку́ры не клюю́т», ей мо́жет быть тяжело́ и́ли легко́.

По А. В. Серге́евой

◾ Но́вые слова́

правосла́вие	东正教	стать	体格，身材
насу́щный	迫切的，紧要的，必不可少的	ме́жду тем	与此同时；当时
		рассу́док	理性；理智，正常的神志
арши́н, *复二 -ин*	俄尺；一俄尺长的尺子		

интуи́ция	直觉，洞察力
сопережи́ть, -иву́, -иве́шь сов. // сопережива́ть несов. (с кем-чем) (книжн.)	
	共同感受；休戚相关
сочу́вствие	同情，同感；赞许
что бы то ни́ было	无论什么
э́тнос	族类共同体，民族共同体
самобы́тный	独具风格的，独特的 ‖ самобы́тно
миф	神话；无稽之谈，虚构
объекти́вность	客观性；客观态度
непредсказу́емый	无法预料的，想象不到的
углуби́ть сов. // углубля́ть несов. (что)	加深；使深化
поясни́ть, -ню́, -ни́шь сов. // поясня́ть несов. (что)	说明，阐明，解释
асфа́льт	沥青；柏油马路
лу́жа	水洼；一汪水，一摊水
проли́ть, -лью́, -лье́шь сов. // пролива́ть несов. (что)	把……洒出，洒掉，使溢出
бензи́н	汽油
негодова́ть, -ду́ю, -ду́ешь несов. (на кого-что или про́тив кого-чего)	愤怒，愤慨
бесхозя́йственность	经营不善；不节约
испра́вность	完好，良好；适用
склад	性格，性情；风格，生活方式
беззабо́тный	漠不关心的；无忧无虑的 ‖ беззабо́тно
машина́льный	机械的，下意识的 ‖ машина́льно
переки́нуться, -нусь, -нешься сов. // переки́дываться несов.	
	跳过，越过；转到
ассоциа́ция	协会，社团；联想
цветово́й	色的
экстраве́рт	性格外向的人，外向型的人
интрове́рт	性格内向的人，内向型的人
многоде́тный	多子女的
сво́йство	性质，属性；本性
врождённый	先天的，天生的
предпосы́лка	先决条件；前提，出发点
лома́ть несов. // слома́ть сов. (что)	折断；损坏；摧毁
заложи́ть, -ожу́, -о́жишь сов. // закла́дывать несов. (что)	把……放到……后面；堵住；奠基
схе́ма	略图，示意图；提纲
схо́дный	相似的，类似的；相同的 ‖ схо́дно
формирова́ть несов. // сформирова́ть сов. (кого́-что)	使形成；组织，建立
сгусти́ть, -ущу́, -усти́шь сов. // сгуща́ть несов. (что)	使变浓，使浓缩；凝聚
архети́п	原型
подсозна́ние	下意识，潜意识
интуити́вный	直觉的，直观的 ‖ интуити́вно
комфо́рт	舒适，方便
секс	性欲，性；色情
скло́нный (к чему́)	倾向……的，爱好……的；愿意，想
адапти́роваться сов. и несов.	适应
реа́льность	客观现实；真实 (性)
расчёт	结算，清算；解雇，辞退
произво́л	专断，专横；臆断
культ	祭祀；崇拜；迷信

19

непримири́мый	毫不妥协的，不能和解的，不可调和的
противополо́жность	相反，对立；对立现象
беспричи́нный	无缘无故的，无端的 ‖ беспричи́нно
раздражи́ть, -жу́, -жи́шь сов. // раздража́ть несов. (кого́-что)	激怒，使生气；刺激
положи́ться, -ожу́сь, -о́жишься сов. // полага́ться несов. (на кого́-что)	依靠，指望，信赖
ужи́ться, -иву́сь, -иве́шься; -и́лся, -ла́сь сов.// ужива́ться несов.	住惯；与……和睦相处；并存

умозаключе́ние	推理，论断；结论
оспо́рить, -рю, -ришь сов. // оспа́ривать несов. (что)	辩驳，对……提出异议
правота́	正确 (性)；正义 (性)
бессозна́тельный	无知觉的；无意识的，不知不觉的 ‖ бессозна́тельно
клева́ть, клюю́, клюёшь несов. (кого́-что)	啄，啄食；骂，责难；(鱼) 咬钩，上钩
де́нег ку́ры не клюю́т (у кого́) (разг.)	……钱很多；……很有钱

Коммента́рий

Карл Гу́став Юнг (1875 – 1961 гг.) – швейца́рский психиа́тр.

ПОНИМАНИЕ ТЕКСТА

Зада́ние 31 Отве́тьте на вопро́сы.

1) Како́е ме́сто в ру́сском правосла́вии занима́ет душа́ челове́ка? Как до́лжен ве́рующий челове́к забо́титься о свое́й душе́?

2) Како́е мне́ние о Росси́и и о ру́сских лю́дях сложи́лось на За́паде? Почему́? Чем э́то мо́жно объясни́ть?

3) Как в те́ксте разъясня́ется смысл строк из изве́стного стихотворе́ния Ф. Тю́тчева? Как вы понима́ете э́ти стро́ки?

4) В чём упрека́л А. С. Пу́шкин свои́х сооте́чественников? Измени́лось ли что́-то с тех пор? Как вы ду́маете, почему́?

5) Каки́е два психологи́ческих ти́па выделя́л швейца́рский психиа́тр К. Г. Юнг? Чем характеризу́ется ка́ждый из э́тих ти́пов? В чём ви́дел учёный причи́ну сло́жности взаимопонима́ния ме́жду представи́телями двух выделя́емых им ти́пов?

6) К каки́м ти́пам он отнёс европе́йцев и ру́сских? По каки́м при́знакам?

7) В чём, по мне́нию Юнга, проявля́ются осо́бенности ка́ждой на́ции? Согла́сны ли вы с учёным? Поясни́те свою́ мысль.

8) Почему́ ме́жду интрове́ртами и экстраве́ртами сло́жные отноше́ния? К како́му ти́пу вы отнесли́ бы самого́ себя́?

Задáние 32 Как вы дýмаете, примени́ма ли теóрия Юнга к Китáю? К какóму психоти́пу вы бы отнесли́ китáйцев, руковóдствуясь теóрией учёного? Почемý? Назови́те, что, по вáшему мне́нию, óбщего в ментáльности и национáльном харáктере рýсских и китáйцев. Чем, на ваш взгляд, различáются э́ти два нарóда?

■ ЯЗЫКОВАЯ РАБОТА

Задáние 33

а) Прочитáйте предложе́ния и сравни́те глагóлы **объясня́ть, выясня́ть, разъясня́ть**.

1) Колхóзник проводи́л её на вокзáл и **объясни́л**, как добрáться от стáнции до ме́ста (*А. Б. Чакóвский*).

2) Сáнина застáвили **объясни́ть**, кто он рóдом, и откýда, и как егó зовýт (*И. С. Тургéнев*).

3) Пóсле не́скольких урóков он добродýшно сказáл: – Хорошó **объясня́ешь**! Тебé бы, пáрень, учи́телем быть (*М. Гóрький*).

4) – Вот, знáчит, как свернёте в лес налéво – так пря́мо и пря́мо... – охóтно стал **разъясня́ть** стари́к (*М. А. Шóлохов*).

5) А Ню́ра всё ей **разъясни́ла** про декабри́стов и попрáвила, что нáдо говори́ть не Трубéцкая, а Трубецкáя (*Панóва*).

6) Шаг за шáгом я **вы́яснил** обстоя́тельства смéрти роднь́іх (*А. Рыбакóв*).

б) Переведи́те слéдующие предложе́ния, употребля́я глагóлы *объясня́ть, разъясня́ть, выясня́ть* в нýжном ви́де и в нýжной фóрме.

1）给低年级小学生解释清楚什么是物理学不是一件容易的事。

2）我们要搞清楚这两个动词的区别。

3）课堂上老师讲解了这些语法规则，但有些地方学生们还是没明白，于是便请老师再解释一下。

Задáние 34 Определи́те род существи́тельных.

Не́нависть, кровь, картóфель, сóвесть, кóфе, санатóрий, ýровень, печь, злость, путь, óбувь, цель, зня́мя, пре́лесть, связь, ансáмбль, метéль, суть, кáшель, добрó, стать, прóпасть, гóспиталь, бровь, даль, мальчи́шка, степь, соль, роя́ль, ладóнь.

Задáние 35 Образýйте именá прилагáтельные от дáнных словосочетáний и состáвьте с новообразóванными словáми словосочетáния.

Образе́ц: мнóго детéй – многодéтный, многодéтная мать

мнóго людéй	мнóго лет	мнóго векóв
мнóго се́рий	мнóго ты́сяч	

Зада́ние 36

а) Определи́те значе́ние и сочета́емость глаго́ла **лома́ть – слома́ть**.

1) (*что*) Сгиба́я и́ли ударя́я с си́лой, разделя́ть на́двое, на куски́, на ча́сти.
   Лома́ть дере́вья, ве́тку, мел, нож, хлеб.
   • Мо́щный ледоко́л легко́ **лома́л** то́лстый лёд.
   • Он с трудо́м **лома́л** твёрдые сухари́.

2) (*что*) По́ртить.
   Лома́ть дверь, замо́к, ключ, ме́бель, стул, игру́шку, лы́жи, маши́ну, фотоаппара́т, телеви́зор.
   • Воло́дя игру́шками ма́ло игра́л, бо́льше **лома́л** их.
   • Осторо́жнее, ты мо́жешь **слома́ть** телеви́зор!

3) (*что*) Уничтожа́ть, разруша́ть.
   Лома́ть ста́рое, каки́е-л. тради́ции, каки́е-л. обы́чаи, каки́е-л. поря́дки.
   • Откры́тия в нау́ке **лома́ли** века́ми установи́вшиеся взгля́ды и представле́ния.
   • Он упо́рно шёл к наме́ченной це́ли, **лома́л** все препя́тствия на своём пути́.

б) Переведи́те сле́дующие предложе́ния на ру́сский язы́к.

1) 强风把许多大树都折断了。
2) 你又把玩具给弄坏了？
3) 这个小区里很多老房子都将被拆除，另盖新房。
4) 只有破除旧的东西，才能建立起新的东西。

Зада́ние 37

а) Прочита́йте предложе́ния, обраща́я внима́ние на разли́чие в значе́нии и в управле́нии ме́жду прилага́тельными **схо́дный**, **похо́жий**, **подо́бный**, **аналоги́чный**.

1) Друзья́ во всём **схо́дны** ме́жду собо́й.
2) Аня о́чень **похо́жа** на отца́.
3) Он написа́л тако́е поэти́ческое произведе́ние, **подо́бного** кото́рому не́ было в ру́сской литерату́ре.
4) Её любо́вь к сы́ну была́ **подо́бна** безу́мию.
5) **Аналоги́чный** слу́чай произошёл и в про́шлом году́.

б) Вста́вьте в про́пуски подходя́щие прилага́тельные **схо́дный, похо́жий, подо́бный, аналоги́чный**.

1) В во́здухе стоя́л тот вку́сный за́пах, _____ на за́пах пе́рвых огурцо́в, каки́м снег па́хнет то́лько в ма́рте.
2) Ско́лько пото́м встре́тил я _____ ему́ до́брых, одино́ких люде́й!..
3) Промы́шленное произво́дство в пе́рвом полуго́дии вы́росло на 6,8% (прошлого́дние пока́затели за _____ пери́од – 3,2%).
4) Мы́сли Па́вла Петро́вича бы́ли _____ с мы́слями Оли.

5) Она́ испы́тывала чу́вство, _____ тому́, како́е испы́тывает ю́ноша пе́ред би́твой.

6) Вме́сте со здоро́вьем прибыва́ло в душе́ чу́вство, _____ с ра́достным чу́вством освобожде́ния.

Зада́ние 38

а) Прочита́йте предложе́ния и сравни́те глаго́лы **ве́рить, доверя́ть, полага́ться, наде́яться**.

1) Я не **ве́рю** ни одному́ его́ сло́ву.

2) Я в него́ **ве́рю**, он бу́дет хоро́шим специали́стом.

3) Как вы могли́ обману́ть его́, он так вам **доверя́л**!

4) При всём жела́нии он не мог **дове́рить** Ви́ктору таку́ю рабо́ту.

5) На него́ вполне́ мо́жно **положи́ться**.

6) В тако́м слу́чае я бы не стал **полага́ться** на слу́чай.

7) Но в глубине́ души́ она́ всё же ро́бко **наде́ялась**, что в сле́дующее воскресе́нье он придёт к ней опя́ть.

8) Я о́чень **наде́юсь** на вас.

б) Вста́вьте в про́пуски подходя́щие глаго́лы **ве́рить, доверя́ть, полага́ться, наде́яться**. Укажи́те, где возмо́жны вариа́нты.

1) На э́того па́рня вполне́ мо́жно бы́ло _____ в любо́м де́ле.

2) – И ты че́стный челове́к, и я че́стный челове́к, и все мы здесь че́стные лю́ди! Я и тебе́ и всем _____!

3) Мы почти́ не _____ заста́ть его́ до́ма.

4) Он не _____, что мо́гут помо́чь бескоры́стно.

5) Мы _____ в све́тлое бу́дущее челове́чества.

6) Заче́м вы _____ вся́ким слу́хам?

7) На э́того челове́ка нельзя́ _____.

8) Хотя́ Га́врику то́лько де́вять лет, но де́душка легко́ _____ ему́ таку́ю ва́жную вещь, как прода́жа ры́бы.

ДИСКУССИЯ

Зада́ние 39 Прочита́йте сле́дующее выска́зывание Д. Лихачёва и скажи́те: а) как вы понима́ете иде́ю учёного? б) согла́сны ли вы с его́ мне́нием?

Ни одна́ страна́ в ми́ре не окружена́ таки́ми противоречи́выми ми́фами о её исто́рии, как Росси́я, и ни оди́н наро́д в ми́ре так по-ра́зному не оце́нивается, как ру́сский (Д. Лихачёв).

Зада́ние 40 Как вы понима́ете смысл сле́дующего выска́зывания Н. Бердя́ева? Проведи́те диску́ссию.

Все вели́кие наро́ды, име́вшие свою́ иде́ю и своё призва́ние в ми́ре, в высо́ких достиже́ниях свое́й культу́ры приобрели́ универса́льное значе́ние. Да́нте, Л. Толсто́й, Шекспи́р и́ли Гёте одина́ково национа́льны и универса́льны (Н. Бердя́ев).

Зада́ние 41 Ру́сский национа́льный хара́ктер служи́л предме́том иссле́дования в ра́зных стра́нах. Ни́же приведены́ размышле́ния кита́йского учёного-маркси́ста Ли Дачжао о Росси́и. Как вы понима́ете его́ слова́? Согла́сны ли вы с ним?

考俄国国民，有三大理想焉："神"也，"独裁君主"也，"民"也，三者于其国民之精神，殆有同等之势力。（李大钊）

Зада́ние 42 Прочита́йте сле́дующее определе́ние культу́ры, да́нное кита́йским культуро́логом Юй Цюю́ем. Есть ли в э́том определе́нии о́бщее с размышле́ниями К. Юнга о сво́йствах на́ции?

文化，是一种包含精神价值和生活方式的生态共同体。它通过积累和引导，创建集体人格。（余秋雨）

Зада́ние 43 Напиши́те сочине́ние на одну́ из тем:
1) «Шукши́н – мой люби́мый писа́тель»;
2) «Невозмо́жно поня́ть страну́, не зна́я её культу́ру и мента́льность наро́да».

III ЛЕКСИКО-СТИЛИСТИЧЕСКАЯ РАБОТА

1

еди́нственный, еди́ный, едини́чный, оди́н

Зада́ние 44 Прочита́йте предложе́ния и сравни́те слова́ **оди́н** и **еди́нственный**. Переведи́те предложе́ния на кита́йскнй язы́к.
1) В семье́ был **оди́н** ребёнок. – Он был **еди́нственным** ребёнком в семье́.
2) Я зна́ю **оди́н** слу́чай, когда́ соба́ка спасла́ жизнь челове́ку. – Я зна́ю, что он был ра́нен на охо́те. Это был **еди́нственный** слу́чай, когда́ он был так неосторо́жен.
3) Я был на Кавка́зе **оди́н** раз. – На Кавка́зе я был **еди́нственный** раз, и то три го́да наза́д.
4) Рим – **оди́н** из древне́йших городо́в Евро́пы. – Рим – **еди́нственная** столи́ца в

Европе, в которой не был этот журналист.

5) Больше всего мне понравилось **одно** озеро. – Байкал – это **единственное** в мире озеро, где водится такая редкая рыба, как омуль.

Задание 45 Вставьте в пропуски слова **единственный** или **один**. Укажите, где возможны варианты.

1) Я был _____ человеком, который знал правду и мог всё объяснить.

2) В детстве мы с ним жили в _____ посёлке и учились в _____ школе. А это была _____ в нашем посёлке школа, и находилась она в самом центре.

3) Историк приехал сюда с _____ целью – узнать, сохранилось ли что-либо от бывшего имения писателя.

4) В _____ вопросе я был совершенно не согласен со своим другом.

5) Мой отец не понимал и поэтому не любил музыку: я думаю, это был _____ его недостаток.

6) В сильный мороз он катался на лыжах в _____ шерстяном свитере и, конечно, простудился.

7) Это, пожалуй, был _____ человек, который в то время имел на меня серьёзное влияние.

8) Летом сорок второго года она осталась совсем _____: в бою за Севастополь погиб её _____ сын.

Задание 46 Прочитайте предложения и скажите, какие значения имеет слово **единый**.

1) Ко всем учащимся в институте должны предъявляться **единые** требования.

2) Во всех группах на курсе занятия ведутся по **единой** системе.

3) Рассказы нового цикла писателя В. Шукшина близки по своей идее и составляют **единую** книгу.

4) Ни **единого** слова возражения не услышали мы в ответ.

5) Писем он писать не любил, а если писал, то почему-то без **единого** знака препинания.

Задание 47 Прочитайте предложения. Замените прилагательное **единый** словами **один** или **общий**. Укажите, где для замены можно использовать оба слова.

1) Было очень жарко; а вокруг – ни **единого** деревца.

2) Во всех группах проведена **единая** контрольная работа.

3) За годы учёбы он не допустил ни **единого** пропуска занятий, ни **единого** опоздания на лекции.

4) Врачи пришли к **единому** мнению: больному необходима операция.

5) По этому вопросу было так много различных мнений, что выработать **единый** план не представлялось возможным.

Зада́ние 48 Прочита́йте предложе́ния. Скажи́те, когда́ в предложе́ниях с отрица́нием мо́жно употребля́ть **оди́н** и́ли **еди́ный**, а когда́ – то́лько **еди́ный**.

1) На не́бе не́ было ни **одно́й** ту́чки.

2) К концу́ пе́рвой полови́ны ию́ня пого́да про́чно установи́лась, ни **еди́ной** ту́чки не появля́лось на не́бе.

3) Защи́та диссерта́ции прошла́ без **еди́ного** замеча́ния.

4) Эта стари́нная деревя́нная це́рковь была́ постро́ена без **еди́ного** гвоздя́.

Зада́ние 49 Вста́вьте в про́пуски слова́ **оди́н** и́ли **еди́ный**. Укажи́те, где возмо́жны вариа́нты.

1) Мы всегда́ встреча́лись в _____ ме́сте: у Большо́го теа́тра.

2) Хоккеи́сты игра́ли о́чень дру́жно, руководи́мые _____ це́лью.

3) И автомобили́сты, и пешехо́ды должны́ выполня́ть _____ пра́вила доро́жного движе́ния.

4) Это фронтово́й друг моего́ отца́, я ви́дел их вме́сте на _____ фотогра́фии.

5) Оста́лось всего́ пятна́дцать мину́т, я тебя́ ни _____ мину́ты не бу́ду ждать.

6) Сочине́ние бы́ло напи́сано без _____ граммати́ческой оши́бки.

Зада́ние 50 Прочита́йте предложе́ния и скажи́те, како́е значе́ние име́ет прилага́тельное **едини́чный**.

1) В э́том году́ в Евро́пе не́ было эпиде́мии гри́ппа – то́лько **едини́чные** слу́чаи заболева́ния.

2) Студе́нты, как пра́вило, аккура́тно посеща́ют ле́кции. Про́пуски заня́тий – **едини́чные** фа́кты.

3) Стрельба́ прекрати́лась, лишь далеко́ за село́м раздава́лись **едини́чные** вы́стрелы.

Зада́ние 51 Вста́вьте в про́пуски прилага́тельные **еди́нственный, еди́ный, едини́чный**.

1) Отноше́ние к де́лу – э́то для него́ _____ крите́рий оце́нки челове́ка.

2) _____ в ми́ре кни́га, кото́рую мо́жно чита́ть, находя́сь под водо́й, сде́лана неда́вно в А́нглии.

3) У всех собра́вшихся бы́ло _____ мне́ние по э́тому вопро́су.

4) – _____, что меня́ смуща́ет, – э́то ваш во́зраст: мо́лоды вы для тако́й сло́жной рабо́ты, – сказа́л мне веду́щий констру́ктор.

5) Да́же _____ фа́кты опозда́ния на заня́тия не остаю́тся без внима́ния молодо́го преподава́теля.

6) Одна́жды нам удало́сь уви́деть кру́пного зве́ря, и э́то был _____ слу́чай за всё вре́мя охо́ты.

7) Това́рищ сра́зу согласи́лся замени́ть меня́, без _____ сло́ва.

8) У них была́ _____ цель, поэ́тому они́ де́йствовали о́чень дру́жно.

9) _____, кто меня́ всегда́ понима́л, был оте́ц.

Зада́ние 52 Переведи́те сле́дующие предложе́ния на ру́сский язы́к.

1）上星期父亲病了，这是一年中唯一的一次。

2）1949年4月23日，人民解放军解放了南京，一枪未发就占领了"总统府"。

3）不完成作业在我们班仅是个别的现象。

4）1977年，我国恢复了高校招生考试制度。从1978年起开始实行全国统一考试。

5）高尔基认为，短篇小说中不应该有一个多余的词，尤其是不应该有多余的部分。

2

■ «ду́мать» с приста́вками

Зада́ние 53 Прочита́йте предложе́ния и сопоста́вьте глаго́лы **приду́мать** и **вы́думать**.

1) Рабо́тать с ним легко́: он бы́стро **приду́мывает** те́мы и назва́ния стате́й. – Вы то́лько послу́шайте! Ну и назва́ние **вы́думал**!

2) Да, э́то непра́вда. Я всё э́то **приду́мал**, что́бы успоко́ить вас. – Он никогда́ не игра́л на сце́не, он всё э́то про́сто **вы́думал**.

3) Этого никогда́ не́ было. Он **вы́думал** э́ту исто́рию, что́бы оправда́ться пе́ред ва́ми.

4) **Приду́майте** расска́з с но́выми слова́ми.

5) Ма́стер, уча́ствующий в ко́нкурсе парикма́херов, **приду́мал** но́вую причёску.

Зада́ние 54 Вста́вьте в про́пуски глаго́лы **приду́мать** и́ли **вы́думать**.

1) Он ма́ло рабо́тает? Не пове́рю, э́то вы _____.

2) – Как помо́чь ей? – Не волну́йтесь, что́-нибудь _____.

3) Эта игра́ надое́ла. Хорошо́ бы _____ другу́ю.

4) – Это пра́вда, что у нас бу́дет в суббо́ту ле́кция? – Ну что вы! Это вы _____.

5) А как называ́ется ваш но́вый кинофи́льм? – Ещё не _____ назва́ние.

6) Сейча́с _____ предложе́ния с но́выми слова́ми, а до́ма _____ с ни́ми расска́з.

Зада́ние 55

а) Прочита́йте предложе́ния. Скажи́те, како́е значе́ние име́ют приста́вки **пере-** и **раз-** в вы́деленных глаго́лах. Определи́те схо́дство и разли́чие в значе́ниях глаго́лов **переду́мать** и **разду́мать**. Обрати́те внима́ние на разли́чия в структу́ре предложе́ний.

1) Я хоте́л купи́ть фотоаппара́т, но **переду́мал** и купи́л видеока́меру. – Я хоте́л купи́ть фотоаппара́т, но **разду́мал** покупа́ть.

2) Вы до́ма? Вы ведь собира́лись пойти́ в теа́тр. – Хоте́л, но **разду́мал** идти́. – Хоте́л, но **переду́мал**, пойду́ в библиоте́ку.

3) Вы не поедете с нами за город? – Да, **раздумали** ехать. – Да, **передумали**, хотим с дочкой пойти в зоопарк.

б) Обратите внимание, что если в первой части предложения есть указание на отсутствие желания, намерения или указывается на отказ от действия, то во второй части предложения может быть употреблён только глагол **передумать**.

1) Сначала я не собирался идти на консультацию, но потом **передумал** и пошёл.

2) Я не хотела браться за этот эксперимент, но **передумала** и провела его довольно успешно.

3) Сначала я отказался лететь самолётом, но **передумал** и полетел.

4) Вчера брат отказался пойти со мной в цирк в воскресенье, но сегодня **передумал** и согласился.

Задание 56 Прочитайте предложения. Измените вторую часть предложения (после союзов **но** или **а**) таким образом, чтобы можно было употребить глаголы **раздумать** или **передумать**.

1) Он собирался пойти к врачу, но не пошёл.

2) Он собирался остаться дома, но пошёл в читальню.

3) Она собиралась подарить подруге книгу, но не подарила.

4) Я хотел взять на второе мясо, а взял рыбу.

5) Моя подруга хотела заниматься теннисом, а записалась в гимнастическую секцию.

6) Мы хотели подписаться на журнал «Октябрь», а подписались на журналы «Нева» и «Москва».

Задание 57

а) Прочитайте предложения и сравните глаголы **обдумать** и **продумать**.

1) Учитель **обдумал** весь предстоящий разговор с учениками. – Вы **продумали** свой вчерашний поступок? – спросил он у них.

2) **Обдумайте** ваше выступление, чтобы оно было убедительным.

3) Необходимо заранее **обдумать** все возможные пути решения вопроса. – Чтобы создать правдоподобный образ, актриса глубоко **продумала** все действия и поступки своей героини.

б) Вставьте в пропуски глаголы **обдумать** или **продумать**.

1) Он решил сначала всё хорошо _____ и только потом действовать.

2) Десять суток там провёл. Всю жизнь свою там _____. Выйду – роман напишу.

3) Вы должны заранее _____, что взять с собой.

4) Он надеялся, что Анна Сергеевна вернётся из больницы и он расскажет ей всё то, что вспомнил, всё, что _____, всё, что понял.

Зада́ние 58 Вста́вьте в про́пуски глаго́л **ду́мать** с ра́зными приста́вками.

1) Мои́ спу́тники реши́ли немно́го отдохну́ть с доро́ги, и я то́же снача́ла после́довал их приме́ру. Но зате́м _____ и отпра́вился оди́н осма́тривать го́род.

2) Мой сын лю́бит _____ ра́зные неправдоподо́бные исто́рии, кото́рые бу́дто бы происходи́ли с ним.

3) Мо́жет быть, тепе́рь он _____ над тем, что ему́ говори́ла когда́-то мать.

4) Он хоте́л поступи́ть на ку́рсы иностра́нных языко́в, но пото́м _____.

5) Ей предложи́ли вы́ступить, она́ недо́лго _____ и вы́шла на трибу́ну.

6) Пока́ он _____, брать ему́ кни́гу и́ли нет, кто́-то купи́л после́дний экземпля́р.

7) Преподава́тель физкульту́ры _____ хоро́шее упражне́ние для укрепле́ния мышц рук.

8) А нача́ло апре́ля – э́то вре́мя, когда́ ещё есть вре́мя всё _____, вы́брать, реши́ть и упакова́ть чемода́н.

9) Речь его́ была́ основа́тельной, чу́вствовалось, что ка́ждую мысль он глубоко́ _____.

IV ДЕЛОВЫЕ БУМАГИ

Как писа́ть заявле́ние?

Заявле́ние – э́то официа́льное сообще́ние в пи́сьменной фо́рме.

Заявле́ние соде́ржит ча́ще всего́ про́сьбу и́ли предложе́ние како́го-либо челове́ка, адресо́ванные организа́ции и́ли должностно́му лицу́.

● пе́рвая строка́: до́лжность, ФИО в да́тельном падеже́ (кому́ адресо́вано заявле́ние);

● втора́я строка́: ва́ша до́лжность, ФИО в роди́тельном падеже́.

Зате́м посереди́не пи́шется наименова́ние докуме́нта «заявле́ние». Пото́м с кра́сной строки́ пи́шем текст заявле́ния с кра́ткой формулиро́вкой про́сьбы, наприме́р: «Прошу́ предоста́вить мне очередно́й о́тпуск с «число́.ме́сяц.год» по «число́.ме́сяц.год». Ни́же сле́ва ста́вится да́та, спра́ва напро́тив неё ли́чная по́дпись заяви́теля.

В заявле́нии испо́льзуются, как пра́вило, официа́льно-делова́я ле́ксика и кни́жные синтакси́ческие констру́кции.

Образцы́

1

Дека́ну факульте́та

от студе́нта 2-го ку́рса

Ли Ми́ня

Заявле́ние

В связи́ с перее́здом на но́вое местожи́тельство прошу́ Вас освободи́ть меня́ от заня́тий на 5 дней.

1.06. 2013 г.

Ли Минь

2

Дире́ктору учи́лища №25,

Ива́нову Ива́ну Ива́новичу

от Петре́нко Никола́я Серге́евича

Заявле́ние

Прошу́ приня́ть меня́ на учёбу в учи́лище.

В 2008 году́ я зако́нчил 9 кла́ссов сре́дней шко́лы №8 го́рода Сва́тово.

К заявле́нию прилага́ю:

1) свиде́тельство об образова́нии;

2) характери́стику из шко́лы;

3) автобиогра́фию;

4) спра́вку о состоя́нии здоро́вья;

5) три фотока́рточки разме́ром 3х4.

Да́та

По́дпись

3

Ре́ктору Ки́евского национа́льного университе́та

и́мени Тара́са Шевче́нко

от Сае́нко Влади́мира Бори́совича

Заявле́ние

Прошу́ допусти́ть меня́ к сда́че вступи́тельных экза́менов на отделе́ние теорети́ческой фи́зики физико-математи́ческого факульте́та Ки́евского национа́льного университе́та и́мени Тара́са Шевче́нко.

К заявле́нию прилага́ю сле́дующие докуме́нты:

1) аттеста́т об оконча́нии сре́дней общеобразова́тельной шко́лы;

2) автобиогра́фию;

3) спра́вку о состоя́нии здоро́вья.

21 ию́ня 2011 г.

По́дпись

4

Дире́ктору шко́лы №6

Жовтоно́жко Е. П.

от Ильи́ной С. Д.

тел. 8-063-3087723

Заявле́ние

Прошу́ приня́ть меня́ на рабо́ту на до́лжность учи́теля нача́льных кла́ссов.

К заявле́нию прилага́ются:

1) ко́пия дипло́ма о вы́сшем образова́нии на одно́й страни́це в 1 экземпля́ре;

2) автобиогра́фия;

3) трудова́я кни́жка.

Да́та

По́дпись

5

Дире́ктору

ООО «Инди́го»

Гу́риной Т.В.

от ме́неджера

Ива́нченко Ири́ны Алексе́евны

Заявле́ние

Прошу́ предоста́вить мне очередно́й о́тпуск с 18.01.10 г. по 24.01.10 г. 11.01.12 г.

Ива́нченко

Зада́ние 59 Напиши́те заявле́ние дека́ну факульте́та о том, что вы не мо́жете во́время верну́ться с кани́кул (указа́в причи́ну), и попроси́те его́ разреше́ния отрабо́тать пропу́щенные заня́тия.

Зада́ние 60 Напиши́те заявле́ние ва́шему преподава́телю, в кото́ром излага́ете ва́шу про́сьбу не приходи́ть на заня́тия (указа́в причи́ну).

Зада́ние 61 Вы хоти́те перейти́ на друго́й факульте́т. Напиши́те официа́льное письмо́ за́вучу университе́та с про́сьбой разреши́ть вам перейти́ на друго́й факульте́т и обоснуйте своё реше́ние.

Зада́ние 62 Вы хоти́те поменя́ть ко́мнату в общежи́тии (но́мер в гости́нице) университе́та. Напиши́те пи́сьменное заявле́ние.

Зада́ние 63 Вы потеря́ли студе́нческий биле́т. Напиши́те заявле́ние с про́сьбой вы́дать вам но́вый.

Зада́ние 64 Напиши́те заявле́ние с про́сьбой допусти́ть вас к экза́менам факульте́та англи́йского языка́.

Зада́ние 65 Ско́ро вы зако́нчите университе́т и сейча́с устра́иваетесь на рабо́ту. Напиши́те заявле́ние о приёме на рабо́ту.

Зада́ние 66 Вы рабо́тник фи́рмы. Напиши́те нача́льнику письмо́ с про́сьбой предоста́вить вам очередно́й о́тпуск.

Мы́сли о Росси́и

Росси́я бу́дет жива́ до тех пор, пока́ смысл её существова́ния в настоя́щем, про́шлом и́ли бу́дущем бу́дет остава́ться зага́дкой и лю́ди бу́дут лома́ть себе́ го́лову: заче́м Бог со́здал Росси́ю?

Бо́лее шестидесяти́ лет я занима́юсь исто́рией ру́сской культу́ры. Это даёт мне пра́во хотя́ бы не́сколько страни́ц посвяти́ть тем её черта́м, кото́рые счита́ю са́мыми характе́рными.

Сейча́с, и́менно сейча́с закла́дываются осно́вы бу́дущего Росси́и. Како́й она́ бу́дет? О чём необходи́мо забо́титься в пе́рвую о́чередь? Как сохрани́ть лу́чшее из ста́рого насле́дия?

Ду́мать о восстановле́нии ста́рых террито́рий, ста́рого вое́нного могу́щества бессмы́сленно. В конце́ концо́в авторите́т наро́да и страны́, их значе́ние в челове́ческом ми́ре во́все не определя́ется коли́чеством квадра́тных киломе́тров за́нятой террито́рии и тем бо́лее не коли́чеством я́дерных раке́т.

Досто́инство на́ции. Сейча́с, в конце́ XX – нача́ле XXI в., нра́вственное досто́инство на́ции куда́ важне́е досто́инства «физи́ческого». При э́том соверше́нно я́сно, что высо́кая культу́ра, терпи́мость, стремле́ние к добрососе́дству, уваже́ние к други́м, забо́та о семье́ вызыва́ют уваже́ние и дове́рие «чужи́х».

Пе́рвые вопро́сы, с кото́рыми иностра́нные де́ятели обраща́ются к представи́телям ру́сской культу́ры, каса́ются состоя́ния культу́ры в на́шей стране́. Поня́тно, что име́ть сосе́дом высококульту́рный, мора́льно си́льный наро́д предпочти́тельней, чем неуве́ренный, не́рвно хвата́ющийся за ору́жие (я́дерное в том числе́), озабо́ченный то́лько экономи́ческой состоя́тельностью (при э́том – за счёт сосе́дей).

Поэ́тому пора́ поня́ть, что признава́ть нас свои́ми бу́дут на́ши сосе́ди то́лько в том слу́чае, е́сли мы бу́дем сохраня́ть нра́вственное досто́инство и культу́ру и́ли хотя́ бы культу́рность. Забо́та о на́шей культу́ре – э́то то, что бо́льше всего́ помо́жет нам и в на́шем экономи́ческом возрожде́нии. Росси́я должна́ сохрани́ть своё пе́рвенство в культу́ре на всём простра́нстве бы́вшего Сове́тского Сою́за, а э́то пе́рвенство пока́ существу́ет, и его́ существова́ние не на́до дока́зывать. С на́ми остаю́тся: и наш богате́йший язы́к, на кото́рый переведены́ все класси́ческие произведе́ния ми́ра, и на́ша со́бственная литерату́ра, и на́ша му́зыка, и на́ша жи́вопись, наш э́пос, на́ша лири́ческая песнь, наш теа́тр и да́же на́ша приро́да.

Культу́ра Росси́и – не в поведе́нии отде́льных её опусти́вшихся гра́ждан, а в том, что у нас не мо́жет быть о́тнято и что нако́плено тысячеле́тием: Пу́шкиным, Достое́вским, Толсты́м, Че́ховым, на́шей духо́вной му́зыкой, на́шими компози́торами – Гли́нкой, Чайко́вским, Му́соргским, Ри́мским-Ко́рсаковым, Рахма́ниновым, Проко́фьевым, на́шими насте́нными ро́списями и ико́нами, Алекса́ндром Ива́новым, Не́стеровым, Серо́вым, Мале́вичем; в нау́ке – Ломоно́совым, Лобаче́вским, Менделе́евым, Верна́дским, Алекса́ндром Весело́вским, Ша́хматовым, Па́вловым, а в теа́тре – Шаля́пиным и Станисла́вским, Со́биновым и Ле́мешевым, Анной Па́вловой, Кшеси́нской, Спеси́вцевой, Карса́виной, Нижи́нским, Ула́новой, Дуди́нской... И в религио́зной сфе́ре – Се́ргием Радоне́жским, Серафи́мом Саро́вским. Ра́зве не в э́том и подо́бном на́ше национа́льное досто́инство? И и́менно на э́то насле́дие нам необходи́мо опира́ться, е́сли мы хоти́м сохрани́ть своё веду́щее положе́ние на Восто́ке Евро́пы.

И о ру́сском языке́ мы должны́ по́мнить и горди́ться им. Ру́сский язы́к – э́то не то́лько сре́дство обще́ния, э́то ещё и храни́лище духо́вной культу́ры. Сфе́ра ру́сского языка́ – э́то не то́лько гига́нтский запа́с слов, но и бога́тство значе́ний э́тих слов, оби́лие идиомати́ческих выраже́ний, выраже́ний, возни́кших на литерату́рной, церко́вной, филосо́фской, нау́чной, фолькло́рной осно́ве. Нам необходи́мо, кра́йне необходи́мо, знать на́ши бога́тства, на́ши це́нности, горди́ться и́ми, чтобы лу́чше их сохраня́ть.

Ита́к, культу́ра! Вот о чём мы должны́ пре́жде всего́ ду́мать, забо́тясь о на́шем бу́дущем.

Досто́инство на́ций ма́ло отлича́ется от досто́инств отде́льных люде́й. Мы уступа́ем доро́гу же́нщинам, старика́м, де́тям, больны́м. Так же то́чно в госуда́рственной жи́зни мы должны́ покрови́тельствовать малочи́сленным наро́дам, стреми́ться сохрани́ть их культу́ру, самобы́тность, языки́. Лю́ди должны́ быть усту́пчивы как в свое́й ча́стной жи́зни, так и в госуда́рственной, понима́ть ну́жды сла́бых и́ли ото́рванных от свое́й основно́й ро́дины.

Язы́к – са́мое це́нное, чем облада́ет наро́д, осо́бенно малочи́сленный. Язы́к – выраже́ние культу́ры наро́да, а не то́лько сре́дство обще́ния.

Вообще́, хоро́шее госуда́рство то, кото́рое ме́ньше всего́ вме́шивается в ча́стную жизнь, ма́ло вме́шивается в дела́ люде́й, охраня́ет их от престу́пников и де́лает э́то незаме́тно. Чем ме́ньше в стране́ слы́шно о госуда́рстве, тем, зна́чит, э́то госуда́рство сильне́е и организо́ваннее. Тем, сле́довательно, сильне́е в стране́ укла́д жи́зни. Укла́д и тради́ции важне́е зако́нов и ука́зов. «Незаме́тное госуда́рство» – приме́та культу́ры наро́да.

Как мо́жно ме́ньше «забо́ров», как мо́жно бо́лее откры́тости в обще́нии учёных, арти́стов, худо́жников, писа́телей, коммерса́нтов, ме́диков! Госуда́рственный эгои́зм – несча́стье для люде́й.

Ещё одно́ ка́чество наро́да име́ет первостепе́нное значе́ние в нра́вственном авторите́те наро́да и так же, как терпи́мость к други́м на́циям, воспи́тывается исто́рией – доброта́. Но мо́жет ли доброта́ быть ка́чеством наро́да, а не про́сто отде́льной ли́чности? Доброта́ – э́то дар обще́ния, э́то социа́льное чу́вство и при э́том о́чень зарази́тельное. Почу́вствовав сча́стье добродея́ния, челове́ку уже́ тру́дно поки́нуть его́, и он передаёт свои́ на́выки доброты́ други́м представи́телям наро́да. Доброта́ зарази́тельна, как мо́жет быть зарази́тельно весе́лье. Доброта́ свя́зана с тради́цией. Вспо́мним в Дре́вней Руси́ посеще́ние тю́рем на Па́сху, а в остально́е вре́мя – обяза́тельная пода́ча ми́лостыни ареста́нтам. Ведь в ины́х города́х Руси́ да́же в XIX в. ареста́нты целико́м жи́ли за счёт подая́ний.

Чем вы́ше на́ция, тем ме́ньше она́ бои́тся други́х на́ций.

Что́бы на́ция сохраня́лась, ей необходи́мо развива́ть свою́ культу́ру.

Си́ла Росси́и всегда́ была́ в том, что она́ всегда́ горди́лась свое́й многонаро́дностью.

Возмутительно отношение к «национальным меньшинствам» в новых государствах. И это у народов, претендующих на культурность и кичащихся своей культурой, своими традициями! Но я утверждаю с полной ответственностью: они не знают и игнорируют собственную историю, если не осознают, сколь много они получили от своих соседей, без которых просто не могли бы существовать и развиваться, создавать свою культуру.

Не отразилась ли русская народная песня в изумительном пении цыган, которыми увлекались Державин, Аполлон Григорьев, Лев Толстой, Блок...

Отразилась русская культура в культуре человечества и на другом уровне. От русского балета, который сам берёт своё начало в балете французском и итальянском, ведут сейчас своё происхождение балетные школы всего мира. А русская музыка и исполнительское искусство?

Ещё и ещё раз скажут: от России было много плохого. Но ведь было и хорошее. Была история и было прошлое, в котором всегда смешивается то и другое. А без прошлого нет современности и прошлое играет огромную роль в становлении культуры настоящего.

И как жаль всего того, что было и исчезло во имя ложных идей «интернационального долга». Сколько берёз вырублено, сколько церквей и усадеб разграблено и разрушено, сколько богатств ушло и в безвестности украшает чужие дома и чужие музеи. А ведь какими родными были они и для крестьян, и для монахов, и для купцов, и для помещиков.

И те, что ненавидят русских, пусть вспомнят о Достоевском, Мусоргском, Скрябине, Рахманинове, Чехове – и всех тех, кто составляет истинную славу России. Культура каждого народа бесценна. И идеалы у каждого народа свой, собственные, индивидуальные, почему и нельзя их сравнивать «по росту» – чья культура выше, а чья ниже.

И ещё, о чём следует помнить – это о земледелии как о явлении культуры. Русская культура всегда была культурой, тесно связанной с земледелием – и в крестьянстве, и в дворянстве.

Вообще – это только призыв подумать о будущем. Нельзя безразлично относиться к своему будущему. Приглашая подумать о том, на чём должен базироваться авторитет России, как она должна жить в новой сложившейся ситуации, я вовсе не хочу, чтобы мы вновь пошли путём чиновничьих планов и «пятилеток». Мы просто должны иметь направление в жизни, исходить из нашего многовекового опыта, гордиться им и пытаться двигаться в подсказываемом нам разумом направлении. Наше положение совсем не такое плохое.

По Д. С. Лихачёву

Ру́сские посло́вицы и погово́рки

Не с деньга́ми жить, а с до́брыми людьми́.
По одёжке встреча́ют, по уму́ провожа́ют.

УРОК 2

КЛИМАТ И НАЦИОНАЛЬНЫЙ ХАРАКТЕР

I ВВЕДЕНИЕ В ТЕМУ

История взаимоотноше́ний Росси́и с други́ми стра́нами позволя́ет говори́ть о самостоя́тельной росси́йской цивилиза́ции. Учёные выделя́ют таки́е её осо́бенности, как огро́мные простра́нства, суро́вые приро́дно-климати́ческие усло́вия, многонациона́льность, осо́бая роль госуда́рства, осо́бая мента́льность наро́да.

Осо́бо сто́ит подчеркну́ть, что своеобра́зные приро́дные, климати́ческие, культу́рные и истори́ческие усло́вия росси́йской цивилиза́ции при́дали ей в ря́де слу́чаев противоречи́вый хара́ктер. Наприме́р, огро́мные приро́дные бога́тства могли́ бы позво́лить стране́ быть самодоста́точной, экономи́чески мо́щной держа́вой. Одна́ко э́ти бога́тства как бы «кру́жат го́лову», позволя́ют лю́дям быть расточи́тельными хозя́евами, толка́я их к экстенси́вным спо́собам хозя́йствования. Ту же противоречи́вость ру́сских мо́жно отме́тить не то́лько в хозя́йственной жи́зни, но и буква́льно во всём, в том числе́ и в национа́льном хара́ктере.

■ Но́вые слова́

взаимоде́йствие	相互关系，相互作用；互相配合，互相支持	кружи́ть, кружу́, кру́жишь и кружи́шь *несов.* (кого́-что)	使转动；盘旋；打旋
климати́ческий	气候的 ‖ климати́чески	расточи́тельный	浪费的 ‖ расточи́тельно
многонациона́льность	多民族性	экстенси́вный	粗放的 ‖ экстенси́вно
приро́дный	自然界的；天然的；生来的，天生的 ‖ приро́дно	хозя́йствование	管理，经营
		противоречи́вость	矛盾，不相容性，相抵触
самодоста́точный	自给自足的	хозя́йственный	经济的；总务的；日常用的；能精打细算的 ‖ хозя́йственно
держа́ва	国家；强国，大国		

Зада́ние 1 Отве́тьте на вопро́сы к те́ксту введе́ния.

1) Каки́е гла́вные осо́бенности росси́йской цивилиза́ции выделя́ют учёные? Согла́сны ли вы с мне́ниями учёных?

2) Как влия́ют приро́дно-климати́ческие усло́вия Росси́и на национа́льный хара́ктер ру́сских?

Зада́ние 2 Согла́сны ли вы с тем, что кли́мат накла́дывает отпеча́ток на хара́ктер люде́й? Замеча́ли ли вы ра́ньше, что кли́мат влия́ет на хара́ктер челове́ка? При́нято счита́ть, что южа́не Кита́я осторо́жны, практи́чны, насто́йчивы, а северя́не – поры́висты, расточи́тельны. Разделя́ете ли вы таку́ю то́чку зре́ния? Расскажи́те о свои́х наблюде́ниях (на приме́ре свои́х знако́мых, прия́телей, друзе́й, ро́дственников).

II ТЕКСТЫ

1

■ НЕМНОГО О ПИСАТЕЛЕ И ПРОИЗВЕДЕНИИ

Влади́мир Алексе́евич Солоу́хин (1924–1997 гг.) – ру́сский сове́тский писа́тель и поэ́т.

Влади́мир Солоу́хин роди́лся в крестья́нской семье́. Око́нчил Влади́мирский механи́ческий те́хникум. По́сле слу́жбы в а́рмии на́чал занима́ться литерату́рной де́ятельностью. В 1951 году́ око́нчил Литерату́рный институ́т и́мени А. М. Го́рького.

Гла́вная те́ма тво́рчества Солоу́хина – ру́сская дере́вня. Все его́ расска́зы и по́вести прони́кнуты чу́вством любви́ к ро́дине и бо́лью за её судьбу́. Писа́теля всегда́ занима́ла те́ма ру́сской приро́ды, духо́вного бога́тства наро́да, он мно́го писа́л о необходи́мости их сохране́ния и защи́ты.

Э́тот расска́з был напи́сан в 1961 г. В осно́ву расска́за поло́жены фа́кты со́бственной биогра́фии писа́теля.

Текст 1. Хлеб[①]

Шла война́, на кото́рую мы, шестнадцатиле́тние и семнадцатиле́тние мальчи́шки, пока́ ещё не попа́ли. По студе́нческим хле́бным ка́рточкам нам дава́ли четы́реста гра́ммов хле́ба, кото́рый мы съеда́ли за оди́н раз. Наве́рное, мы ещё росли́, е́сли нам так хоте́лось есть ка́ждый час, ка́ждую мину́ту и ка́ждую секу́нду.

На база́ре оди́н чёрный хлеб сто́ил девяно́сто рубле́й – э́то приме́рно на́ша ме́сячная стипе́ндия. Молоко́ бы́ло два́дцать рубле́й буты́лка, а сли́вочное ма́сло – шестьсо́т рубле́й килогра́мм. Да его́ и не бы́ло на база́ре, сли́вочного ма́сла, оно́ стоя́ло то́лько в воображе́нии ка́ждого челове́ка как како́е-то волше́бное вещество́, возмо́жное лишь в романти́ческих кни́жках.

К пра́зднику Конститу́ции присоедини́лось воскресе́нье, и получи́лось два выходны́х дня. Тут-то я и объяви́л свои́м ребя́там, что пойду́ к себе́ в дере́вню и что уж не зна́ю, уда́стся ли мне принести́ ветчины́ и́ли смета́ны, но чёрный хлеб гаранти́рую. Ребя́та попыта́лись отговори́ть меня́: далеко́, со́рок пять киломе́тров, тра́нспорт (вре́мя вое́нное) никако́й не хо́дит, на у́лице моро́з и как бы не случи́лось мете́ли. Но мысль оказа́ться до́ма уже́ сего́дня так овладе́ла мной, что я по́сле ле́кций, не заходя́ в общежи́тие, отпра́вился в путь.

Э́то был тот во́зраст, когда́ я бо́льше всего́ люби́л ходи́ть встреча́ть ветра́. И е́сли уж нет возмо́жности держа́ть про́тив ве́тра всё лицо́, подста́вишь ему́ щёку, вро́де бы разреза́ешь его́ плечо́м, и идёшь, и идёшь... И ду́маешь о том, како́й ты си́льный, сто́йкий; и ка́жется, что обяза́тельно ви́дит, как ты идёшь, твоя́ одноку́рсница, легкомы́сленная, в су́щности, де́вочка Окса́на, одна́ко по взгля́ду кото́рой ты привы́к ме́рить все свои́ посту́пки.

Пока́ я шёл по шоссе́, автомоби́ли догоня́ли меня́. Но все они́ везли́ в сто́рону Москвы́ ли́бо солда́т, ли́бо я́щики (наве́рное, с ору́жием) и на мою́ по́днятую ру́ку не обраща́ли никако́го внима́ния.

Когда́ наста́ла пора́ свора́чивать с шоссе́ на обыкнове́нную доро́гу, на́чало темне́ть. Наза́д стра́шно и огляну́ться – така́я ни́зкая и тяжёлая чернота́ зи́мнего не́ба нави́сла над всей землёй. Впереди́, куда́ вела́ доро́га, бы́ло немно́го посветле́е, потому́ что и за густы́ми ту́чами всё ещё сла́бо свети́лись после́дние о́тблески безра́достного дека́брьского дня.

Я почу́вствовал, что желу́док мой соверше́нно пуст и, для того́ что́бы дойти́ до до́му, я обяза́тельно до́лжен что-нибудь съесть, хотя́ бы жёсткую хле́бную ко́рку со стака́ном воды́. Не́которое вре́мя я шёл, вспомина́я, как я вари́л себе́ обе́ды, когда́ жил не в общежи́тии, а на ча́стной кварти́ре. Э́то бы́ло до войны́. Я шёл на база́р и покупа́л на рубль жи́рной-прежи́рной свини́ны. Она́ сто́ила де́сять рубле́й килогра́мм. Зна́чит, на рубль достава́лся мне стограммо́вый кусо́к. Э́ту свини́ну я вари́л с вермише́лью. Когда́ с ло́жкой вермише́ли попада́л в рот кусо́чек мя́са, во рту де́лалось вку́сно-вку́сно...

Мете́ль станови́лась сильне́е. Места́ми снег по коле́но. Хорошо́ ещё, что в рука́х была́ па́лка, кото́рой я нащу́пывал доро́гу.

Как ни стара́лся я вообрази́ть, что глаза́ са́мой краси́вой девчо́нки со всего́ ку́рса, си́ние глаза́ Окса́ны смо́трят на меня́ в э́ту мину́ту и, зна́чит, на́до идти́ как мо́жно твёрже и прямее́, не повора́чиваться к ве́тру спино́й, как ни почётна была́ моя́ зада́ча принести́ хлеб ребя́там из общежи́тия, ночь взяла́ своё – мне ста́ло жу́тко.

Тепе́рь кричи́ не кричи́, зови́ не зови́ – никто́ не услы́шит. Нет побли́зости ни одно́й дереве́ньки. Да и в деревня́х все лю́ди сидя́т по дома́м, ложа́тся, наве́рно, спать. Да́же е́сли ко́шка до́ма, то ра́ды и за ко́шку, что сиди́т на сту́ле во́зле пе́чки.

Но́ги сде́лались как из ва́ты, в груди́ ощути́лась не́кая пустота́, и безразли́чие овладе́ло мной. Скоре́е всего́, спасло́ меня́ то, что не на что бы́ло присе́сть. Если бы я нёс хоть пустяко́вый чемода́нишко, то, наве́рное, сел бы на него́ отдохну́ть и, коне́чно, засну́л бы ве́чным сном в э́том сне́жном ми́ре.

То, что мне не дойти́, бы́ло я́сно. Но в то же вре́мя (мо́жет быть, еди́нственно от мо́лодости) не ве́рилось, что я в конце́ концо́в здесь поги́бну!

Случи́тся что-нибудь тако́е, что помо́жет мне, вы́ручит, и я всё-таки дойду́, и ся́ду на ла́вку о́коло стола́, и мать доста́нет мне с пе́чи тёплые ва́ленки, и я нае́мся, а пото́м закурю́, и ничего́ не бу́дет сла́ще той долгожда́нной мину́ты. Нет, что-нибудь произойдёт, что я всё-таки не оста́нусь здесь навсегда́. Ведь э́то так реа́льно: тёплый дом, и мать, и ва́ленки, и еда́. Это ведь всё существу́ет на са́мом де́ле, а не приду́мано мно́ю. Ну́жно то́лько дойти́ – и всё. А до́ма есть и ва́ленки, и, коне́чно, есть у ма́тери вся́кое вку́сное...

Вдруг я заме́тил, что мои́ шаги́ (а я гляде́л тепе́рь то́лько на свои́ но́ги) как бы отбра́сывают тень, да и от самого́ меня́ протяну́лась вперёд тёмная полоса́. Я огляну́лся. Случи́лось и́менно са́мое невероя́тное, са́мое чуде́сное и волше́бное: по ста́рой колее́ пробира́лся настоя́щий автомоби́ль! Я ещё не знал, како́й он: легково́й, и́ли грузови́к, но э́то безразли́чно – гла́вное, автомоби́ль, и свет, и лю́ди, и, как и сле́довало ожида́ть, я спасён, я не оста́нусь замерза́ть в э́той заснеженной черноте́!

О том, что автомоби́ль мо́жет не останови́ться, а прое́хать ми́мо, у меня́ не́ было и мы́сли. Он для того́ то́лько и появи́лся здесь, что́бы подобра́ть и спасти́ меня́, как же он мо́жет не останови́ться? Если бы я знал, что он мо́жет не останови́ться, я бы встал посреди́ доро́ги. А то я шагну́л в сторо́нку и, ка́жется, да́же не сде́лал са́мого просто́го – не по́днял руки́, насто́лько очеви́дно бы́ло, что меня́ ну́жно подобра́ть. И вот автомоби́ль (э́то оказа́лся грузови́к) прое́хал ми́мо меня́.

Грузови́к не е́хал, а полз. В друго́е вре́мя мне ничего́ не сто́ило бы нагна́ть его́ пятью́ прыжка́ми и перебро́сить себя́ че́рез борт. Но тепе́рь мне показа́лось, что е́сли я, собра́в после́днюю си́лу, побегу́, и вдруг не догоню́ маши́ну и́ли не суме́ю в неё забра́ться, и сорву́сь, и упаду́ в снег, то уж, зна́чит, и не вста́ну. Вот почему́ я не побежа́л.

Отъе́хав шаго́в две́сти, маши́на останови́лась. И неудиви́тельно. Удиви́тельно бы́ло друго́е: как она́ могла́ оказа́ться на э́той доро́ге и как она́ вообще́ по ней пробира́лась?

Я по́нял, что маши́на останови́лась, когда́ о́коло неё на́чало мелька́ть бе́лое пятно́ све́та от электри́ческого фона́рика. Я догада́лся: лю́ди вы́шли из каби́ны и осма́тривают колёса и я́му, в кото́рую они́ провали́лись.

Вопро́с тепе́рь реша́лся про́сто: кто скоре́е? Я скоре́е добреду́ до маши́ны и́ли маши́на тро́нется с ме́ста?

Когда́ я добрёл до автомоби́ля, люде́й о́коло него́ уже́ не́ было. Вот уж снег из-под за́дних колёс долете́л до меня́ – так я прибли́зился к це́ли. Вот уж три ме́тра от мои́х протя́нутых рук до за́днего бо́рта, вот уж два, вот уж оди́н метр...

Идти́ три ме́тра к каби́не и спра́шивать разреше́ния мне не под си́лу. Ко́е-как я перевали́лся че́рез высо́кий борт и мешко́м упа́л на дно. В э́ту же секу́нду автомоби́ль тро́нулся с ме́ста.

Как то́лько я лёг на дно ку́зова, как то́лько почу́вствовал, что не ну́жно бо́льше шага́ть и вообще́ дви́гаться, так и задрема́л. Ско́лько я дрема́л, неизве́стно. Очну́лся же от толчка́. Мне показа́лось, что тёмные и́збы ря́дом с доро́гой знако́мы: отсю́да до моего́ до́ма четы́ре киломе́тра. Перевали́вшись че́рез за́дний борт, я отпусти́л ру́ки и упа́л в снег. Грузови́к сра́зу исчез в мете́льной темноте́. Лю́ди в каби́не так и не зна́ют, что подвезли́ случа́йного попу́тчика, бо́льше того́, не да́ли ему́ замёрзнуть.

Пригляде́вшись к и́збам и дере́вьям, к поря́дку домо́в, я по́нял, что грузови́к ли́бо увёз меня́ да́льше, чем мне ну́жно, ли́бо куда́-нибудь в сто́рону, потому́ что дере́вня, в кото́рой я очути́лся, была́ мне соверше́нно незнако́ма. Зна́чит, не́ было у меня́ вы́хода, как стуча́ться в одно́ из чёрных о́кон и проси́ться переночева́ть.

Все и́збы бы́ли мне одина́ково незнако́мы, все они́ бы́ли для меня́ чужи́е, но я заче́м-то брёл не́которое вре́мя вдоль дере́вни, как бы выбира́я, в каку́ю избу́ постуча́ться, и неизве́стно почему́ сверну́л к одно́й из изб (ниче́м она́ не отлича́лась от остальны́х, ра́зве что была́ поху́же). Есть, должно́ быть, у ка́ждой из ру́сских изб тако́е своё «выраже́ние лица́», кото́рое мо́жет быть ли́бо суро́вым, ли́бо жа́лким, ли́бо до́брым, ли́бо печа́льным.

Наве́рное, э́тим-то нея́вным я и руково́дствовался, выбира́я, в како́е окно́ постуча́ть. А мо́жет быть, про́сто ну́жно бы́ло не́которое вре́мя, что́бы собра́ться с ду́хом и оконча́тельно утверди́ться в мы́сли, что стуча́ть придётся неизбе́жно, так лу́чше уж не тяну́ть.

– Вам кого́?

– Переночева́ть бы мне, с доро́ги сби́лся, а мете́ль.

– Эко чего́ приду́мал! Могу́ ли я, одино́кая ба́ба, мужика́ ночева́ть пусти́ть!

– Да не мужи́к я, ну, вро́де бы... одни́м сло́вом, студе́нт.

– Отку́да идёшь-то?

– Из Влади́мира.

– Пожа́луй, не из са́мого Влади́мира пешко́м?

– То́-то что из са́мого.

Бы́ло слы́шно, что же́нщина за две́рью с трудо́м выта́скивает деревя́нный засо́в, дви́гает его́ из стороны́ в сто́рону, что́бы скоре́е вы́тащить.

Ду́шное тепло́, как то́лько я вдохну́л его́ не́сколько раз, опьяни́ло меня́. Я сиде́л на ла́вке, не в си́лах пошевели́ться.

Же́нщина (ей на вид бы́ло лет пятьдеся́т – пятьдеся́т пять) доста́ла с пе́чи ва́ленки, а из пе́чки – небольшо́й чугуно́к.

– Щи на обе́д вари́ла. Да тепе́рь уж, чай, осты́ли, чуть тёпленькие.

Сбыва́лось всё точь-в-то́чь как представля́лось мне, когда́ я шёл ещё в мете́ли! И кусо́к хле́ба оказа́лся таки́м же то́лстым и тяжёлым, каки́м я и ощуща́л, когда́ его́ ещё не то́лько не́ было в мое́й руке́, но и не́ было никако́й наде́жды на то, что он бу́дет.

Я ел, а тётя Ма́ша (так зва́ли же́нщину) смотре́ла на меня́, си́дя напро́тив, ду́мая о своём.

– Ско́лько испо́лнилось-то?

– Семна́дцать.

– Зна́чит, на бу́дущий год, е́сли она́ не ко́нчится, и тебе́ туда́?

По́стлано мне бы́ло на пе́чке. Засыпа́я, я ду́мал: вот шёл я вдоль дере́вни, и все и́збы бы́ли для меня́ одина́ковые. А что затаи́лось в них, за ве́тхими брёвнами, за чёрными стёклами о́кон, что за лю́ди, что за ду́мы, – неизве́стно. Вот приоткры́лась дверь в одну́ избу́, и оказа́лось, что живёт в ней тётя Ма́ша со свои́м вели́ким и све́жим го́рем. И уж нет у неё му́жа, нет сыпове́й и, на́до полага́ть, не бу́дет. Зна́чит, так и поплывёт она́ че́рез мо́ре жи́зни одна́ в свое́й ни́зкой дереве́нской избе́. И оста́лись ей одни́ воспомина́ния. Еди́нственная наде́жда на то, что осо́бенно вспомина́ть бу́дет не́когда: на́до ведь и рабо́тать.

Е́сли бы я постуча́лся не в э́ту избу́, а в другу́ю, то, наве́рно, откры́ла бы мне не тётя Ма́ша, а тётя Пелаге́я, и́ли тётя А́нна, и́ли тётя Гру́ша. Но у любо́й из них бы́ло бы по своему́ тако́му же го́рю. Это бы́ло бы то́чно так же, как е́сли бы я очути́лся в друго́й дере́вне, четвёртой, пя́той, в друго́й да́же о́бласти, да́же за Ура́льским хребто́м, в Сиби́ри, по всей мете́льной необъя́тной Руси́.

По В. А. Солоу́хину

■ Но́вые слова́

прони́кнуть, -ну, -нешь; -ни́к, -ни́кла сов. // проника́ть несов. (во что)	
	钻进，透进；深入到
хле́бный	面包的；盛产粮食的；丰收的
съесть сов. // съеда́ть несов. (что или чего)	
	吃掉，吃下去；耗费掉
стипе́ндия	奖学金；助学金
сли́вочный	奶油制的
романти́ческий	浪漫主义的；理想的，幻想的
	‖ романти́чески

конститу́ция	宪法
гаранти́ровать сов. и несов. (что)	
	担保，保证；保护……免遭……
отговори́ть сов. // отгова́ривать несов.	
	(кого от чего или接动词原形)劝……不要做……，劝阻
мете́ль (ж.)	暴风雪
подста́вить, -влю, -вишь сов. // подставля́ть несов. (кого-что)	把……放到（……下面）；用……支撑住

разре́зать, -ре́жу, -ре́жешь сов. // разреза́ть несов. (кого́-что)	切断，切开，剪断
шоссе́ [сэ], нескл., ср.	公路
наста́ть, -а́нет сов. // настава́ть, -тае́т несов.	来临，到来；出现
сверну́ть, -ну́, -нёшь сов. // свёртывать и свора́чивать несов.(что)	卷起；合上；拐弯
темне́ть, -е́ет несов. // потемне́ть сов.	暗淡起来；变得更暗；发黑
чернота́	黑，黑色；黑暗
нави́снуть, -нет; -и́с, -сла сов. // нависа́ть несов.	(на что)垂下；(над кем-чем) 笼罩；低垂；降临
свети́ться, -ечу́сь, -е́тишься несов.	发光，照耀；洋溢，流露
о́тблеск	反光，余晖
коле́но, (мн.) е́ни,-е́ней	膝，膝盖
па́лка	木棍；手杖，拐杖
жу́ткий	可怕的；极度的；恶劣的 ‖ жу́тко
пе́чка	炉子
ва́та	棉絮，棉花
пустота́	空，空处；空虚
присе́сть, -ся́ду, -ся́дешь; -се́л сов. // приседа́ть, приса́живаться несов. 蹲下	坐一坐，坐一会儿
пустяко́вый	不值一提的，微不足道的
печь, о пе́чи, в печи́; 复二 -е́й	炉子，炉灶；烘箱
ва́ленки, -нок, -нкам	毡靴
нае́сться сов. // наеда́ться несов. (чего́)	吃（许多）；(чем或无补语) 吃饱，吃够
долгожда́нный	盼望已久的，望眼欲穿的
реа́льный	现实的；能实现的；切合实际的 ‖ реа́льно
отбро́сить, -о́шу, -о́сишь сов. // отбра́сывать несов. (кого́-что)	抛开，扔到一边去；击退，打退
тень, о -и, в -и́; (мн.) те́ни, тене́й, теня́м	背阴处；阴影；阴暗面
протяну́ться, -яну́сь, -я́нешься сов. // протя́гиваться несов.	伸出去；延长；延伸
пробра́ться, -беру́сь, -берёшься; пробра́лся, -брала́сь сов. // пробира́ться несов.	挤过去，钻过去；偷偷走进，钻进
безразли́чный	漠不关心的，冷淡的；无关紧要的，无关痛痒的 ‖ безразли́чно
попу́тчик	旅伴；同路人 ‖ попу́тчица
замёрзнуть, -ну, -нешь; замёрз, -ла, -ло сов. // замерза́ть несов.	冻硬；结冰；冻死；冻僵
подобра́ть, -дберу́, -дберёшь; -а́л, -ла́, -ло́ сов. // подбира́ть несов. (кого́-что)	捡起；拾起；挑选，选配
насто́лько	到这种程度；如此，这么
ползти́, -зу́, -зёшь; полз, -зла́ несов.	(定向；不定向 по́лзать) 爬，爬行
нагна́ть, -гоню́, -го́нишь; -а́л, -ла́ сов. // нагоня́ть несов. (кого́-что)	赶上，追上；补上，弥补
борт, о -е, в (на) -у́; (мн.)-а́	船舷；(球台、卡车等的)帮，拦板；衣襟

забра́ться, -беру́сь, -берёшься; -а́лся, -ла́сь,
-ло́сь сов. // забира́ться несов.

爬上，钻进；潜入；
走远；躲藏

отъе́хать сов. // отъезжа́ть несов.

（乘车、马等）走开

каби́на

室；座舱

колесо́, -а́; колёса, колёс 轮，轮子

провали́ться, -валю́сь, -ва́лишься сов. //
прова́ливаться несов.

陷入；坍塌；垮台；
落空，考试不及格

добрести́, -бреду́, -бредёшь; -брёл, -брела́ сов. //
добреда́ть несов. 勉强走到；漫步走到

протяну́ть, -яну́, -я́нешь сов. // протя́гивать
несов.(что) 拉；架设；伸出；递
给；拖延；拉长

мешо́к, -шка́ 袋，口袋；笨拙的
人，不灵活的人

ку́зов 柳条筐；车身，车厢

так и 一个劲地，不住地；
马上就，就这样；到
底也（没）

мете́льный 暴风雪的；扫帚的

задрема́ть, -емлю́, -е́млешь сов. // задрёмывать
несов. 打盹

очну́ться сов. 睡醒；恢复知觉，清
醒过来

толчо́к, -чка́ 推；跳动，推动力；
挺举，推（铅球等）

перевали́ться, -алю́сь, -а́лишься сов. //
перева́ливаться несов.（费力地）翻越过，
滚过；翻身

пригляде́ться, -яжу́сь, -яди́шься сов. //
пригля́дываться несов.(к кому́-чему́ 或无
补语) 仔细看；认真研究；
看惯，适应

увезти́, -зу́, -зёшь; увёз, -езла́ сов. // увози́ть,
-ожу́, -о́зишь несов. (кого́-что)

运走，拉走；偷着运

走，偷走

очути́ться, -у́тишься сов.

不知不觉地走到；
陷入

стуча́ться, -чу́сь, -чи́шься несов. //
постуча́ться сов. 碰，撞；敲，叩

проси́ться несов. // попроси́ться сов.

请求准许

ночева́ть, -чу́ю, -чу́ешь несов. // переночева́ть
сов. 过夜，夜宿；宿营

брести́, -еду́, -едёшь; брёл, брела́ несов.

（定向；不定向
броди́ть）徘徊；蹒跚

ра́зве что 除了

жа́лкий 可怜的，令人怜悯
的；难看的；微不足
道的；卑劣的
‖ жа́лко

руково́дствоваться, -твуюсь, -твуешься 或
руководи́ться, -ожу́сь, -о́дишься несов.
(чем) 遵循，遵照

утверди́ться, -ржу́сь, -рди́шься сов. //
утвержда́ться несов. 巩固，树立起来；确
信，坚信

неизбе́жный 不可避免的 ‖
неизбе́жно

тяну́ть, тяну́, тя́нешь несов. (кого́-что)

拉，扯；吸引；拉
长；(что, с чем) 拖
延，磨蹭

сби́ться, собью́сь, собьёшься сов. // сбива́ться
несов. 挪地方；(鞋) 踏坏；
迷失方向；聚在一起

ба́ба 村妇

засо́в 门闩，门栓

дви́гать, -аю, -аешь 或 -ижу, -ижешь несов. //
дви́нуть, -ну, -нешь сов. (кого́-что)

移动，挪动；(чем)
晃动，摆动；(что)
推动，促进

45

ду́шный	发闷的，不通风的；闷热的 ‖ ду́шно	затаи́ться, -таю́сь, -таи́шься сов. ‖ затаи́ваться несов.	躲藏，隐藏
вдыха́ть несов. ‖ вдохну́ть, -ну́, -нёшь сов. (что)	吸，吸入	ве́тхий	陈旧的，破旧的；陈腐的；衰老的
пьяни́ть, -ню́, -ни́шь несов. ‖ опьяни́ть сов. (кого́-что)	使人醉；使陶醉	бревно́, (мн.) брёвна, брёвен, брёвнам	原木；木头人儿；平衡木
шевели́ться, -елю́сь, -ели́шься несов. ‖ пошевели́ться сов.	微动；颤动；活跃起来	ду́ма	思想，思索；杜马
чугуно́к	铁罐；铁锅	приоткры́ться, -ро́ется сов. ‖ приоткрыва́ться несов.	敞开一点儿
чай (вводн. сл. прост.)	大概，看来	полага́ть несов.	认为，以为，想
сбы́ться, сбу́дется; -ы́лся, -ла́сь сов. ‖ сбыва́ться несов.	实现，应验	необъя́тный	无边无际的；非凡的，极大的 ‖ необъя́тно
точь-в-то́чь	丝毫不差，一模一样		

 Коммента́рий

Оригина́льное назва́ние расска́за В. Солоу́хина – «Карава́й заварно́го хле́ба».

ПОНИМАНИЕ ТЕКСТА

Зада́ние 3 Перескажи́те сюже́т расска́за, отве́тив на вопро́сы по его́ содержа́нию.
1) Что мы узна́ем о геро́е и его́ жи́зни в са́мом нача́ле расска́за?
2) Почему́ геро́й расска́за реши́л отпра́виться на выходны́е в родну́ю дере́вню? Почему́ ему́ пришло́сь идти́ пешко́м? Что помога́ло ю́ноше продвига́ться вперёд, несмотря́ на непого́ду?
3) Как получи́лось, что геро́й оказа́лся в чужо́й дере́вне?
4) Кем оказа́лась же́нщина, впусти́вшая ю́ношу в дом? Как вы ду́маете, что заста́вило её согласи́ться приюти́ть незнако́мого мужчи́ну на́ ночь?
5) О чём ду́мал ю́ноша, засыпа́я на тёплой пе́чке?

АНАЛИЗ ТЕКСТА

Зада́ние 4 Познако́мьтесь с теорети́ческим материа́лом об **о́бразе расска́зчика**.

В худо́жественном произведе́нии повествова́ние мо́жет вести́сь не непосре́дственно «от а́втора», а от лица́ расска́зчика. Тогда́ в произведе́нии появля́ется о́браз расска́зчика.

Расска́зчик мо́жет быть на́зван, у него́ мо́жет быть и́мя, чита́тель мо́жет знать его́ во́зраст, профе́ссию, име́ть представле́ние о его́ вне́шности и хара́ктере и т. п.

Наибо́лее чётко о́браз расска́зчика выража́ется местоиме́ниями и фо́рмами глаго́лов 1-го лица́. Но о́браз расска́зчика мо́жет быть обозна́чен и в повествова́нии от 3-го лица́. В э́том слу́чае о́браз расска́зчика нахо́дит выраже́ние в языковы́х сре́дствах, отступа́ющих от так называ́емой «литерату́рной но́рмы». Э́то ча́ще всего́ разгово́рные и просторе́чные слова́, выраже́ния и синтакси́ческие констру́кции.

О́браз а́втора и о́браз расска́зчика си́льно различа́ются и по свое́й композицио́нной ро́ли. В композицио́нном пла́не, в пла́не то́чки ви́дения а́втор – «всеведу́щ». Он всё зна́ет, всё ви́дит, ему́ изве́стно, что ду́мают, что чу́вствуют, что пережива́ют персона́жи, каковы́ их наме́рения. Расска́зчик же мо́жет находи́ться среди́ геро́ев произведе́ния и не облада́ет «всеве́дением». Расска́зчик мо́жет расска́зывать то́лько о том, чему́ он был свиде́телем, что он наблюда́л, что слы́шал.

Зада́ние 5 Скажи́те, от како́го лица́ ведётся расска́з «Хлеб»? Кто его́ расска́зчик? Что вы зна́ете об э́том расска́зчике (пол, во́зраст, профе́ссия и т. д.)?

Зада́ние 6 Приведи́те три-четы́ре фа́кта из те́кста, дока́зывающие, что расска́зчик не облада́ет «всеве́дением». Каки́е для э́того есть языковы́е сигна́лы?

Зада́ние 7 Для характери́стики о́браза расска́зчика осо́бенно важна́ то́чка ви́дения. Проанализи́руйте абза́ц «*Когда́ наста́ла пора́ свора́чивать с шоссе́ на обыкнове́нную доро́гу...*» и докажи́те, что э́то наблюде́ния свиде́теля ситуа́ции.

Зада́ние 8 Познако́мьтесь с теорети́ческим материа́лом о **темати́ческом по́ле.**

Мето́дика ана́лиза ле́ксики те́кста осно́вывается на предположе́нии, что повторя́ющиеся значе́ния слов явля́ются семанти́чески наибо́лее ва́жными в те́ксте. Повто́ры образу́ют **темати́ческое по́ле** слов, свя́занных ме́жду собо́й парадигмати́ческими отноше́ниями, характе́рными для ле́ксико-семанти́ческих групп. Э́то отноше́ния:

1) ро́до-видовы́е (*де́рево – дуб, берёза, сосна́* и т. п.);

2) смыслово́го сближе́ния по синоними́ческому ти́пу (*фотогра́фия, портре́т, рису́нок, карти́на; поня́ть, узна́ть, догада́ться, обнару́жить, уви́деть, заме́тить*);

3) синоними́и («постоя́нные» сино́нимы – *и́стина, пра́вда; горя́чий, жа́ркий;* контекстуа́льные, и́ли «вре́менные», сино́нимы – *сказа́л, спроси́л, удиви́лся, произнёс*);

4) антоними́и (*вы́играть – проигра́ть, смех – плач*).

Сло́во, входя́щее в темати́ческое по́ле, называ́ется **темати́ческим;** гла́вное темати́ческое сло́во, представля́ющее те́му, – **стержневы́м.**

Зада́ние 9

а) В расска́зе «Хлеб» одни́ми из наибо́лее повторя́ющихся слов явля́ется *мете́ль* и́ли *мете́льный*. Найди́те ситуа́ции в те́ксте, в кото́рых встреча́ются э́ти слова́, и скажи́те, како́е семанти́ческое по́ле они́ образу́ют?

б) В те́ксте встреча́ется це́лый ряд слов и выраже́ний, антоними́чных по отноше́нию к «*мете́ли*». Это слове́сный ряд «*тепло́*», кото́рый то́же вхо́дит в о́бщее семанти́ческое по́ле «*моро́з*». Найди́те в те́ксте слове́сный ряд «*тепло́*».

Зада́ние 10 В те́ксте наблюда́ется ещё одно́ ва́жное семанти́ческое по́ле – «*еда́*». Найди́те в те́ксте слова́ и выраже́ния, входя́щие в э́то по́ле.

Зада́ние 11 Вспо́мните ситуа́ции, характеризу́ющие:

1	суро́вый кли́мат России	мете́ль; ни́зкая и тяжёлая чернота́ зи́мнего не́ба; после́дние о́тблески безра́достного декабрьского дня...
2	росси́йские просто́ры	далеко́, 45 киломе́тров; Тепе́рь кричи́ не кричи́, зови́ не зови́ – никто́ не услы́шит. Нет побли́зости ни одно́й дереве́ньки; необъя́тная Русь...
3	люде́й	си́льный, сто́йкий, печа́льный, легкомы́сленный...

Зада́ние 12 Понра́вился ли вам геро́й расска́за? Что помогло́ вам лу́чше поня́ть его́ хара́ктер?

Зада́ние 13 Проанализи́руйте о́браз тёти Ма́ши (судьба́, поведе́ние, речь...). Скажи́те, каки́ми черта́ми хара́ктера надели́л писа́тель собира́тельный о́браз росси́йской же́нщины?

Зада́ние 14 В те́ксте многокра́тно повторя́ется одна́ и та же ситуа́ция: *мать достаёт с пе́чи ва́ленки и еду́*. Вспо́мните э́ти ситуа́ции и скажи́те, как они́ помога́ют раскры́ть гла́вную иде́ю расска́за?

Зада́ние 15 Вспо́мните коне́ц те́кста, когда́ расска́зчик, лёжа в посте́ли, вспомина́л о том, как он брёл вдоль дере́вни, не реша́ясь, в каку́ю избу́ постуча́ться. Скажи́те, с како́й це́лью а́втор два́жды повторя́ет э́ту ситуа́цию? Помога́ет ли она́ раскры́ть гла́вную иде́ю расска́за?

Зада́ние 16 Вспо́мните коне́ц расска́за А. Толсто́го «**Ру́сский хара́ктер**» и сравни́те его́ с концо́м расска́за Солоу́хина. Скажи́те, в чём их схо́жесть.

Да, вот они́, ру́сские хара́ктеры! Ка́жется, прост челове́к, а придёт суро́вая беда́, в большо́м и́ли в ма́лом, и поднима́ется в нём вели́кая си́ла – челове́ческая красота́.

ЯЗЫКОВАЯ РАБОТА

Зада́ние 17

В не́которых слу́чаях разли́чия в видовы́х значе́ниях выража́ются ударе́нием, а в настоя́щем и бу́дущем просто́м различа́ются и ударе́нием, и соста́вом осно́вы.

а) Поста́вьте ударе́ние в глаго́лах. Укажи́те их ви́ды и проспряга́йте их в настоя́щем и в просто́м бу́дущем вре́мени.

разрезать – разрезать	отрезать – отрезать	срезать – срезать
нарезать – нарезать	засыпать – засыпать	рассыпать – рассыпать

б) Прочита́йте предложе́ния. Вста́вьте в про́пуски глаго́л из ско́бок в ну́жной фо́рме.
1) Снег ме́дленно _____ доро́гу. В не́сколько мину́т снег _____ доро́гу (засы́пать – засыпа́ть).
2) Она́ ка́ждое у́тро _____ цветы́ и ста́вила их в ва́зу. Она́ _____ цвето́к и подари́ла его́ мне (сре́зать – среза́ть).
3) Мать _____ кусо́к хле́ба и дала́ его́ ребёнку. Президе́нт прохо́дит сквозь стекля́нные две́ри, охра́на _____ от него́ журнали́стов (отре́зать – отреза́ть).
4) Ви́ктор нали́л в два стака́на понемно́жку, а пото́м _____ я́блоко и лимо́н. Я хочу́ ви́деть, как мо́лния _____ не́бо (разре́зать – разреза́ть).

Зада́ние 18

а) В те́ксте встреча́ются прилага́тельные субъекти́вной оце́нки ти́па **горя́ченький**, **жи́рный-прежи́рный**. При э́том су́ффиксы и пре́фиксы даю́т слова́м ра́зные смысловы́е и стилисти́ческие отте́нки.

б) Образу́йте прилага́тельные с су́ффиксом **-еньк-**, име́ющим ласка́тельное значе́ние.

тёплый	бле́дный	молодо́й	глу́пый	кра́сный
тёмный	хоро́ший	све́жий	сла́дкий	ми́лый
но́вый	чи́стый	ни́зкий	худо́й	вку́сный
холо́дный	сухо́й	плохо́й		

в) Образу́йте прилага́тельные с пре́фиксом **пре-**, име́ющим значе́ние, бли́зкое к «**о́чень**».

высо́кий	глубо́кий	гру́бый	гру́стный	гря́зный
большо́й	неприя́тный	до́брый	ми́лый	отли́чный
проти́вный	весёлый	ску́чный		

Зада́ние 19

Существи́тельные с су́ффиксом *-ишк-* име́ют обы́чно значе́ние пренебрежи́тельности, уничижи́тельности. При э́том существи́тельные же́нского ро́да и одушевлённые мужско́го ро́да име́ют оконча́ние **-а**, наприме́р: *парни́шка* (от *па́рень*), а существи́тельные сре́днего ро́да и неодушевлённые мужско́го ро́да – оконча́ние **-о**, наприме́р: *чемода́нишко* (от *чемода́н*).

От да́нных ни́же слов образу́йте существи́тельные с су́ффиксом **-ишк-**.

мысль	сын	за́йчик	вор	ма́льчик
брат	ребя́та	письмо́	пла́тье	хвост
го́род	заво́д	дом		

Зада́ние 20

а) Прочита́йте предложе́ния и сравни́те глаго́лы **есть, ку́шать, съеда́ть**.

1) Не **ешь** так бы́стро!

2) Я почти́ я́вственно ощути́л за́пах печёной карто́шки, впервы́е за э́ти су́тки мне захоте́лось **есть**.

3) Вот и дочь моя́ то́же: цыпля́т не **ест**! Ведь кур же ты **ешь**. Почему́ же ты цыпля́т избега́ешь?

4) – Вы о́строго не **ку́шаете**? – спроси́ла хозя́йка. – Нет, почему́ же? **Ем**, – отве́тил гость.

5) Он был хо́лост, держа́л не то пять, не то шесть ко́шек, кото́рые без конца́ **съеда́ли** почти́ весь его́ паёк.

6) Наш больно́й, бы́стро **съев** свою́ по́рцию, принесённую сто́рожем, – не удово́льствовался э́тим и пошёл в о́бщую столо́вую.

б) Вста́вьте в про́пуски подходя́щие глаго́лы **есть, ку́шать, съеда́ть**.

1) Кто не рабо́тает, тот не _____.

2) Он так проголода́лся, что _____ две таре́лки щей.

3) Она́ нали́ла по́лную, до кра́я, таре́лку и сказа́ла ла́сково: – _____ на здоро́вье.

4) Во́лки _____ без оста́тка двух соба́к.

5) – Арте́мий Никола́ич, _____ хоти́те? – спроси́ла, появля́ясь в дверя́х, Та́ня. Ей давно́ хоте́лось _____.

Зада́ние 21 Образу́йте по образцу́ существи́тельные с уменьши́тельно-ласка́тельным су́ффиксом **-ок (-ек)**.

Образе́ц: лёд – ледо́к, кула́к – кулачо́к, чай – чаёк

го́род	брат	котёл	го́лос	мёд
пиджа́к	конья́к	таба́к	ко́фе	

Зада́ние 22

а) Прочита́йте словосочета́ния и сравни́те вариа́нты оконча́ний существи́тельных.

стака́н **ча́ю** – стака́н **ча́я** (но: арома́т **ча́я**);

килогра́мм **са́хару** – килогра́мм **са́хара** (но: вкус **са́хара**);

вы́пить **чайку́** (**кваску́**); пое́сть **медку́** (**сахарку́, сырку́**);

стака́н горя́чего **ча́я**, па́чка вы́сушенного **табака́**;

мно́го **наро́ду** – мно́го **наро́да** (но: исто́рия **наро́да**);

умере́ть **с го́лоду**, два́дцать лет **от роду**.

б) Поста́вьте слова́, стоя́щие в ско́бках, в фо́рме роди́тельного падежа́ еди́нственного числа́. Учти́те возмо́жность вариа́нтов.

Образе́ц: мно́го _____ – интере́сы _____ (наро́д)

мно́го **наро́ду** (**наро́да**) – интере́сы **наро́да**

1) Килогра́мм _____ – запа́сы _____ (са́хар).

2) Кусо́к _____ – произво́дство _____ (сыр).

3) Хоте́лось пое́сть _____ – сорт _____ (виногра́д).

4) Не меша́ло бы вы́пить _____ – вы́сший сорт _____ (чай).

5) Ну́жно бы́ло доли́ть _____ – за́пах _____ (бензи́н).

6) Мно́го _____ – Не вы́ношу тако́го _____ (шум).

7) Он с _____ не умрёт – испы́тывать чу́вство _____ (го́лод).

8) Приба́вьте мне _____ – зелёный цвет _____ (сала́т).

Зада́ние 23 Поста́вьте слова́, да́нные в ско́бках, в роди́тельном падеже́.

голо́вка (лук, чесно́к)	стака́нчик (моро́женое)	паке́т (молоко́, сок, кефи́р)
па́чка (соль, са́хар)	коро́бка (конфе́ты, пече́нье)	кусо́к (хлеб, сыр, колбаса́)

Зада́ние 24 Укажи́те, от како́го сло́ва (ча́сти ре́чи) и как образо́ван глаго́л **темне́ть**. Образу́йте по анало́гии глаго́лы с су́ффиксом **-еть** от сле́дующих прилага́тельных и приду́майте предложе́ния с э́тими глаго́лами.

бе́лый	голубо́й	жёлтый	зелёный	све́тлый	я́сный
у́мный	тупо́й	гру́бый	по́лный	твёрдый	сла́бый
бле́дный	седо́й	здоро́вый	тёплый	холо́дный	хоро́ший

Зада́ние 25

а) Прочита́йте предложе́ния. Определи́те значе́ние предло́га **по** в вы́деленных констру́кциях.

1) Не бо́йся переходи́ть ре́чку, вода́ в ней ле́том **по коле́но**.

2) Мы с трудо́м пробира́лись че́рез по́ле, так как в э́том году́ трава́ вы́росла **по по́яс**.

3) На у́лице был моро́з, и он был заку́тан в шарф **по са́мые глаза́**.

б) Вста́вьте в про́пуски подходя́щие по смы́слу слова́. Испо́льзуйте слова́ для спра́вок.

Слова́ для спра́вок: плечо́, ло́коть, щи́колотки, у́ши

1) Он натяну́л ке́пку по _____, втяну́л го́лову в пле́чи и ушёл.

2) Скульпту́ра си́льно пострада́ла, одна́ рука́ была́ отби́та по _____, друга́я по _____.

3) За ле́то он подро́с и тепе́рь был мне по _____.

4) Идти́ бы́ло тру́дно, но́ги уходи́ли в песо́к по _____.

Зада́ние 26

> Одни́ глаго́лы соверше́нного ви́да с су́ффиксом -ну- ука́зывают на зако́нченность де́йствия, на достиже́ние результа́та (**поги́бнуть, прони́кнуть**), други́е – на однокра́тность (де́йствие произошло́ оди́н раз) и́ли мгнове́нность де́йствия (**шагну́ть, мигну́ть**).

а) Подбери́те к сле́дующим глаго́лам фо́рмы соверше́нного ви́да и укажи́те, каки́е из них име́ют значе́ние зако́нченности, а каки́е – однокра́тности.

достига́ть	дви́гать	стреля́ть	исчеза́ть	пры́гать	возника́ть
рискова́ть	ка́шлять	замерза́ть	привыка́ть	дёргать	

б) Прочита́йте предложе́ния. Подбери́те к вы́деленным глаго́лам видовы́е па́ры.

Разда́лся после́дний звоно́к. По́езд **тро́нулся**. Запозда́вшие пассажи́ры **ки́нулись** к ваго́нам. Из о́кон **крича́ли** после́дние проща́льные слова́, в во́здухе **мелька́ли** платки́ и шля́пы. Толпа́ провожа́ющих **дви́галась** по перро́ну вслед за ме́дленно плы́вшими ваго́нами. По́езд бы́стро набира́л ско́рость. Не́которые из провожа́ющих бежа́ли вдоль по́езда, **маха́ли** рука́ми, **толка́ли** друг дру́га.

Зада́ние 27 В те́ксте расска́за встреча́ется разгово́рный оборо́т «**так и...**», име́ющий ра́зные значе́ния (*...так и задрема́л.., лю́ди в каби́не так и не зна́ют...*). Обрати́те внима́ние, что во второ́м приме́ре оборо́т употребля́ется с отрица́нием **не**. В да́нных ни́же предложе́ниях запо́лните про́пуски, употребля́я оборо́т «**так и...**» и́ли «**так и**

не...». Переведи́те предложе́ния на кита́йский язы́к.

1) Дождь _____ льёт.

2) Здесь ду́шно, меня́ _____ кло́нит в сон.

3) Он до́лго звони́л, но _____ дозвони́лся.

4) Мать беспоко́илась о сы́не, она́ _____ засну́ла до утра́.

5) Глаза́ _____ закрыва́ются.

6) Де́ти поигра́ли, а игру́шки _____ оста́лись на полу́.

7) Он _____ засты́л, уви́дев отца́.

8) Я _____ знал, что ты всё э́то ска́жешь!

9) Я _____ сходи́л к нему́: во-пе́рвых, доро́га далека́, во-вторы́х, не́ было вре́мени.

Зада́ние 28 Запо́лните про́пуски, употребля́я глаго́лы **проснýться** и́ли **очнýться.**

1) Я тяжело́ заболе́л и не́сколько дней был в беспа́мятстве... В конце́ концо́в, я сно́ва _____ и, хотя́ до́лго ещё лежа́л с закры́тыми глаза́ми, одна́ко был уже́ вне опа́сности.

2) _____, я не́сколько вре́мени не понима́л, что со мно́ю сде́лалось. Я лежа́л на крова́ти, в незнако́мой ко́мнате, и чу́вствовал большу́ю сла́бость.

3) Проспа́л я о́чень до́лго и _____ о́чень по́здно.

4) С э́той мину́ты я ничего́ не по́мню... Я _____ уже́ на коле́нях ма́тери.

5) У́тром я _____ от жа́ркого со́лнца, би́вшего в бе́лые сте́ны.

Зада́ние 29 Вста́вьте в про́пуски необходи́мый по смы́слу глаго́л движе́ния в фо́рме проше́дшего вре́мени.

1) Води́тель _____ маши́ну на большо́й ско́рости.

Ве́тер _____ по па́рку осе́нние ли́стья (**гнать – гоня́ть**).

2) Зря ты волну́ешься, я _____ на э́ти ска́лы уже́ не́сколько раз.

Лю́ди в толпе́ суети́лись, _____ друг дру́гу на пле́чи, что́бы полу́чше разгляде́ть, что происходи́ло впереди́ (**лезть – ла́зить/ла́зать**).

3) В похо́де мой друг слома́л но́гу, и я _____ его́ на себе́ не́сколько киломе́тров.

В э́то ле́то я до́лго боле́л и так обесси́лел, что е́ле но́ги _____ (**тащи́ть – таска́ть**).

4) Он до́лго _____ в темноте́, пыта́ясь найти́ поте́рянную иго́лку.

Волна́ нака́тывала на бе́рег, омыва́я песо́к и ка́мни, и ме́дленно _____ наза́д (**ползти́ – по́лзать**).

5) Он _____ среди́ разва́лин до́ма, пыта́ясь отыска́ть хоть что́-нибудь, напомина́вшее о его́ пре́жней жи́зни.

Весь день мы _____ по доро́ге, наде́ясь, что нам встре́тится попу́тная маши́на (**брести́ – броди́ть**).

Зада́ние 30 От сле́дующих глаго́лов образу́йте фо́рмы проше́дшего вре́мени.

брести́	нести́	цвести́	процвести́
вести́	везти́	расти́	спасти́

Зада́ние 31

а) Прочита́йте предложе́ния и сравни́те значе́ния глаго́лов **стуча́ть** и **стуча́ться**.

1) Я **постуча́л** в дверь ко́мнаты и вошёл, не дожда́вшись отве́та.

2) Две́ри бы́ли за́перты. Кто́-то **постуча́л**, снача́ла осторо́жно, пото́м на́чал колоти́ть в дверь...

3) **Постучи́те** к Му́хиным, мо́жет быть, они́ до́ма.

4) Не **стучи́** ножо́м по столу́.

5) В типогра́фии пла́вно **стучи́т** маши́на, печа́тая но́вую кни́гу.

6) Я стал **стуча́ться** в дверь. Вы́шел хозя́ин. Я попроси́л воды́.

7) Та́ня не пе́рвый раз навеща́ла роди́телей. Она́ заезжа́ла в родно́й го́род по подпо́льным дела́м, выполня́ла всё, что на́до, а но́чью **стуча́лась** к ним в око́шко.

б) Вста́вьте в про́пуски глаго́лы **стуча́ть** и́ли **стуча́ться**. Укажи́те, где возмо́жны два вариа́нта, а где – то́лько глаго́л **стуча́ть**.

1) – А вот все ва́ши соображе́ния о народонаселе́нии вы принесёте сюда́, – он _____ по столу́, – а не то у вас бу́дут больши́е неприя́тности...

2) Проходя́ ми́мо до́мика Соколо́вых, она́ вошла́ во двор, _____ в окно́, но занаве́ска оста́лась спу́щенной, – Ма́рьи Ива́новны не́ было до́ма.

3) Прибега́ли, _____ в окно́ това́рищи, зва́ли Ми́шу игра́ть, он да́же головы́ не поверну́л. Всё чита́л и чита́л.

4) Ва́ля подошла́ к две́ри, прислу́шалась – внутри́ бы́ло ти́хо. Ва́ля указа́тельным па́льцем осторо́жно _____. Никако́го отве́та.

5) Андре́й Сурге́ев так и не _____ в окно́, так и не разбуди́л Ла́нкина.

6) У, како́й подня́лся шум! Валенти́на Степа́новна торопли́во _____ по микрофо́ну: – Ти́ше, ти́ше.

7) Не́сколько секу́нд Андре́й не мог поня́ть, в чём де́ло, пото́м огляде́лся по сторона́м, убеди́лся, что не оши́бся две́рью, и _____.

8) Дождь _____ в о́кна ваго́на.

Зада́ние 32

а) Определи́те значе́ние, управле́ние и сочета́емость глаго́ла **тяну́ть**.

1) (*кого́-что*) *Ухвати́вшись за что-л., с уси́лием тащи́ть, влечь к себе́.*
тяну́ть ло́шадь, верёвку, са́ни, соста́в, *кого́* за́ руку, *кого́* за рука́в, *кого́* за собо́й, *кого́* в го́сти, *кого́* в кино́.

• Рыбаки́ с трудо́м **тя́нут** из воды́ тяжёлую сеть.

• А до́чка **тяну́ла** её за рука́в: «Ма́ма, сты́дно, ма́ма, переста́нь».
• Брат целова́лся с Гали́ной Па́вловной. Со́фья **тяну́ла** его́ за руба́шку, повторя́я: «Дурачо́к, она́ тебе́ в ма́тери годи́тся…».

2) (кого́-что куда́, к кому́-чему́ и́ли с инф.) *Привлека́ть, влечь.*

тяну́ть ребёнка, дру́га, сестру́, взор, взгляд;

тяну́ть на ро́дину, в кино́, к мо́рю, на све́жий во́здух, домо́й, к роди́телям, ко сну, к чте́нию, пое́хать домо́й, уви́деть родны́х.

• Ста́рому ма́стеру и в выходны́е дни до́ма не сиди́тся: всё на заво́д **тя́нет**.
• Неизве́стная си́ла **тяну́ла** его́ в го́род, на база́р.
• Его́ **тяну́ло** ко сну – ска́зывалась бессо́нная ночь.
• Я вы́ехал в Пеки́н на сле́дующий же день: **тяну́ло** поскоре́е уви́деть столи́цу.

3) (что, с чем) *Ме́дленно де́лать что-л., ме́длить с осуществле́нием чего́-л.*

тяну́ть де́ло, слова́, перегово́ры, ве́чер, жизнь, пе́сню, собра́ние.

Тяну́ть с отве́том, с разреше́нием вопро́са, с отъе́здом, со сва́дьбой, с аре́стом престу́пника.

• Ло́шадь шла лени́во, ямщи́к **тяну́л** уны́лую пе́сню.
• За́мыслы враго́в очеви́дны: **тяну́ть** перегово́ры, чтобы вы́играть вре́мя.
• – Та́-ак, – гля́дя в меню́, **тяну́л** он, – что тут у нас есть.
• – Пода́йте, Христа́ ра́ди, до́брые господа́! – **тяну́ла** де́вочка печа́льным, жа́лобным голоско́м.
• Ири́на **тяну́ла** с або́ртом. Жа́лко бы́ло убива́ть плод любви́.

б) Переведи́те сле́дующие предложе́ния на ру́сский язы́к.
1）他扯着我的衣袖重复着说：“不要！”
2）客人起身要走，主人却拉他坐回到桌旁。
3）女孩子到底是女孩子。虽然她已经是成年人了，但还是老想妈妈。
4）事情紧急，不能拖延。
5）别拖延回答，你就说“是”还是“不”。

Зада́ние 33

Не́которые глаго́лы мо́гут име́ть дополне́ние в ра́зных падежа́х, что свя́зано с ра́зными смыслов́ыми и́ли стилисти́ческими отте́нками. Ср.:

дви́гать стол, насто́льную ла́мпу, ле́стницу, спя́щего ребёнка, това́р в торго́вую сеть, войска́ к грани́це;

дви́гать бровя́ми, плечо́м, ного́й, сту́лом, горшка́ми;

дви́гать произво́дство, нау́ку и те́хнику, рабо́ту, де́ло, исто́рию, челове́чество;

дви́гать челове́ком, рабо́чими, ма́льчиком, всем.

а) Проспрягáйте глагóл **двúгать** в настоя́щем врéмени.

б) Прочитáйте предложéния. Определи́те значéния глагóла **двúгать** и обрати́те внима́ние на егó управлéние. Переведи́те предложéния на китáйский язы́к.

1) Я с си́лой **дви́нул** лóдку, и онá поплылá.

2) И онá обустра́ивает кварти́ру: где гости́ная, где спáльня, **двúгает** дивáны, крéсла – всё **двúгает**.

3) Шкаф пусть муж **двúгает**. Ну лáдно, допу́стим, шкафы́ **двúгать** – мужскáя рабóта, а жéнская э́то какáя?

4) Погóдин за спинóй корея́нки дéлает мне какúе-то знáки лицóм. Подмúгивает, кивáет на Лéрочку, **двúгает** бровя́ми.

5) Сестрá, котóрая начинáла понемнóжку поправля́ться, сегóдня ужé едвá **двúгает** ногáми.

6) Когдá **двúгают** э́тим стáрым сту́лом, он скрипи́т.

7) Ведь чáсто роди́телями **двúгает** тщеслáвие, э́то их вы́бор.

8) Людми́ла Николáевна знáла, что оди́н лишь эгои́зм **дви́жет** посту́пками Ви́ктора, он никогó не лю́бит.

9) Им **дви́жут** тóлько ли́чные интерéсы, в крáйнем слу́чае интерéсы семьи́, а вся́кие словá о добрé, любви́ и́ли справедли́вости – э́то всё на пу́блику.

10) Благодаря́ нóвой технолóгии мóжно си́льно **дви́нуть** произвóдство вперёд.

11) – Вот скажи́ мне, Кáрлович, что тебя́ **дви́жет** в твоём твóрчестве?

    – В моём твóрчестве меня́ **дви́жет** револю́ция, Никúта Сергéевич.

в) Переведи́те слéдующие предложéния на ру́сский язы́к.

1）母亲轻轻把睡着的孩子往旁边挪了挪，然后坐在床沿上开始缝补起来。

2）正是高度的竞争在推动着美国经济增长。

3）士兵试着活动活动受伤的胳膊，可是它不听使唤。

4）有时是嫉妒心驱使人们去达到某些目的。

5）就是说，凶手故意挪动了家具，以便留下这样的印象。

Задáние 34 Встáвьте в прóпуски подходя́щие по смы́слу выражéния **рáзве что, врóде бы, под си́лу, не под си́лу**.

1) Онá ещё мáленькая. Ей _____ однóй снять карти́ну.

2) Одному́ мне не дойти́, вот _____ вы согласи́тесь проводи́ть.

3) Мы бы́ли мóлоды, нам бы́ло всё _____ .

4) Хотéлось ещё погуля́ть, возвращáться _____ рáно.

5) Управля́ть совремéнным оборудованием _____ тóлько грáмотным, квалифици́рованным рабóчим.

6) Онá совсéм не измени́лась, _____ похудéла немнóго.

7) Дерéвья здесь _____ пони́же, чем у нас.

Задáние 35 Вы́деленные словá замени́те синоними́чными словáми из тéкста «Хлеб».

1) Так неужéли же вы **ду́маете**, что я за вас иду́ по любви́ и́ли из-за вáших дéнег?

2) Нóвая тéхника **обеспéчивает** постоя́нное повышéние производи́тельности трудá.

3) Мы говори́ли о том, что волновáло нас, – мы не бы́ли **равноду́шными** людьми́.

4) Весь слéдующий день прóбыл он в забытьи́ и **пришёл в себя́** тóлько на трéтий.

5) Незамéтно для себя́ я **оказáлся** на незнакóмой мне у́лице.

6) Онá чу́вствовала, что, разговáривая, э́тот деловóй, обы́чно скупóй на словá человéк, должнó быть, намéренно **мéдлит**, не реши́сь начáть какóй-то трýдный разговóр.

7) Наконéц-то **осуществи́лась** нáша мечтá: мы éдем в Пи́тер!

8) Кругóм дáже днём ничегó не ви́дно, а нóчью **тем бóлее**.

Задáние 36 Переведи́те слéдующие предложéния на рýсский язы́к.

1）医生不保证手术一定能成功。

2）我想了很长时间，但到底也没想起来在哪里见过他。

3）他敲了敲门，喊道："能要一杯凉水吗？"

4）我的信他早就收到了，但拖延了一星期才回复。

5）房间的一个角落里放着一架非常破旧的钢琴。

6）我父亲的一生和这本书中人物的命运一模一样，这简直写的就是我父亲。

7）她几乎哪儿都不去，除了去商店。

2

Задáние 37 Прочитáйте текст и скажи́те, как влия́ет кли́мат Росси́и на харáктер её нарóда.

Текст 2. Кли́мат Росси́и и харáктер рýсского нарóда

У китáйцев есть дрéвняя послóвица: «Каковá земля́ и рекá, такóв и харáктер человéка». Это óчень схóдно с идéями филóсофа Н. Бердя́ева: «Пейзáж рýсской души́ соотвéтствует пейзáжу рýсской земли́».

Как э́то понимáть? Широ́кие, безграни́чные прострáнства страны́ породи́ли в рýсских широту́ души́, их свободолю́бие, щéдрость и у́даль – с однóй стороны́. А с другóй – их беспéчность, расточи́тельство, слáбую самодисципли́ну, слáбо рáзвитое чу́вство отвéтственности. Огрóмная террито́рия давáла лю́дям чу́вство безопáсности: всегдá найдётся мéсто, кудá мóжно убежáть, спря́таться от преслéдований (злóго врагá и́ли влáсти). Рýсским же кáжется, что их земля́ и прирóдные богáтства никогдá не закóнчатся.

Кли́мат чáсти сéверной Еврóпы и Áзии – э́то зóна, где усло́вия для земледéлия óчень суро́вы. Жизнь крестья́н – постоя́нная борьбá за выживáние. До́лгая суро́вая зима, короткое лето постоянно торопят их: все сельские работы нужно было успеть провести за 4-6 месяцев, т. е. гораздо быстрее, чем в Европе. Да и в промышленности всё достаётся с гораздо большим трудом. Конечно, Россия – страна с богатыми природными ресурсами. Однако расположены они, как правило, в малонаселённых и труднодоступных районах. Любое производство здесь требует гораздо больших материальных затрат и людских сил, чем где-либо.

Поскольку природа в России гораздо суровее, чем в Калифорнии или Италии, то и люди более сдержанны по характеру, лишены лёгкой весёлости, беспечной радости, которая так украшает, например, итальянцев или французов.

Не случайно лица русских кажутся иностранцам излишне серьёзными, а их музыка, песни, кино и театр – полными грусти и даже трагизма. Это не всегда и не всем нравится.

К тому же иностранцам не всегда понятны перепады в настроении русских: от грусти – к безудержному веселью, от тоски – к весёлой бодрости. Такие переходы кажутся странными, вызывают критические высказывания о якобы непостоянстве и даже лицемерии русских. Почему так? Сам континентальный климат России уже наполнен контрастами. Пожалуй, редко найдёшь ещё такое место на земле, где природа вызывала бы не только грусть и уныние, но и такую глубокую и огромную радость при встрече с весной после надоевшей зимы.

К тому же надо понимать: сохранить психическое здоровье в трудной жизни можно лишь при условии, если ты умеешь компенсировать печаль чем-то другим, например, бодростью, весельем, умением расслабиться – да так, что становится «море по колено».

Особая манера трудиться у русских – тоже несёт печать природы. Ведь долгая зима вынуждает бездействовать крестьянина, а короткое лето заставляет трудиться сверх меры, забывая об отдыхе и сне: надо быстрее, быстрее закончить все сельские работы, убрать урожай до того, как начнутся затяжные дожди или заморозки. А этого времени очень мало: всего примерно 130 суток (с учётом запрета на работу по воскресным дням). А из них почти 30 уходит на сенокос. Так что остаётся всего 100 дней на аграрные работы – в два раза меньше, чем в Европе. Спешка при уборке урожая не давала ни сил, ни времени на тщательность работы, на внимание техническим новинкам. Зато развилась привычка к напряжённому труду на короткое время, который сменяется отдыхом («перекур»). Отсюда же идёт русская привычка затягивать время работы, которая часто завершается «штурмом». Эта манера трудиться кажется странной для европейцев, с их привычкой к ровному, размеренному труду, который регулярно перемежается отдыхом и поэтому не так утомляет человека. А вот русским, к сожалению, не хватает умения экономить силы, размеренности и точности в работе, доведения её «до ума».

Своенравный русский климат слишком часто обманывал ожидания крестьян: то нежданные затяжные дожди, то нежданная африканская жара могли вдруг уничтожить все труды. Чтобы сохранить душевное равновесие и не потерять психического здоро́вья, крестья́не вы́работали в себе́ привы́чку не жа́ловаться в беде́: «Бог дал, бог взял», «Аво́сь не помрём!». До сих пор ру́сские утеша́ют себя́ э́тими погово́рками, столкну́вшись с бедо́й. Одна́ко э́та ру́сская привы́чка наде́яться на «ка́к-нибудь» и «аво́сь», наде́жда на уда́чу породи́ли знамени́тое ру́сское безрассу́дство, привы́чку «игра́ть с судьбо́й», любо́вь к ри́ску и посту́пкам, кото́рые не объясни́шь «здра́вым смы́слом».

Безграни́чность ру́сской приро́ды рожда́ет в душе́ ощуще́ние просто́ра, и не случа́йно ве́чный си́мвол Росси́и – о́браз доро́ги. Этот си́мвол мо́жно проследи́ть в ру́сской литерату́ре «Мёртвых душ» Н. В. Го́голя и «Кому́ на Руси́ жить хорошо́» Н. А. Некра́сова. В поэ́ме «Кому́ на Руси́ жить хорошо́» Некра́сов пока́зывает жизнь всей Руси́ че́рез путеше́ствие семи́ мужико́в по не́скольким деревня́м. Образ доро́ги здесь – традицио́нный си́мвол жи́зненного пути́. Вспо́мним, где завя́зывались в туго́й у́зел са́мые изве́стные сюже́ты ру́сской литерату́ры, наприме́р дра́ма Анны Каре́ниной и́ли Юрия Жива́го❶? Коне́чно, в доро́ге... Пожа́луй, нет ни одного́ значи́тельного а́втора, кото́рый не косну́лся бы э́того о́браза. Доро́га – ру́сский си́мвол бесконе́чности, ожида́ния бу́дущего и ре́зкой переме́ны капри́зной судьбы́.

По А. В. Серге́евой

◼ Но́вые слова́

породи́ть, -ожу́, -оди́шь *сов.* // порожда́ть *несов.* (*кого́-что*)	引起，产生	сде́ржанный	稳重的，持重的，矜持的 ‖ сде́ржанно
широта́	广阔；广泛；纬度；纬度地带	лиши́ть, -шу́, -ши́шь *сов.* // лиша́ть *несов.* (*кого́-что* 或 *кого́-чего́*)	夺去，剥夺，使丧失
свободолю́бие	热爱自由	беспе́чный	不认真的，漫不经心的；无忧无虑的 ‖ беспе́чно
ще́дрость	慷慨，大方；奖金	итальянец	意大利人 ‖ италья́нка
у́даль	勇敢，大胆，剽悍	изли́шний	多余的；过分的，过度的 ‖ изли́шне
беспе́чность	疏忽大意；无忧无虑	траги́зм	悲剧成分，悲剧因素；悲惨，凄惨
расточи́тельство	浪费	перепа́д	落差；压差；跌落
пресле́дование	追击；迫害	безу́держный	抑制不住的，不可遏止的 ‖ безу́держно
власть, (*мн.*) -и,-е́й,-я́м	权力，政权；政权机关，政府；当局	весе́лье	快乐，快活；娱乐
земледе́лие	耕作；农业；农作学	бо́дрость	精力充沛
торопи́ть, -оплю́, -о́пишь *несов.* // поторопи́ть *сов.* (*кого́* 或 *кого́ с чем*)	催促	крити́ческий	临界的；危急的，紧要关头的；批评的
малонаселённый	人口少的，人烟稀少的	постоя́нство	永恒性，恒定；常性
людско́й	人的		
поско́льку	既然；因为		
Калифо́рния	加利福尼亚		

контра́ст	相反，对比；反差
уны́ние	灰心，丧气；忧郁，愁闷
психи́ческий	心理的 ‖ психи́чески
компенси́ровать *сов. и несов.* (*кого́-что*)	补偿，赔偿；代偿；弥补
мо́ре по коле́но (*кому́*)	满不在乎
вы́нудить, -ужу, -удишь *сов.* ‖ вынужда́ть *несов.* (*кого́-что*)	迫使，逼迫；用强制手段得到
безде́йствовать *несов.*	不生产，停工
затяжно́й	持久的；拖延很久的；慢性的 ‖ затя́жно
за́морозки	霜冻
сеноко́с	割草；割草期；割草场
агра́рный	土地的；农业的
спе́шка	匆忙，急忙
убо́рка	清除；收拾；收获；装饰
тща́тельность	精密性，精确性；仔细，细心
нови́нка	新东西；新作品；新鲜事物；新产品
смени́ться, -еню́сь, -е́нишься *сов.* ‖ сменя́ться *несов.*	更换，换人；交班；更替，替代
переку́р	抽支烟；歇口气儿
заверша́ться *несов.* ‖ заверши́ться, -и́тся *сов.* (*чем 或无补语*)	完成，做成；结束
штурм	突击；强攻，猛攻
европе́ец	欧洲人 ‖ европе́йка
разме́ренный	均匀的；有节奏的；从容不迫的 ‖

	разме́ренно
доведе́ние	达到
своенра́вный	性情古怪的；任性的，固执的 ‖ своенра́вно
нежда́нный	出乎意料的，没有想到的 ‖ нежда́нно
помере́ть, -мру́, -мрёшь; по́мер, -рла́, по́мерло *сов.* ‖ помира́ть *несов.* (*прост.*)	死
уте́шить, -шу, -шишь *сов.* ‖ утеша́ть *несов.* (*кого́*)	安慰，使解忧，使安心
безрассу́дство	鲁莽，轻率，冒失
здра́вый	健全的；正确的，合理的 ‖ здра́во
безграни́чность	无限，无穷
ощуще́ние	感觉，感受
просто́р	辽阔，宽敞；自由自在，无拘无束
проследи́ть, -ежу́, -еди́шь *сов.* ‖ просле́живать *несов.* (*кого́-что*)	跟踪，追踪侦查；系统地研究，探究
поэ́ма	叙事诗，长诗；史诗；壮观，诗情画意
завяза́ться, -я́жется *сов.* ‖ завя́зываться *несов.*	结上，系住
туго́й	勒紧的，拉紧的；装得满满的；困难的
сюже́т	情节，题材
бесконе́чность	无限，无边无际
капри́зный	任性的 ‖ капри́зно

 Коммента́рий

Юрий Жива́го – гла́вный геро́й рома́на Б. Пастерна́ка «До́ктор Жива́го», врач и поэ́т, кото́рый у́мер от серде́чного при́ступа на у́лице.

ПОНИМАНИЕ ТЕКСТА

Зада́ние 38 Отве́тьте на вопро́сы к те́ксту.

1) Каки́е положи́тельные и отрица́тельные черты́ хара́ктера вы́работали в ру́сских лю́дях широ́кие просто́ры?

2) Как влия́ет кли́мат Росси́и на крестья́нский быт? Како́й отпеча́ток э́то накла́дывает на темпера́мент и хара́ктер люде́й?

3) Что, по мне́нию учёных, помога́ет ру́сским лю́дям выжива́ть в сло́жных климати́ческих усло́виях, сохраня́я при э́том психологи́ческое здоро́вье?

4) Как осо́бенности приро́ды и кли́мата отрази́лись в ру́сской литерату́ре?

Зада́ние 39

а) Прочита́йте ру́сские посло́вицы о приро́де. Объясни́те, как вы понима́ете их смысл.

Два́жды в год ле́та не быва́ет.	Ле́то собира́ет, а зима́ поеда́ет.
Оди́н день год ко́рмит.	Не всё нена́стье, прогля́нет и кра́сное
В ле́тнюю по́ру заря́ с заре́й схо́дится.	со́лнышко.
Зима́ спро́сит, что ле́том припасено́.	Не пуга́й, зима́: весна́ придёт.

б) Каки́е черты́ ру́сского хара́ктера иллюстри́руют э́ти и други́е изве́стные вам ру́сские посло́вицы и погово́рки о приро́де и пого́де?

ЯЗЫКОВАЯ РАБОТА

Зада́ние 40 Вста́вьте в про́пуски слова́ **власть** и́ли **пра́во** в пра́вильной фо́рме.

1) Никто́ не име́ет _____ вме́шиваться во вну́тренние дела́ госуда́рства.

2) Е́сли бы поме́щик не име́л _____ над ли́чностью крестья́нина, то он не мог бы заста́вить рабо́тать на себя́ челове́ка, наде́ленного землёй и веду́щего своё хозя́йство.

3) Вы прекра́сно зна́ете, что рабо́чий в на́шей стране́ хозя́ин, а не про́сто рабо́чий. Вы слу́жите у него́, подчиня́етесь его́ _____.

4) К вступле́нию в НА́ТО моё отноше́ние негати́вное, потому́ что Росси́я – э́то больша́я, вели́кая страна́, кото́рая име́ет _____ проводи́ть самостоя́тельную поли́тику.

5) Я ду́маю так, потому́ что всё равно́ мили́ция _____ наруша́ет.

Зада́ние 41

> Слова́, бли́зкие по звуча́нию, но ра́зные по значе́нию и́ли части́чно совпада́ющие в своём значе́нии, называ́ются **паро́нимами**. Ча́ще всего́ э́ти слова́ быва́ют однокоренны́ми.

а) Слова́ **широта́** и **ширина́** бли́зки по звуча́нию, но различа́ются по значе́нию. Прочита́йте сле́дующие предложе́ния и объясни́те ра́зницу в значе́нии э́тих слов.

1) Прису́щая Третьяко́ву **широта́** взгля́да на иску́сство нашла́ отраже́ние в со́зданной им экспози́ции.

2) В дальне́йшем челове́к мо́жет прояви́ть **широту́** свои́х интере́сов.

3) Появле́ние со́лнца наконе́ц дало́ возмо́жность определи́ться. – Два́дцать семь гра́дусов **широты́**! – воскли́кнул Сергие́вский.

4) В не́которых места́х **ширина́** реки́ не бо́льше 3-4 ме́тров.

5) То́лько е́сли в кварти́ре совсе́м уж не́куда поста́вить тако́й холоди́льник, мо́жно вы́брать поме́ньше, **ширино́й** 45 см.

б) Сравни́те сле́дующие па́ры паро́нимов и переведи́те их на кита́йский язы́к.

эскала́тор – экскава́тор	абонеме́нт – абоне́нт	уда́чный – уда́чливый
эконо́мный – экономи́чный – экономи́ческий		сы́то – сы́тно
Шве́ция – Швейца́рия	А́встрия – Австра́лия	

Зада́ние 42

а) Прочита́йте предложе́ния и сравни́те значе́ния вы́деленных слов и словосочета́ний.

1) – Как? И Лемм **у́мер**? – спроси́л Лавре́цкий. – Да, – отвеча́л молодо́й Кали́тин, – он уе́хал отсю́да в Оде́ссу; ... там он и **сконча́лся**.

2) Актёр **умира́ет** совсе́м то́лько тогда́, когда́ **умира́ет** после́дний из его́ зри́телей.

3) – А у меня́, ба́рин, сын на э́той неде́ле **по́мер**. – Гм!.. Отчего́ же он **у́мер**?

4) – Жена́ у меня́ **померла́**, – сказа́л Ха́нин петуши́ным го́лосом.

5) **Ушёл из жи́зни** Стив Джобс, основа́тель компа́нии «Apple».

6) Го́ре, любезне́йший Ива́н Ива́нович, большо́е го́ре – на́шего Марты́нова **не ста́ло**. Он **у́мер** в Ха́рькове на мои́х рука́х.

7) – Вот и **нет с на́ми** дя́ди Яши.

8) Самолёт разби́лся при спу́ске. Из экипа́жа спасла́сь то́лько стюарде́сса, все остальны́е вме́сте с пассажи́рами **поги́бли**.

б) Переведи́те сле́дующие предложе́ния на ру́сский язы́к.

1）这位杰出的作家在久病之后，于1974年逝世了。

2）叶甫盖尼·福明死了。过去7天了，我昨天才听说。

3）张思德同志是为人民利益而死的，他的死比泰山还要重。

4）可是我想，他们之中谁都不在人世间了。

5）世界知名的生物学家童第周教授与我们永别了，他与世长辞了。

Зада́ние 43 Вы́деленные слова́ замени́те синоними́чными слова́ми из те́кста «Кли́мат Росси́и и хара́ктер ру́сского наро́да».

1) Лес **вызыва́л** у меня́ чу́вства душе́вного поко́я и ую́та.

2) Евге́ний стара́лся име́ть весёлый и **беззабо́тный** вид, расска́зывал, как он собра́л лошаде́й.

3) Мы про́бовали сади́ться, но хо́лод и сы́рость **заставля́ли** нас идти́ да́льше.

4) Да́нные, охвати́вшие о́коло 20 тыс. рабо́чих, показа́ли, что из фабри́чных рабо́чих ухо́дят на **сельскохозя́йственные** рабо́ты всего́ 14.1 %.

ДИСКУССИЯ

Зада́ние 44 Д. Лихачёв счита́л, что на зарожде́ние ру́сской культу́ры влия́ют три гла́вных фа́ктора: огро́мное простра́нство, многонациона́льность и встре́ча ра́зных культу́р. Согла́сны ли вы с мне́нием учёного?

Зада́ние 45 Как вы ду́маете, прису́щ ли ру́сскому челове́ку угрю́мый хара́ктер. Если да, то почему́? Как вы ду́маете, в како́й ме́ре кли́мат определя́ет угрю́мость (суро́вость, лёгкость, весёлость и т. д.) хара́ктера? Подкрепи́те своё мне́ние приме́рами из литерату́ры и из ли́чного о́пыта.

Зада́ние 46 Прочита́йте размышле́ния Ли Дачжао о соотноше́ниях культу́ры и кли́мата. Разделя́ете ли вы его́ то́чку зре́ния?

　　东西文明有根本不同之点，即东洋文明主静，西洋文明主动是也，而求其原因，殆可谓为基于自然之影响。（李大钊）

Зада́ние 47 Напиши́те сочине́ние на одну́ из тем:

1) «Сча́стье – э́то преодолева́ть тру́дности»;

2) «Плю́сы и ми́нусы больши́х и ма́лых стран».

ЛЕКСИКО-СТИЛИСТИЧЕСКАЯ РАБОТА

■ «стать» с приставками

Задание 48 Прочитайте предложения. Определите значения выделенных глаголов. Подберите к ним синонимы или слова, близкие по значению.

1) Все **встали** из-за стола.

2) Я сильно **устал** от быстрой и неточной речи собеседника.

3) Недавно балерина **перестала танцевать**.

4) **Настала** осень: падают листья, идёт дождь.

5) Она **достала** из кармана платок и вытерла слёзы.

6) Корреспондент никогда не **расстаётся** со своим блокнотом.

7) Я **устал** говорить вам об одном и том же.

Задание 49

а) Прочитайте предложения и сравните значения глаголов **отстать – отставать** и **остаться – оставаться**.

1) Идите рядом, не **отставайте** от нас.

   Вы не пойдёте с нами? **Останетесь** здесь?

2) Они устали и начали **отставать** от нас.

   Они устали, поэтому не пошли с нами дальше, **остались** ночевать в деревне.

3) Когда мы поднимались в горы, двое сильно **отстали** от группы, и нам пришлось их ждать.

   Мы спустились в долину, а они не стали спускаться, **остались** в горах.

4) Если ученик сильно **отстаёт** в учёбе, он **остаётся** после уроков на дополнительные занятия.

5) Молодёжь обычно не **отстаёт** от моды.

6) Отец не согласился с нами, **остался** при своём мнении.

7) Цветы вынесли, но запах их ещё долго **оставался** в комнате.

8) Все старались помочь, никто не **остался** равнодушным.

9) Он начал работать на фабрике недавно, поэтому пока ещё **отстаёт** от других в работе.

б) Закончите предложения, употребляя глаголы **отстать** или **остаться**.

1) Мы уехали, а у моего друга ещё отпуск, поэтому ...

2) Все ушли́ из ко́мнаты, а им на́до поговори́ть, поэ́тому ...

3) Пе́ред подъёмом в го́ру все мно́го тренирова́лись, а он ма́ло, поэ́тому ...

4) Из-за боле́зни ма́льчик почти́ ме́сяц не ходи́л в шко́лу, поэ́тому ...

5) Все ушли́ из библиоте́ки, а им на́до ещё подгото́виться к семина́ру, поэ́тому ...

6) Этот учени́к дополни́тельно занима́ется матема́тикой, потому́ что ...

Зада́ние 50

а) Сопоста́вьте употребле́ние глаго́лов **доста́ть** и **доста́ться**.

1) Он **доста́л** ре́дкую ма́рку.

Победи́телей ко́нкурса награжда́ли альбо́мами, и ему́ **доста́лся** о́чень краси́вый альбо́м.

2) Он не **доста́л** э́той кни́ги, хотя́ обошёл не́сколько магази́нов.

Ему́ не **доста́лось** кни́ги (не хвати́ло).

3) Ей **доста́лась** тру́дная роль.

б) Зако́нчите предложе́ния, употребля́я глаго́лы **доста́ть** и́ли **доста́ться**.

1) – Я вы́тащил на экза́мене биле́т, кото́рый я хорошо́ знал. А вы? ...

2) – Я нигде́ не нашёл э́того словаря́. А вы? ...

3) – Я не смог купи́ть биле́ты в теа́тр. А вы? ...

4) – У всех бы́ли удо́бные места́. А у вас? ...

5) – Вам понра́вился пиро́г? – Я не про́бовал, потому́ что ...

Зада́ние 51

а) Прочита́йте и запо́мните словосочета́ния с глаго́лом **наста́ть – настава́ть**.

Настаёт (-ю́т), наста́л (-о, -а, -и), наста́нет (-ут):

вре́мя	у́тро	ночь	ве́чер	зима́	ле́то	о́сень
моме́нт	мину́та	дни	пери́од	эпо́ха	тишина́	холода́

б) Сравни́те глаго́лы-сино́нимы **наступи́ть**, **наста́ть**, **нача́ться**, **прийти́.**

1) **Наступи́ла** зима́, моро́зная, вью́жная.

2) По́сле экономи́ческого кри́зиса в Гре́ции **наступи́л** кри́зис полити́ческий.

3) **Наста́ло** для тебя́ вре́мя ско́рби и печа́ли.

4) Вспо́мнишь ли ты обо мне, когда́ я умру́? Зна́ю, что вспо́мнишь; но пройду́т го́ды, се́рдце осты́нет, **наста́нет** хо́лод, зима́ на душе́, и забу́дешь ты меня́, Зи́ночка!

5) В сре́дней полосе́ Сиби́ри пе́рвые за́морозки **начина́ются** уже́ в конце́ а́вгуста.

6) За́втра **начина́ется** но́вый уче́бный год.

7) Незаме́тно **пришло́** и ушло́ ле́то.

8) **Пришла́** пора́ учи́ться.

Зада́ние 52 Отве́тьте на вопро́сы, употребля́я в отве́тах сле́дующие глаго́лы: **переста́ть, встать, отстава́ть, заста́ть, уста́ть, расста́ться, доста́ть, оста́ться**.

1) Он опя́ть идёт позади́ всех? – Да, опя́ть ...

2) Вы ходи́ли к ней, ви́дели её? – Нет, ...

3) Мо́жет быть, отдохнём? – Нет, ...

4) Она́ ещё спит? – Нет, ...

5) У сестры́ так и нет э́того сбо́рника стихо́в? – Нет, ...

6) Ребёнок всё ещё пла́чет? – Нет, ...

7) Ва́ши часы́ спеша́т? – Нет, ...

8) Вы идёте с на́ми? – Нет, ...

9) Мы тепе́рь до́лго не уви́димся? – Да, ...

10) Он верну́лся из Кры́ма? – Нет, ...

Зада́ние 53 Предложи́те, попроси́те, потре́буйте, исходя́ из да́нных выска́зываний. Употреби́те глаго́л **стать** с ра́зными приста́вками.

1) Мне меша́ют ва́ши разгово́ры! Пожа́луйста, ...

2) Заче́м вы се́ли на холо́дный ка́мень? ...

3) Заче́м вы ссо́ритесь? ...

4) Побу́дьте у нас ещё немно́го, не уходи́те, ...

5) Мне хо́чется пойти́ в Большо́й теа́тр, а биле́тов у меня́ нет ...

Зада́ние 54 Замени́те вы́деленные глаго́лы глаго́лом **стать** с приста́вками.

1) Дождь **ко́нчился** так же бы́стро, как и начался́.

2) Она́ откры́ла па́пку и **вы́нула** свои́ рису́нки.

3) Орке́стр заигра́л госуда́рственный гимн, и все **подняли́сь**.

4) **Пришло́** вре́мя сказа́ть де́тям пра́вду.

5) Всё плохо́е бы́ло забы́то. В па́мяти **сохрани́лось** то́лько хоро́шее.

6) Очень тру́дно **купи́ть** биле́т на конце́рт э́того знамени́того компози́тора.

Зада́ние 55 Вста́вьте в про́пуски глаго́л **стать** с приста́вками.

1) Из-за боле́зни ему́ пришло́сь _____ с люби́мой рабо́той.

2) До Но́вого го́да _____ всего́ три дня.

3) Ребёнок вы́глядит физи́чески о́чень сла́бым. Врач говори́т, что он _____ в разви́тии от свои́х све́рстников.

4) Он _____ из карма́на сигаре́ты.

5) Дире́ктора мо́жно _____ на заво́де и по́здно ве́чером.

6) Вчера́ распределя́ли ро́ли, ей _____ неинтере́сная роль.

7) У неё бы́ло ма́ло свобо́дного вре́мени, и она́ _____ занима́ться му́зыкой.

8) _____ вре́мя убо́рки урожа́я.

9) Гроза́ _____ путеше́ственников в степи́.

10) Мать _____ повторя́ть одно́ и то же.

Зада́ние 56 Переведи́те сле́дующие предложе́ния на ру́сский язы́к.

1) 答辩后她留校工作了。

2) 这几首歌我听腻了。你能不能给我搞几个新歌？

3) 口试题你抽到了什么问题？

4) 今天我们都起晚了：闹钟坏了，慢了整整半小时。

ли́чный, со́бственный, ча́стный, индивидуа́льный

Зада́ние 57

> Сло́во «**ли́чный**» име́ет значе́ния: «принадлежа́щий да́нному лицу́, находя́щийся в по́льзовании да́нного лица́ (*ли́чное ору́жие, ли́чное мне́ние, ли́чный секрета́рь*»; «затра́гивающий интере́сы како́го-л. лица́, каса́ющийся то́лько его́ (*ли́чные интере́сы, ли́чные пробле́мы*».

а) Прочита́йте предложе́ния с и́менем прилага́тельным «**ли́чный**» и у́стно переведи́те их на кита́йский язы́к.

1) Очень интере́сно бы́ло познако́миться с воспомина́ниями **ли́чного** секретаря́ Л. Н. Толсто́го.

2) Ученику́ на́до не то́лько усво́ить зна́ния учи́теля, но и непреме́нно приобрести́ **ли́чный** о́пыт.

3) Вы́бор профе́ссии и́ли специа́льности – ва́жное, но **ли́чное** де́ло ка́ждого челове́ка.

4) Жела́ние служи́ть о́бщему бла́гу должно́ непреме́нно быть потре́бностью души́, усло́вием **ли́чного** сча́стья (Че́хов).

5) Это была́ в чи́стом ви́де ознакоми́тельная пое́здка; основно́й её це́лью бы́ло установле́ние **ли́чных** конта́ктов ме́жду япо́нскими специали́стами и росси́йскими потреби́телями проду́кции.

6) Накану́не на́шего профессиона́льного пра́здника я хочу́ пожела́ть всем на́шим рабо́тникам кре́пкого здоро́вья, профессиона́льных успе́хов и сча́стья в **ли́чной** жи́зни.

7) Да, ко́е-какие экономи́ческие свя́зи ме́жду стра́нами бы́вшего СССР сохрани́лись. Сужу́ по **ли́чному** о́пыту. Но свя́зи э́ти не таки́е уж мо́щные.

б) Переведи́те сле́дующие выраже́ния на ру́сский язы́к и запо́мните типи́чные сочета́ния со сло́вом «**ли́чный**».

个人财产	个人藏书	个人利益	个人自由
个人看法	个人经验	个人生活	个人的事
私人秘书	亲自参加	亲自出席	以身作则

Зада́ние 58

> Прилага́тельное «**со́бственный**» име́ет значе́ние «явля́ющийся со́бственностью» (*со́бственная маши́на, жить в со́бственном до́ме*); «свой» (*ви́деть что́-нибудь со́бственными глаза́ми*).

а) Прочита́йте предложе́ния с прилага́тельным «**со́бственный**» и у́стно переведи́те их на кита́йский язы́к.

1) Мой дед жил в небольшо́м **со́бственном** до́ме на краю́ села́.

2) Челове́к не мо́жет быть оди́н. Е́сли он оди́н, то то́лько по **со́бственной** вине́ (Паустовский).

3) В о́бщем, мо́жно взя́ться за де́ло **со́бственными** си́лами и, вполне́ вероя́тно, в конце́ концо́в уда́стся дости́чь результа́та.

4) Наконе́ц, я реши́л всё-таки съе́здить и соста́вить своё **со́бственное** мне́ние.

5) Компа́ния должна́ име́ть **со́бственные** сре́дства – не ме́нее 600 млн. руб.

б) Переведи́те сле́дующие выраже́ния на ру́сский язы́к и запо́мните типи́чные сочета́ния со сло́вом «**со́бственный**».

私有财产	私人别墅	自己的力量
根据本人的意愿	亲眼看见	亲手

Зада́ние 59 Прочита́йте да́нные предложе́ния. Объясни́те ра́зницу в употребле́нии вы́деленных прилага́тельных.

1) Я вы́сказал вам моё **ли́чное** мне́ние.

Я зна́ю, что мой нау́чный руководи́тель име́ет другу́ю то́чку зре́ния, но я хочу́ вы́разить **со́бственное** мне́ние.

2) Это моё **ли́чное** мне́ние, никому́ не навя́зываю.

Отню́дь не наме́рен ни с кем спо́рить и тем бо́лее переубежда́ть, позво́лю себе́ вы́сказать то́лько своё **со́бственное** мне́ние.

3) Не зна́ю, как бы́ло в э́том году́, сужу́ опя́ть же по **ли́чному** о́пыту.

Это я зна́ю по со́бственному о́пыту, потому́ что пре́жде жила́ в столи́це.

4) Он доверя́ет то́лько свои́м глаза́м и то́лько ли́чному о́пыту.

– Отку́да вы э́то зна́ете? – По **со́бственному** о́пыту.

Зада́ние 60 Вста́вьте в про́пуски прилага́тельные **со́бственный** и́ли **ли́чный**.

1) Я сра́зу ощуща́ю себя́ полити́чески зре́лой и глубо́кой же́нщиной, по-своему́ то́же уме́ющей выска́зывать своё _____ мне́ние.

2) Ва́ше _____ отноше́ние к э́тому челове́ку не должно́ меша́ть ва́шей совме́стной рабо́те.

3) Мы надеемся выполнить эту работу _____ силами.

4) Вы читали об этом или это ваши _____ наблюдения?

5) Вы можете звонить мне в любое время: это мой _____ телефон.

6) Автор статьи _____ рукой вычеркнул первые два абзаца.

7) Работы этого учёного мне известны давно, но наше _____ знакомство состоялось только на прошлой неделе.

8) Раньше я ничего не читала о _____ жизни Ф. М. Достоевского.

Задание 61

Имя прилагательное **частный** имеет значение «такой, который принадлежит отдельному лицу, а не обществу, не государству» (*частная переписка, частный визит*).

а) Прочитайте предложения с именем прилагательным «**частный**» и устно переведите их на китайский язык.

1) Некоторые студенты дают **частные** уроки, чтобы заработать деньги на обучение.

2) О планах учёного мы узнали из **частной** беседы.

3) **Частная** переписка писателя может быть опубликована только с его согласия.

4) Другая мировая тенденция состоит сегодня в том, чтобы передать почтовые ведомства в **частные** руки.

5) Часть самозанятых работников сможет переходить в государственные и **частные** предприятия или открывать собственные предприятия.

6) Однако в большинстве **частных** фирм боялись, что оформление моей рабочей визы повлечёт проверки налоговых и других органов.

7) В настоящее время все больницы круглосуточно охраняются сотрудниками **частных** охранных предприятий.

б) Переведите следующие выражения на русский язык и запомните типичные сочетания со словом «**частный**».

私人通信	私人谈话	以私人身份	私人访问
私生活	私立学校	私人企业	私人资本

Зада́ние 62

В отли́чие от прилага́тельного **со́бственный**, кото́рое ука́зывает на принадле́жность ве́щи определённому изве́стному лицу́, сло́во **ча́стный** ука́зывает лишь, что предме́т принадлежи́т како́му-то ме́стному лицу́, а не госуда́рству.

а) Прочита́йте и сравни́те предложе́ния.

1) Здесь стоя́нка **ча́стных** маши́н запрещена́. – Он пое́хал на такси́, а **со́бственную** маши́ну оста́вил на стоя́нке.

2) На берегу́ мо́ря бы́ло мно́го **ча́стных** дач. – Ле́том они́ жи́ли в **со́бственном** до́ме на берегу́ мо́ря.

3) Мы живём на **ча́стной** кварти́ре. – Я хоте́ла бы быть хозя́йкой в **со́бственной** кварти́ре.

4) Неда́вно здесь постро́или прича́л для **ча́стных** ло́док. – Киломе́трах в ста от го́рода был у него́ **со́бственный** дом.

б) Вста́вьте в про́пуски прилага́тельные **ча́стный** и́ли **со́бственный**.

1) У моего́ дру́га, стра́стного автомобили́ста, тепе́рь есть _____ маши́на.
   С уменьше́нием госуда́рственного се́ктора в хозя́йстве страны́ число́ _____ предприя́тий увели́чивается

2) Во вре́мя нэ́па в го́роде была́ разрешена́ _____ торго́вля.
   Всю жизнь мой праде́д мечта́л организова́ть _____ торго́вое де́ло.

3) Мы накопи́ли доста́точную су́мму де́нег, и ско́ро у нас бу́дет _____ кварти́ра.
   Не всех студе́нтов удало́сь обеспе́чить общежи́тием, не́которым из них вре́менно пришло́сь жить на _____ кварти́рах.

4) Оле́г успе́шно откры́л свой _____ би́знес, и у них есть и кварти́ры, и маши́ны, и они́ поду́мывают постро́ить заго́родный дом.
   Возника́ет вопро́с: а пра́вильно ли э́то вообще́ – тра́тить бюдже́тные де́ньги на промы́шленные станда́рты, по кото́рым рабо́тает _____ би́знес?

Зада́ние 63

Имя прилага́тельное **индивидуа́льный** име́ет значе́ние «сво́йственный то́лько э́тому лицу́, предме́ту; предназна́ченный для отде́льного лица́ (*индивидуа́льный план, индивидуа́льное обслу́живание*).

а) Прочита́йте предложе́ния с и́менем прилага́тельным «**индивидуа́льный**» и у́стно переведи́те их на кита́йский язы́к.

1) В э́той ситуа́ции о́чень мно́гое зави́сит от уме́ния учи́теля найти́ **индивидуа́льный** подхо́д к ученику́, кото́рый в си́лу тех и́ли ины́х причи́н не мо́жет занима́ться так, как все.

2) В одно́м сло́е лю́ди живу́т свои́ми конкре́тными, **индивидуа́льными** пробле́мами.

3) Его́ рома́н «Тре́тий Рим», начина́я с самого́ назва́ния и конча́я после́дней страни́цей, де́ржится на **индивидуа́льном** понима́нии исто́рии.

4) Впро́чем, на Руси́ во все времена́ к **индивидуа́льным** инициати́вам в во́здухе относи́лись с подозре́нием.

5) Отве́т тут зави́сит от призна́ния твоего́ пра́ва жить со́бственной, **индивиду́а́льной** жи́знью.

6) Ей полага́лась ня́нька в отде́льное по́льзование и **индивидуа́льный** ухо́д.

б) Переведи́те сле́дующие выраже́ния на ру́сский язы́к и запо́мните типи́чные сочета́ния со сло́вом «**индивидуа́льный**».

个性	个体劳动	个别对待	个性化发展	个别辅导
个性化旅游	个别服务	个别训练	个人计划	

Зада́ние 64 Прочита́йте и сравни́те предложе́ния.

1) А э́то зна́чит, что президе́нт взял положе́ние в би́знесе на свой **ли́чный** контро́ль.
Тре́тий вариа́нт – **индивидуа́льный** контро́ль продолжи́тельности ка́ждой опера́ции.

2) Это моё **ли́чное** мне́ние. За всех не отвеча́ю и ни к чему́ не призыва́ю.
Потре́бность име́ть и выска́зывать други́м своё **со́бственное индивидуа́льное** мне́ние та́кже явля́ется одно́й из важне́йших вну́тренних потре́бностей челове́ка.

3) Ещё раз повторя́ю, это мой **ли́чный** подхо́д к да́нному вопро́су.
С ма́ленькими обща́ться ле́гче, тут же ну́жен **индивидуа́льный** и неме́дленный подхо́д.

Зада́ние 65 Вста́вьте в про́пуски прилага́тельные **ли́чный**, **со́бственный**, **ча́стный**, **индивидуа́льный**.

1) Ка́ждый челове́к до́лжен бе́режно относи́ться к _____ здоро́вью.

2) Опира́ясь на _____ воспомина́ния и докуме́нты, а́втор написа́л интере́сную кни́гу.

3) По́сле сме́рти писа́теля была́ опублико́вана его́ _____ перепи́ска.

4) Вы бы́ли за грани́цей в командиро́вке? – Нет, я е́здил как _____ лицо́.

5) Как офице́р, он име́л пра́во носи́ть _____ ору́жие.

6) Докла́д мне не понра́вился: докла́дчик излага́л ра́зные то́чки зре́ния, но свою́

_____ то́чку зре́ния не вы́разил.

7) Сотру́дники на́шего ба́нка стара́ются максима́льно, как э́то возмо́жно, находи́ть _____ подхо́д к ка́ждому из на́ших клие́нтов.

8) Все уважа́ют э́того челове́ка: у него́ больши́е _____ заслу́ги пе́ред страно́й, пе́ред людьми́.

9) Представи́тели _____ промы́шленного капита́ла стремя́тся ока́зывать влия́ние на вне́шнюю поли́тику страны́.

Зада́ние 66 Переведи́те предложе́ния на ру́сский язы́к.
1) 在普希金故居博物馆您可以见到诗人生前的个人物品。
2) 在博物馆我们看到了列夫·托尔斯泰亲手写的几页作品。
3) 虽然孩子们在经济上依赖家长，但他们也有自己的想法。
4) 我们这座楼的一层是一家不大的私人商店。
5) 俄罗斯国有和私立银行向境外的俄罗斯客户提供一些专门的服务项目。
6) 私立学校的主要卖点是向学生提供个别化教育。
7) 谢尔盖·伊万诺夫认为剧院不可能是个性化的。
8) 我个人的观点：大城市没什么不好。

IV ДЕЛОВЫЕ БУМАГИ

Как писа́ть объявле́ние?

Объявле́ние – э́то печа́тное сообще́ние, извеща́ющее о чём-то.

Текст объявле́ния, как пра́вило, не о́чень большо́й.

Пре́жде всего́, напиши́те заголо́вок объявле́ния. Зате́м в гла́вной ча́сти укажи́те све́дения о да́те, ме́сте и вре́мени прове-де́ния мероприя́тия, те́му, кото́рой оно́ посвя-щено́. При необходи́мости, укажи́те ли́ца, по чьей инициати́ве оно́ созыва́ется, и его́ фо́рму.

Быва́ют и ча́стные объявле́ния. Это публика́ция рекла́мы о прода́же, поку́пке и́ли други́х услу́гах.

Образцы

1

Объявле́ние

18 сентября́ в 14:00 в за́ле заседа́ний факульте́та состои́тся заседа́ние профессоро́в и доце́нтов, на кото́ром бу́дет обсуждён вопро́с о междунаро́дном академи́ческом обме́не.

Я́вка всех профессоро́в и доце́нтов обяза́тельна!
21.05.2013

декана́т

2

Объявле́ние

9 ма́рта в 14:00 в а́ктовом за́ле шко́лы №2 состои́тся роди́тельское собра́ние. Убеди́тельно прошу́ быть на собра́нии всех роди́телей ученико́в 6-го кла́сса. На собра́нии бу́дет предста́влен теку́щий отчёт дире́ктора шко́лы, а та́кже бу́дут рассмо́трены вопро́сы воспита́ния.

Я́вка всех роди́телей обяза́тельна!
5 ма́рта 2013 год

Дире́ктор шко́лы

3

Сни́мем однокóмнатную кварти́ру в Москве́

Вдвоём с жено́й сни́мем однокóмнатную кварти́ру от хозя́ина. Ру́сские, рабо́тающие, без дете́й. Поря́док и опла́ту гаранти́руем. Жела́тельно на дли́тельный срок. Звони́те в любо́е вре́мя. Посре́дников про́сьба не беспоко́ить.
Телефо́н: 8-903-591-57-12,
Серге́й и́ли Ната́ша

4

Прода́м ме́бель

Сро́чно прода́м ме́бель и бытову́ю те́хнику в связи́ с перее́здом.

1. дива́н;

2. стира́льная маши́на;

3. микроволно́вая печь;

4. стол пи́сьменный.

Тел.: 8 (915) 236-73-68, Алексе́й

5

Устный и пи́сьменный перево́дчик англи́йского языка́

Огро́мный о́пыт у́стных перево́дов с/на англи́йский. Жил, учи́лся и рабо́тал в Аме́рике 12 лет. Вы́сшее образова́ние. Уме́ние обща́ться с людьми́. Прия́тная вне́шность. Понима́ние специ́фики за́падного менталите́та.

Рабо́та с росси́йскими и зарубе́жными компа́ниями: переговоры, сопровожде́ние, вы́ставки, конфере́нции, координа́ция рабо́ты делега́ций, делова́я перепи́ска, по́иск деловы́х партнёров за рубежо́м и мно́гое друго́е.

Сто́имость пи́сьменного перево́да зави́сит от сро́чности, объёма и тема́тики исхо́дного материа́ла.

Анто́н

Го́род: Москва́

Телефо́н: +7(916) 3716184

Зада́ние 67 Напиши́те объявле́ние о фестива́ле ру́сской культу́ры, в кото́ром необходи́мо указа́ть:

1) организа́тора фестива́ля;
2) да́ту и вре́мя проведе́ния фестива́ля;
3) ме́сто проведе́ния фестива́ля.

Зада́ние 68 Студе́нческий сове́т ва́шего факульте́та собира́ется организова́ть ко́нкурс чте́ния стихо́в на ру́сском языке́. Напиши́те объявле́ние, включа́ющее сле́дующую информа́цию:

1) цель ко́нкурса;
2) вре́мя и ме́сто проведе́ния ко́нкурса;

3) уча́стники ко́нкурса;
4) награ́да.

Зада́ние 69 Профе́ссор Лю из Пеки́нского университе́та бу́дет чита́ть ле́кцию в ва́шем институ́те. Напиши́те объявле́ние о предстоя́щей ле́кции.

Зада́ние 70 В сре́ду в ва́шем университе́те бу́дет докла́д о междунаро́дном положе́нии. Напиши́те объявле́ние от и́мени ректора́та.

Зада́ние 71 Вы собира́етесь в свобо́дное от заня́тий вре́мя подрабо́тать. Напиши́те объявле́ние и объясни́те, каку́ю рабо́ту вы мо́жете предложи́ть.

Зада́ние 72 Ско́ро вы зако́нчите университе́т. Пе́ред отъе́здом вы хоти́те прода́ть каки́е-то ва́ши ве́щи. Напиши́те объявле́ние.

Зада́ние 73 По оконча́нии университе́та вы бу́дете рабо́тать на фи́рме и собира́етесь снять кварти́ру недалеко́ от ме́ста рабо́ты. Напиши́те об э́том объявле́ние.

V ДОПОЛНИТЕЛЬНЫЙ ТЕКСТ

Менталите́т ру́сского наро́да

Менталите́т наро́да – составна́я часть национа́льной культу́ры. Изуче́ние наро́дного менталите́та необходи́мо для понима́ния взаимосвя́зи приро́ды, исто́рии, культу́ры и со́циума на определённой террито́рии. Дета́льно изучи́в закономе́рности приро́ды, мы смо́жем поня́ть и закономе́рности поведе́ния челове́ка, его́ хара́ктер.

С. Н. Булга́ков писа́л о том, что континента́льность кли́мата, вероя́тно, пови́нна в том, что ру́сский хара́ктер тако́й противоречи́вый, жа́жда абсолю́тной свобо́ды и раба́ поко́рность, религио́зность и атеи́зм – э́ти сво́йства ру́сского менталите́та непоня́тны европе́йцу, создаю́т Росси́и орео́л таи́нственности, зага́дочности, непостижи́мости. Для нас сами́х Росси́я остаётся неразга́данной та́йной.

Прожива́я на террито́рии, где зима́ дли́тся о́коло полуго́да, ру́сские вы́работали в себе́ огро́мную си́лу во́ли, упо́рство в борьбе́ за выжива́ние в усло́виях холо́дного кли́мата. Ни́зкая температу́ра в тече́ние большо́й ча́сти го́да повлия́ла и на темпера́мент нации. Русские более медлительны, чем западноевропейцы. Им приходится сохранять и аккумулировать свою энергию, необходимую для борьбы с холодом.

Суровые российские зимы оказали сильное влияние на традиции русского гостеприимства. Отказать путнику в крове зимой в российских условиях означает обречь его на холодную смерть. Поэтому гостеприимство воспринималось русскими людьми не иначе как сама собою разумеющаяся обязанность. Суровость и скупость природы научили русского человека быть терпеливым и послушным. Но ещё большее значение имела упорная, непрерывная борьба с суровой природой.

Жить в таких непредсказуемых условиях, когда результат труда зависит от капризов природы, можно только с неисчерпаемым оптимизмом. В рейтинге национальных черт характера, составленном на основе опроса журнала *Reader's Digest*, проведённого в 18 европейских странах в феврале 2001 г., это качество у россиян оказалось на первом месте. Оптимистами объявили себя 51% российских респондентов (пессимистами – только 3%).

Русскому человеку надо дорожить ясным рабочим днём. Это заставляет крестьянина спешить усиленно работать, чтобы сделать многое в короткое время. Ни один народ в Европе не способен к такому напряжённому труду на короткое время. Вот так многогранно влияет климат на русский менталитет.

Своеобразие русской природы, её капризы и непредсказуемость отразились на складе ума русских, на манере его мышления. Житейские неровности и случайности приучили его больше обсуждать пройденный путь, чем соображать дальнейший, больше оглядываться назад, чем заглядывать вперёд.

«Огромные пространства легко давались русскому народу, но нелегко давалась ему организация этих пространств в величайшее в мире государство, поддержание и охранение порядка в нём. Размеры государства ставили русскому народу почти непосильные задачи, держали русский народ в непомерном напряжении» (Н. А. Бердяев). Всё это не могло не сказаться на менталитете русского народа. Русская душа оказалась подавлена необъятными российскими полями, необъятными российскими снегами, она как бы утопает, растворяется в этой необъятности. Длительные и холодные зимы отразились безрадостной печалью в душе русских людей.

Видя бесконечность своих просторов, русские смиряются с мыслью, что овладеть такόй шѝрью всё равнό невозмόжно. И. А. Ильѝн говорѝл: «Россѝя одарѝла нас огрόмными прирόдными богάтствами – и внέшними, и внýтренними». Рýсский человέк считάет э́ти богάтства бесконέчными и не бережёт их. Это порождάет в рýсском менталитέте бесхозя́йственность. Рýсским кάжется, что у них всегό мнόго. И дάлее, в своέй рабόте «О Россѝи» Ильѝн пѝшет: «От чýвства, что нάши богάтства обѝльны и щέдры, в нас разлитά нέкая душέвная добротά, нέкое органѝческое, лάсковое добродýшие, спокόйствие, откры́тость душѝ, общѝтельность... всем хвάтит, и ещё Госпόдь пошлёт». В э́том крόются кόрни рýсского великодýшия.

Проблέма преодолέния россѝйских прострάнств и расстоя́ний всегдά былά для рýсского нарόда однόй из сάмых глάвных. Ещё Николάй I говорѝл: «Расстоя́ния явля́ются несчάстьем Россѝи».

По В.М. Волы́нкиной

Рýсские послόвицы и поговόрки

Не краснά избά углάми, а краснά пирогάми.

Готόвь сάни лέтом, а телέгу зимόй.

Вся́кому όвощу своё врέмя.

Дόма и стέны помогάют.

В гостя́х хорошό, а дόма лýчше.

УРОК 3

Екатеринбург – город стоящий и в Европе, и в Азии.

ЗАПАД ИЛИ ВОСТОК?

ВВЕДЕНИЕ В ТЕМУ

У ру́сских дво́йственное отноше́ние к За́паду. С одно́й стороны́, они́ признаю́т его́ заслу́ги в разви́тии комфо́ртной жи́зни, нау́ки, те́хники, образова́ния, демократи́ческих свобо́д и т. д. С друго́й, россия́не о́чень тяжело́ перено́сят нера́венство, несправед-ли́вость, порожда́емые иму́щественными барье́рами.

Е́сли говори́ть кра́тко, то жи́тели Росси́и у́чатся у За́пада забо́титься о своём материа́льном «те́ле», усва́ивая у него́ техни́ческие но́вшества, правовы́е и демократи́ческие при́нципы, станда́рты хозя́йственной де́ятельности и бытово́й жи́зни. И при э́том они́ уве́рены, что нельзя́ пренебрега́ть со́бственной «душо́й», отка́зываясь от своего́ про́шлого, от свое́й самобы́тной культу́ры. Ру́сские счита́ют, что е́сли Росси́я нужда́ется в практи́ческом ра́зуме За́пада, то и За́паду то́чно так же ну́жен духо́вный о́пыт Росси́и, её тысячеле́тняя культу́ра диало́га и уме́ния стро́ить челове́-ческие конта́кты.

Сего́дня мно́гие понима́ют, что выжива́ние челове́чества невозмо́жно без плодотво́рного диало́га культу́р и цивилиза́ций. О́пыт челове́чества пока́зывает, что э́тот «диало́г культу́р» существова́л здесь века́ми. И и́менно э́тот о́пыт представля́ется ну́жным не то́лько За́паду и Росси́и, но и всему́ междунаро́дному соо́бществу.

■ Новые слова

двойственный	双重的，自相矛盾的 ‖ двойственно	новшество	新秩序；新事物；新发明
заслуга	功勋，功劳	пренебречь, -егу́, -ежёшь, -егу́т; -рёг, -егла́ сов. ‖ пренебрегать несов.	
комфортный	舒适的,适意的；方便的 ‖ комфортно		(кем-чем) 藐视，鄙视；忽略，不顾
имущественный	财产的		

Зада́ние 1 Отве́тьте на вопро́сы к те́ксту введе́ния.

1) Как ру́сские отно́сятся к за́падной цивилиза́ции?

2) В чём, по мне́нию россия́н, состоя́т преиму́щества За́пада?

3) В чём сего́дня актуа́льность изуче́ния те́мы отноше́ний Восто́ка и За́пада?

Зада́ние 2 Как вы ли́чно отно́ситесь к за́падной цивилиза́ции?

Зада́ние 3 Как вы ду́маете, возмо́жен ли в совреме́нном глоба́льном ми́ре конструкти́вный «диало́г культу́р»? Почему́? Обсуди́те э́то в гру́ппе.

II ТЕКСТЫ

НЕМНОГО О ПИСАТЕЛЕ И ПРОИЗВЕДЕНИИ

Фёдор Миха́йлович Достое́вский (1821–1881 гг.) – оди́н из са́мых значи́тельных и изве́стных в ми́ре ру́сских писа́телей и мысли́телей-филосо́фов.

Ф. М. Достое́вский роди́лся в Москве́. Его́ оте́ц получи́л медици́нское образова́ние. Мать умерла́ ра́но, когда́ Фёдору бы́ло всего́ 16 лет. В 1837 году́ Достое́вский поступи́л в Гла́вное инжене́рное учи́лище в Петербу́рге.

Одино́чество и нелюбо́вь к бу́дущей профе́ссии привели́ к тому́, что уже́ че́рез год по́сле оконча́ния учи́лища Достое́вский оста́вил слу́жбу в Инжене́рном департа́менте, реши́в посвяти́ть себя́ литерату́ре.

Пе́рвое произведе́ние – рома́н «Бе́дные лю́ди» (1844) – получи́ло призна́ние и име́ло большо́й успе́х в литерату́рном кругу́. Достое́вский дал ру́копись рома́на своему́ това́рищу по Инжене́рному учи́лищу – писа́телю Григоро́вичу. Григоро́вич и Некра́сов на́чали чита́ть, сказа́в: «С десяти́ страни́ц ви́дно бу́дет, сто́ит ли чита́ть да́льше», и так увлекли́сь, что просиде́ли над рома́ном всю ночь.

В произведе́ниях «Бе́дные лю́ди», «Бе́лые но́чи» (1848) и др. Фёдор Достое́вский описа́л страда́ния «ма́ленького» челове́ка как траге́дию социа́льную. В рома́нах «Преступле́ние и наказа́ние» (1866), «Подро́сток» (1875), «Бра́тья Карама́зовы» (1879-1880) и др. – филосо́фское понима́ние социа́льного и духо́вного кри́зиса Росси́и, диалоги́ческое столкнове́ние самобы́тных ли́чностей, стра́стные по́иски обще́ственной и челове́ческой гармо́нии. Тво́рчество Фёдора Достое́вского оказа́ло мо́щное влия́ние на ру́сскую и мирову́ю литерату́ру.

Публицисти́ческий о́черк Ф. М. Достое́вского «Зи́мние заме́тки о ле́тних впечатле́ниях» впервы́е был опублико́ван в журна́ле «Вре́мя» в 1863 году́. В о́черке Достое́вский в сатири́ческом ду́хе расска́зывает как о впечатле́ниях от своего́ пе́рвого путеше́ствия по Евро́пе, соверше́нного в 1862 году́, так и об отноше́нии ру́сских к Евро́пе.

Текст 1. Зимние заметки о летних впечатлениях

I

Вот уже сколько месяцев говорите вы мне, друзья мои, чтоб я описал вам поскорее мои заграничные впечатления, не подозревая, что вашей просьбой вы ставите меня просто в тупик. Что я вам напишу? Что расскажу нового, ещё неизвестного, нерассказанного? Вы помните, маршрут мой я составил себе заранее ещё в Петербурге. За границей я не был ни разу; стремился я туда чуть не с моего первого детства. Выехал я наконец за границу сорока лет от роду, и, уж разумеется, мне хотелось не только как можно более осмотреть, но даже всё осмотреть, непременно всё, несмотря на срок. Господи, сколько я ожидал себе от этого путешествия!

Берлин произвёл на меня самое кислое впечатление, и пробыл я в нём всего одни сутки. И я знаю теперь, что я виноват перед Берлином, что я не смею положительно утверждать, будто он производит кислое впечатление. Уж по крайней мере хоть кисло-сладкое, а не просто кислое. Даже липы мне не понравились❶, а ведь за сохранение их берлинец пожертвует всем из самого дорогого, даже, может быть, своей конституцией; а уж чего дороже берлинцу его конституции❷? К тому же сами берлинцы, все до единого, смотрели такими немцами, что я поскорее уехал в Кёльн.

С этими утешительными мыслями я отправился в Кёльн. Признаюсь, я много ожидал от собора; я с глубоким уважением чертил его ещё в юности, когда учился архитектуре❸. Но тем не менее собор мне вовсе не понравился: мне показалось, что это только кружево, кружево и одно только кружево. Я подозреваю, что на это первое решение моё имели влияние два обстоятельства, и первое: одеколон. Жан-Мария Фарина❹ находится тут же подле собора, и в каком бы вы ни остановились отеле, в каком бы вы ни были настроении духа, как бы вы ни прятались от врагов своих и от Жан-Марии Фарины в особенности, его клиенты вас найдут непременно. Второе обстоятельство, разозлившее меня, был новый кёльнский мост. Мост, конечно, превосходный, и город справедливо гордится им, но мне показалось, что уж слишком гордится. Разумеется, я тотчас же на это рассердился. «Чёрт возьми, – думал я, – мы тоже изобрели самовар... у нас есть журналы... у нас делают офицерские вещи... у нас...» – одним словом, я рассердился и, купив склянку одеколону (от которой уж никак не мог избавиться), немедленно уехал в Париж, надеясь, что французы будут гораздо милее и занимательнее.

II

«Рассу́дка францу́з не име́ет, да и име́ть его́ почёл бы за велича́йшее для себя́ несча́стье». Эту фра́зу написа́л ещё в про́шлом столе́тии Фонви́зин❺, и, бо́же мой, как, должно́ быть, ве́село она́ у него́ написа́лась. И кто зна́ет, мо́жет, и все-то мы по́сле Фонви́зина, три-четы́ре поколе́ния подря́д, чита́ли её не без не́которого наслажде́ния. Все подо́бные, отде́лывающие иностра́нцев фра́зы, да́же е́сли и тепе́рь встреча́ются, заключа́ют для нас, ру́сских, что́-то неотрази́мо прия́тное. Разуме́ется, то́лько в глубо́кой та́йне, да́же подча́с от сами́х себя́ в та́йне. Пожа́луй, э́то чу́вство и нехоро́шее, но я ка́к-то убеждён, что оно́ существу́ет чуть не в ка́ждом из нас.

Но нет, одна́ко, почему́ же рассу́дка францу́з не име́ет, спра́шивал я себя́, рассма́тривая четырёх но́вых пассажи́ров, францу́зов, то́лько что вошедших в наш ваго́н. Это бы́ли пе́рвые францу́зы, кото́рых я встре́тил на их родно́й по́чве, е́сли не счита́ть тамо́женных в Аркели́не, отку́да мы то́лько что тро́нулись. Тамо́женные бы́ли чрезвыча́йно ве́жливы, своё де́ло сде́лали ско́ро, и я вошёл в ваго́н, о́чень дово́льный пе́рвым ша́гом мои́м во Фра́нции. До Аркели́на, в восьмиме́стном отделе́нии на́шем, нас помеща́лось всего́ то́лько дво́е, я и оди́н швейца́рец, просто́й и скро́мный челове́к, сре́дних лет, чрезвыча́йно прия́тный собесе́дник, с кото́рым мы часа́ два проговори́ли без у́молку. Тепе́рь же нас бы́ло ше́стеро, и, к удивле́нию моему́, мой швейца́рец, при но́вых четырёх спу́тниках на́ших, вдруг сде́лался чрезвыча́йно неразгово́рчив. Я бы́ло обрати́лся к нему́ с продолже́нием пре́жнего разгово́ра, но он ви́димо поспеши́л прекрати́ть его́, отвеча́л что́-то су́хо, чуть не с доса́дой, поверну́лся к окну́ и на́чал рассма́тривать ви́ды, а че́рез мину́ту вы́тащил свой неме́цкий гид и соверше́нно углуби́лся в него́. Я то́тчас же его́ и оста́вил и мо́лча заня́лся на́шими но́выми спу́тниками. Это был како́й-то стра́нный наро́д. Е́хали они́ налегке́ и во́все не похо́жи бы́ли на путеше́ственников. Ни узелка́, ни да́же пла́тья, кото́рое бы ско́лько-нибудь напомина́ло челове́ка доро́жного. Все они́ бы́ли в каки́х-то лёгоньких сюртучка́х, немно́го лу́чше тех, каки́е но́сят у нас лю́ди в деревня́х у сре́днего ро́да поме́щиков. Бельё бы́ло на всех гря́зное, га́лстуки о́чень я́рких цвето́в и то́же о́чень гря́зные. Все че́тверо каза́лись одни́х и тех же лет, три́дцати пяти́ и́ли о́коло, и, не бу́дучи схо́дны лицо́м, бы́ли чрезвыча́йно похо́жи оди́н на друго́го. Ли́ца их бы́ли помя́тые, с казёнными францу́зскими боро́дками, то́же о́чень похо́жими одна́ на другу́ю. Показа́лось мне то́же, что они́ бы́ли знако́мы друг с дру́гом, но не по́мню, сказа́ли ль хоть одно́ сло́во ме́жду собо́ю. На нас, то есть на меня́ и на швейца́рца, они́ ка́к-то, ви́димо, не хоте́ли смотре́ть и, небре́жно посви́стывая, небре́жно усе́вшись на места́х, равноду́шно, но упо́рно погля́дывали в о́кна. Я закури́л папиро́су и от не́чего де́лать их разгля́дывал. У меня́, пра́вда, мелька́л вопро́с: что ж э́то в са́мом де́ле за наро́д? Рабо́тники не рабо́тники, буржуа́ не буржуа́. Че́рез де́сять мину́т, то́лько что мы подъе́хали к сле́дующей ста́нции, они́ все че́тверо оди́н за други́м то́тчас же вы́скочили из ваго́на, две́рца захло́пнулась, и мы полете́ли.

То́лько что мы оста́лись одни́, швейца́рец ми́гом захло́пнул свой гид, отложи́л его́ в сто́рону и с дово́льным ви́дом посмотре́л на меня́, с ви́димым жела́нием продолжа́ть разгово́р.

— Эти господа́ недо́лго посиде́ли, — на́чал я, с любопы́тством смотря́ на него́.

— Да ведь они́ то́лько на одну́ ста́нцию и сади́лись.

— Вы их зна́ете?

— Их?.. но ведь э́то полице́йские...

— Как? каки́е полице́йские? — спроси́л я с удивле́нием.

— То́-то... я ведь то́тчас же заме́тил, что вы не дога́дываетесь.

— И... неуже́ли шпио́ны? (я всё ещё не хоте́л ве́рить).

— Ну да; для нас и сади́лись.

— Вы наве́рно э́то зна́ете?

— О, э́то без сомне́ния! Я уж не́сколько раз здесь проезжа́л. Нас указа́ли им ещё в тамо́жне, когда́ чита́ли на́ши паспорта́, сообщи́ли им на́ши имена́ и проч. Ну вот они́ и се́ли, что́бы нас проводи́ть.

— Да заче́м же, одна́ко ж, провожа́ть, коль они́ нас уж ви́дели? Ведь вы говори́те, им нас ещё на той ста́нции указа́ли?

— Ну да, и сообщи́ли им на́ши имена́. Но э́того ма́ло. Тепе́рь же они́ нас изучи́ли в подро́бности: лицо́, костю́м, чемода́н, одни́м сло́вом, всё, чем вы смо́трите. Вот вы сига́ру вынима́ли, ну и сига́ру заме́тили, зна́ете, вся́кие ме́лочи, осо́бенности, то есть как мо́жно бо́льше осо́бенностей. Вы в Пари́же могли́ бы потеря́ться, и́мя перемени́ть (то есть е́сли вы подозри́тельный). Ну, так э́ти ме́лочи мо́гут спосо́бствовать ро́зыску. Всё э́то с той же ста́нции сейча́с же и отправля́ется телегра́мма в Пари́ж. Там и сохраня́ется на вся́кий слу́чай, где сле́дует. К тому́ же хозя́ева оте́лей должны́ сообща́ть все подро́бности об иностра́нцах, то́же до ме́лочи.

— Но заче́м же их сто́лько бы́ло, ведь их бы́ло че́тверо, — продолжа́л я спра́шивать.

— О, их здесь о́чень мно́го. Вероя́тно, на э́тот раз ма́ло иностра́нцев, а е́сли б бо́льше бы́ло, они́ бы разби́лись по ваго́нам.

— Да они́ на нас совсе́м и не смотре́ли. Они́ в око́шки смотре́ли.

— О, не беспоко́йтесь, всё рассмотре́ли... Для нас и сади́лись.

Швейца́рец не обману́л меня́. В оте́ле, в кото́ром я останови́лся, неме́дленно описа́ли все мале́йшие приме́ты мои́ и сообщи́ли их, куда́ сле́дует. По то́чности и ме́лочи, с кото́рой рассма́тривают вас при описа́нии приме́т, мо́жно заключи́ть, что и вся дальне́йшая ва́ша жизнь в оте́ле, так сказа́ть, все ва́ши шаги́ тща́тельно наблюда́ются. Впро́чем, на пе́рвый раз в оте́ле меня́ ли́чно не мно́го беспоко́или и описа́ли меня́ втихомо́лку, кро́ме, разуме́ется, тех вопро́сов, каки́е задаю́тся вам по кни́ге: кто, как, отку́да, с каки́ми по́мыслами и проч. Но во второ́м оте́ле, в кото́ром я останови́лся, не найдя́ ме́ста в пре́жнем *Hôtel Coquillière* по́сле восьмидне́вной мое́й отлу́чки в Ло́ндон, со мной обошли́сь гора́здо открове́ннее. Хозя́ин и хозя́йка действи́тельно бы́ли о́чень хоро́шие лю́ди и чрезвыча́йно делика́тны, уже́ пожилы́е супру́ги, необыкнове́нно внима́тельные к свои́м постоя́льцам. В тот же день, как я у них стал, хозя́йка ве́чером, пойма́в меня́ в сеня́х, пригласи́ла в ко́мнату, где была́ конто́ра. Тут же находи́лся и муж, но хозя́йка, очеви́дно, управля́ла всем по хозя́йству.

– Извини́те, – начала́ она́ о́чень ве́жливо, – нам на́до ва́ши приме́ты.

– Но ведь я сообщи́л... па́спорт мой у вас.

– Так, но... причи́на ва́шего прие́зда в Пари́ж?

– Как путеше́ственник.

– Гм, да, pour voir Paris❻. Позво́льте, мсье: ваш рост?

– То есть как э́то рост?

– Како́го вы и́менно ро́сту?

– Вы ви́дите, сре́днего.

– Это так, мсье... Но хоте́лось бы знать подро́бнее... Я ду́маю, я ду́маю... – продолжа́ла она́ в не́котором затрудне́нии, сове́туясь глаза́ми с му́жем.

– Я ду́маю, сто́лько-то, – реши́л муж, определя́я мой рост на глазоме́р в ме́трах.

– Да заче́м вам э́то ну́жно? – спроси́л я.

– Ох, э́то необ-хо-ди́мо, – отвеча́ла хозя́йка, любе́зно протяну́в на сло́ве «необходи́мо» и всё-таки запи́сывая в кни́гу мой рост. – Тепе́рь, мсье, ва́ши во́лосы? Блонди́н, гм... дово́льно све́тлого отте́нка... прямы́е...

Она́ записа́ла и во́лосы.

– Позво́льте, мсье, – продолжа́ла она́, кладя́ перо́, встава́я со сту́ла и подходя́ ко мне с са́мым любе́зным ви́дом, – вот сюда́, два шага́, к окну́. На́до разгляде́ть цвет ва́ших глаз. Гм, све́тлые...

И она́ опя́ть посове́товалась глаза́ми с му́жем. Они́, ви́димо, чрезвыча́йно люби́ли друг дру́га.

– Бо́лее се́рого отте́нка, – заме́тил муж с осо́бенно делово́м, да́же озабо́ченным ви́дом. –Voilà❼, – мигну́л он жене́, ука́зывая что́-то над свое́ю бро́вью, но я о́чень хорошо́ по́нял, на что он ука́зывал. У меня́ ма́ленький шрам на лбу, и ему́ хоте́лось, что́бы жена́ заме́тила и э́ту осо́бую приме́ту.

– Позво́льте ж тепе́рь спроси́ть, – сказа́л я хозя́йке, когда́ ко́нчился весь экза́мен, – неуже́ли с вас тре́буют тако́й отчётности?

– О мсье, э́то необ-хо-ди́мо!..

– Мсье! – поддержа́л муж.

– Но в Hôtel Coquillière меня́ не спра́шивали.

– Не мо́жет быть, – жи́во подхвати́ла хозя́йка. – Они́ за э́то могли́ о́чень отве́тить. Вероя́тно, они́ огляде́ли вас мо́лча, но то́лько непреме́нно, непреме́нно огляде́ли. Мы же про́ще и открове́ннее с на́шими постоя́льцами, мы живём с ни́ми как с родны́ми. Вы оста́нетесь дово́льны на́ми. Вы уви́дите...

И э́то бы́ли прече́стные, прелюбе́зные супру́ги, наско́лько, по кра́йней ме́ре, я их узна́л пото́м. Но сло́во «необ-хо-ди́мо» они́ произноси́ли во́все не в како́м-нибудь уменьши́тельном то́не, а и́менно в смы́сле полне́йшей необходи́мости и чуть ли не совпада́ющей с со́бственными ли́чными их убежде́ниями.

Ита́к, я в Пари́же...

По Ф. М. Достое́вскому

■ Но́вые слова́

департа́мент	司，局
сатири́ческий	讽刺的
положи́тельный	肯定的；赞同的；积极的；正面的 ‖ положи́тельно
рва́ться, *рвусь, рвёшься; рва́лся, рвала́сь, рвало́сь несов.*	破碎；断绝；急着要
же́ртвовать *несов.* ‖ поже́ртвовать *сов. (что)*	捐助，资助；*(кем-чем)* 牺牲，放弃
Кёльн	科隆市
утеши́тельный	令人宽慰的；慰藉的 ‖ утеши́тельно
черти́ть, черчу́, черти́шь *несов. (что)*	画线；绘图
кру́жево	花边
одеколо́н	花露水
по́дле *(предл.) (кого́-чего́)*	在……旁边，在……近旁；靠近
превосхо́дный	卓越的，极好的 ‖ превосхо́дно
чёрт возьми́	真见鬼（岂有此理）
скля́нка	小玻璃瓶
изба́виться, -влюсь, -вишься *сов.* ‖ избавля́ться *несов. (от кого́-чего́)*	摆脱，避免，得以免除
столе́тие	世纪；一百年；一百周年；百岁生日
написа́ться *сов.*	写够，写许多；写出来，写成
наслажде́ние	快乐；喜悦；享受
отде́лать *сов.* ‖ отде́лывать *несов. (что)*	装修；装饰；*(прост.)* 痛打
неотрази́мый	无法抵抗的；无法反驳的；强烈的 ‖ неотрази́мо
подча́с *(нареч.)*	有时，时而
швейца́рец	瑞士人 ‖ швейца́рка
проговори́ть *сов.* ‖ прогова́ривать *несов. (что)*	说出来；说(若干时间)
у́молк	沉默
без у́молку	不住声地
налегке́ *(нареч.)*	不带行李，轻装；衣着单薄，穿得很少
сюрту́к, -а́	常礼服
поме́щик	地主 ‖ поме́щица
помя́ть, -мну́, -мнёшь *сов. (что)*	揉皱，压皱；揉搓一阵
казённый	国家的，公家的
посви́стывать *несов.*	不时轻声吹口哨
усе́сться, уся́дусь, уся́дешься; -е́лся *сов.* ‖ уса́живаться *несов.*	坐下；坐很久；坐下(开始做某事)
папиро́са	烟卷
буржуа́ *(нескл.) (м.)*	资产阶级分子，资产者
вы́скочить, -чу, -чишь *сов.* ‖ выска́кивать *несов.*	跳出，蹦出；突然出现
две́рца	(小)门
захло́пнуться, -нется *сов.* ‖ захло́пываться *несов.*	(门、盖等)砰的一声关上
ми́гом *(нареч.)*	眨眼间，刹那间
захло́пнуть, -ну, -нешь *сов.* ‖ захло́пывать *несов. (что)*	把……(门、盖等)砰的一声关上
ви́димый	看得见的；明显的；表面的
любопы́тство	好奇；好奇求知
шпио́н	间谍，奸细，特务 ‖ шпио́нка
сига́ра	雪茄
вы́нуть, -ну, -нешь *сов.* ‖ вынима́ть *несов. (что)*	拿出，取出，掏出

переменить, -еню, -енишь сов. (кого-что)	更换，调换；改变，变更	контора	事务所，办事处，办公室
розыск	寻找；侦查，调查	затруднение	困难，障碍；窘境
телеграмма	电报；电文	глазомер	目测；目测力
тщательный	精细的，细心的，精心的 ‖ тщательно	озабоченный	操心的，担心的；忧虑的 ‖ озабоченно
втихомолку	悄悄地，偷偷地	мигать несов. // мигнуть, -ну, -нёшь сов. однокр.	眨眼；(кому, на кого-что) 使眼色；闪烁
помысел	主意，念头；计谋	шрам	伤痕，伤疤
отлучка	暂时离开，暂时不在	отчётность	工作报告；报表；报销单据；汇报
подхватить, -ачу, -атишь сов. // подхватывать несов. (кого-что)	抬起；把……抓住、接住；伴唱	оглядеть, -яжу, -ядишь сов. оглянуть, -яну, -янешь сов. однокр. // оглядывать несов. (кого-что)	环顾，打量
деликатный	客气的；有礼貌的；微妙的 ‖ деликатно	уменьшительный	较小的；小的
постоялец	寄居者，租户，房客 ‖ постоялица	чуть ли не	差不多；几乎；好像；大概
сени, -ей, -ям (мн.)	前室；门厅，穿堂		

 ## Комментарии

① Даже липы мне не понравились... – Имеется в виду одна из центральных улиц Берлина «Под липами», аллея с двумя рядами лип.

② ...а уже чего дороже берлинцу его конституции? – В 1862 году прусское правительство, нарушив конституцию, провело военный бюджет через верхнюю палату парламента. Депутаты партии прогрессистов, составлявшей большинство в нижней палате, вместо решительных действий ограничились только словесным протестом. Трусливое поведение немецких парламентариев, по-видимому, явилось поводом для иронического замечания Достоевского о привязанности берлинцев к своей конституции.

③ ...когда учился в архитектуре... – в военно-инженерном училище, которое Достоевский окончил в 1843 году.

④ Жан-Мария Фарина (1686 –1766) – основатель итальянской парфюмерной фирмы в Кёльне.

⑤ Д. И. Фонвизин (1745 –1792) – знаменитый русский писатель.

⑥ pour voir Paris - чтобы видеть Париж (франц.).

⑦ Violà - вот, так (франц.).

ПОНИМАНИЕ ТЕКСТА

Зада́ние 4 Отве́тьте на вопро́сы к те́ксту.

1) Како́е представле́ние име́л Достое́вский о Евро́пе пе́ред пое́здкой?

2) Како́е впечатле́ние на писа́теля произвёл Берли́н и его́ жи́тели? Каки́е слова́ и выраже́ния испо́льзует Достое́вский, что́бы вы́разить свои́ чу́вства?

3) С каки́ми эмо́циями е́хал а́втор в Кёльн? Почему́ он мечта́л попа́сть в э́тот го́род? Разочарова́л ли Достое́вского Кёльн? Как измени́лось отноше́ние писа́теля к го́роду во второ́й его́ прие́зд?

4) Как не́мцы отно́сятся к иностра́нцам, в осо́бенности к ру́сским? Како́е впечатле́ние произвели́ не́мцы на писа́теля? Подтверди́те своё мне́ние цита́тами из те́кста.

5) Как а́втор е́хал от Аркели́на до Пари́жа? Опиши́те его́ пое́здку.

6) Как его́ принима́ли в оте́ле в Пари́же?

Зада́ние 5 В «Зи́мних заме́тках о ле́тних впечатле́ниях» Достое́вский ирони́чески изобража́л жизнь буржуа́зной Фра́нции под вла́стью импера́тора Наполео́на III. Как вы ду́маете, справедли́во ли мне́ние Достое́вского о францу́зах?

Зада́ние 6 Как Достое́вский относи́лся к за́падной культу́ре? Как вы ду́маете, отража́ет ли его́ мне́ние то́чку зре́ния ру́сской интеллиге́нции того́ вре́мени?

АНАЛИЗ ТЕКСТА

Зада́ние 7 Познако́мьтесь с теорети́ческим материа́лом об **о́черке**.

О́черк – одна́ из разнови́дностей расска́за. Основно́й при́знак о́черка – писа́ние с нату́ры. В о́черке вы́мысел игра́ет гора́здо ме́ньшую роль, чем в други́х литерату́рных жа́нрах. А́втор о́черка ча́ще, чем а́второ́ы други́х жа́нров, вме́шивается в ход опи́сываемых собы́тий от пе́рвого лица́. Иногда́ а́втор о́черка пря́мо обраща́ется к чита́телю, деля́сь с ним свои́ми впечатле́ниями от уви́денного.

Специфи́ческий предме́т о́черка – челове́к. Если репорта́ж мы мо́жем назва́ть исто́рией собы́тия, то о́черк – э́то исто́рия челове́ческого хара́ктера. В це́нтре о́черка – его́ геро́й, челове́к и́ли лю́ди, составля́ющие коллекти́в.

Зада́ние 8 Укажи́те композицио́нные осо́бенности о́черка «Зи́мние заме́тки о ле́тних впечатле́ниях».

Зада́ние 9 Найди́те в нача́ле те́кста слова́, говоря́щие о стра́стном жела́нии расска́зчика попа́сть за грани́цу. Как вы ду́маете, с како́й це́лью а́втор подро́бно опи́сывал настрое́ние расска́зчика пе́ред заграни́чной пое́здкой?

Зада́ние 10 Как расска́зчик говори́л о свои́х впечатле́ниях от Берли́на и берли́нцев? В каки́х слова́х он открове́нно излага́л своё отноше́ние, а в каки́х – в ирони́ческом то́не?

Зада́ние 11 Расска́зчику в пе́рвый раз не понра́вился собо́р в Кёльне. Каки́е языковы́е сре́дства испо́льзовал а́втор для изображе́ния плохо́го настрое́ния расска́зчика и его́ негати́вного отноше́ния к собо́ру и к не́мцам?

Зада́ние 12 Одобря́ет ли Достое́вский мысль Фонви́зина? В каки́х слова́х отрази́лось его́ злора́дное отноше́ние к фра́зе Фонви́зина и к иностра́нцам вообще́?

Зада́ние 13 Познако́мьтесь с теорети́ческим материа́лом о ро́ли **дета́лей** в компози́ции худо́жественного те́кста.

В компози́ции худо́жественного произведе́ния ва́жная роль принадлежи́т осо́бенностям слове́сного выраже́ния и размеще́ния «дета́лей». Дета́ль – э́то худо́жественная подро́бность, кото́рая при́звана предста́вить изобража́емый хара́ктер, карти́ну, де́йствие, пережива́ние в их своеобра́зии, неповтори́мости. «Дета́ль» – что о́чень ва́жно – мо́жет заключа́ть в себе́ большу́ю смыслову́ю и эмоциона́льную информа́цию.

Вырази́тельная дета́ль – свиде́тельство мастерства́ писа́теля, а уме́ние замеча́ть и цени́ть дета́ли – свиде́тельство культу́ры, филологи́ческой гра́мотности чита́теля. В. Набо́ков писа́л: «Чита́я кни́гу, сле́дует пре́жде всего́ замеча́ть дета́ли и наслажда́ться и́ми».

По композицио́нной ро́ли дета́ли мо́жно раздели́ть на два основны́х ви́да: дета́ли, ука́зывающие на движе́ние, измене́ние, преобразова́ние карти́ны, обстано́вки, хара́ктера и т. п., и дета́ли, изобража́ющие, рису́ющие карти́ну, обстано́вку, хара́ктер и т. п. в да́нный моме́нт. Дета́ли пе́рвого ви́да мо́жно усло́вно назва́ть **повествова́тельными**, второ́го – **описа́тельными**.

Зада́ние 14 Каки́е дета́ли дал а́втор при изображе́нии пассажи́ров в ваго́не (измене́ния в поведе́нии швейца́рца, оде́жда, вне́шность, поведе́ние францу́зов)? Подтверди́те слова́ми, взя́тыми из те́кста.

Зада́ние 15 В разгово́ре расска́зчика со швейца́рцем не раз упомина́лись слова́ **ме́лочи, подро́бности**. Найди́те фра́зы с э́тими слова́ми и скажи́те, с како́й це́лью а́втор многокра́тно их повторя́ет. Свя́заны ли они́ с после́дующим разви́тием сюже́та?

Зада́ние 16 При описа́нии поведе́ния хозя́ев оте́ля а́втор испо́льзовал мно́го языковы́х средств в ирони́ческом то́не. Попро́буйте найти́ их в те́ксте.

Задáние 17 Как вы дýмаете, с какóй цéлью употребля́ет áвтор словá и выражéния на францýзском языкé?

ЯЗЫКОВАЯ РАБОТА

Задáние 18

а) Прочитáйте предложéния. Скажи́те, каки́е значéния имéют существи́тельные **замéтка** и **замечáние**.

1) Обы́чно он дéлает **замéтки** карандашóм на поля́х кни́ги.

2) У меня́ в записнóй кни́жке мнóжество вся́ких **замéток**.

3) Прочитáй вот э́ту **замéтку**, онá о рабóте нáшего факультéта.

4) Доклáдчик сказáл, что учтёт все крити́ческие **замечáния**, сдéланные по доклáду.

5) Учи́тель сдéлал нéсколько **замечáний** разговáривавшим во врéмя урóка ученикáм.

6) Мне надоéли егó постоя́нные **замечáния**.

б) Встáвьте в прóпуски существи́тельные **замéтка** и́ли **замечáние**. Словá, дáнные в скóбках, постáвьте в нýжной фóрме.

1) У оппонéнта есть нéсколько _____ по существý вопрóса, рассмáтриваемого в диссертáции.

2) В кни́ге, котóрую я недáвно купи́л в букинисти́ческом магази́не, бы́ло мнóго _____ на поля́х.

3) У меня́ есть (оди́н) _____ по пóводу вáшего выступлéния.

4) Слýшая учёного, корреспондéнт дéлал каки́е-то _____ в своём блокнóте.

5) Вы всё врéмя разговáриваете. Я ужé вторóй раз дéлаю вам _____!

6) Он написáл нéсколько _____ в газéту.

Задáние 19

а) Прочитáйте предложéния. Сравни́те значéния слов **инострáнный**, **зарубéжный**, **заграни́чный**.

1) В избýшке сидéли трóе **инострáнных** солдáт и двóе офицéров (*Н. Ники́тин*).

2) Сеáнсы э́того фи́льма в любóм **зарубéжном** кинотеáтре дели́ли зри́телей на лáгерь друзéй и лáгерь врагóв (*В. Гáрдин*).

3) Вели́кие побéды совéтского нарóда в Отéчественной войнé произвели́ глубóкое впечатлéние на **зарубéжную** пýблику (*М. Кали́нин*).

4) Бýдут покáзаны на вы́ставке образцы́ новéйших нагля́дных посóбий для школ, **заграни́чные** и отéчественные.

5) Ты полýчишь **заграни́чный** пáспорт, когдá пришлю́т тебé приглашéние из-за рубежá.

б) Запомните следующие словосочетания.

иностранный, зарубежный – гости, друзья, студенты, туристы, бизнесмены, печать, пресса, фирма, агентство, влияние;

иностранный, заграничный – товары, машины, кинофильмы, марка, оборудование, мода, банк;

заграничный, зарубежный – поездка, командировка, гастроли;

заграничный – часы, обувь, вина, костюм;

иностранный – корреспондент, артист, войска, военная база, язык, литература, дела, государство, валюта.

в) Переведите следующие словосочетания на русский язык. Укажите, где возможны варианты.

外交部   外事处
外国语   外来词
外国名字   外国护照
外国专家   外国文学
出国护照   出国签证
出国旅行   到国外出差

Задание 20

а) Прочитайте предложения. Сравните глаголы **подозревать** и **сомневаться**.

1) Все **подозревали** друг друга, но долго не знали настоящих виновников (*Аксаков*).

2) Я давно **подозревал** его в неискренности.

3) Ты должен честно сказать, кто это сделал. Ты сам видишь, что ребята **подозревают** тебя.

4) Опасность грозила им серьёзная, – в этом Гусев не **сомневался** (*А. Толстой*).

5) Не **сомневаюсь** в том, что вы выполните задание в срок.

6) В тебе не **сомневаюсь**, потому и посылаю тебя (*Достоевский*).

7) В Олеге можете не **сомневаться**, он не подведёт.

б) Вставьте в пропуски глаголы **подозревать** или **сомневаться**.

1) Первое время кое-кто _____ в молодом директоре, в его организационных и хозяйственных способностях.

2) Очень тяжело, очень трудно _____ товарища в предательстве. И когда подозрения возникли, язык не поворачивается, чтобы высказать их вслух.

3) Маме мы говорили, что его перевели в другой лагерь без права переписки, но мы с отцом _____, что его убили.

4) Он вырос в неблагополучной семье, попал в плохую компанию, и позже его не раз _____ в совершении грабежей.

5) Я _____, сделает ли он всё так, как надо.

Зада́ние 21 Вста́вьте в про́пуски глаго́л **е́хать** с приста́вками **вы-**, **за-**, **об-**, **пере-**, **по-**, **под-**, **при-**, **про-**, **у-**.

1) Вы _____ свою́ ста́нцию, вам на́до вы́йти и верну́ться наза́д.

2) Пла́вая капита́ном корабля́, он _____ весь мир.

3) Меня́ не́ было в го́роде три дня: я _____ на конфере́нцию.

4) Мы ра́ды, что вы смогли́ найти́ вре́мя и _____ к нам на не́сколько дней отдохну́ть.

5) Когда́ мы _____ к до́му, я издалека́ уви́дел стоя́щую на крыльце́ ба́бушку.

6) Прошло́ мно́го лет, с тех пор как она́ _____ из го́рода.

7) Когда́ мы _____ из го́рода, пошёл дождь.

8) Если ты бу́дешь рабо́тать, как ра́ньше, далеко́ не _____.

9) Я сел в маши́ну, захло́пнул за собо́й дверь, и мы _____.

10) Ве́чером, когда́ он _____ с рабо́ты, де́ти броса́лись к нему́ с ра́достным кри́ком.

11) В про́шлую суббо́ту мы _____ на но́вую кварти́ру.

12) По доро́ге на да́чу мы должны́ _____ к мои́м роди́телям.

13) – Нам придётся _____ это боло́то. – Если бу́дем _____ боло́то, на это уйдёт мно́го вре́мени.

Зада́ние 22

а) Определи́те значе́ние, управле́ние и сочета́емость глаго́ла **же́ртвовать – поже́ртвовать**.

1) (*что*) Доброво́льно отдава́ть, приноси́ть в дар.

   Же́ртвовать де́ньги, золоты́е ве́щи, колле́кцию карти́н, свои́ сбереже́ния.

   - Князь Юрий Звенигоро́дский **же́ртвовал** на монасты́рь бога́тые вкла́ды.
   - Че́рез э́ту компа́нию он **же́ртвовал** значи́тельные су́ммы америка́нским организа́циям.
   - И на́до сказа́ть, **же́ртвовал** он не то́лько на ну́жды бе́дных, но и помога́л вся́ким полити́ческим па́ртиям.
   - Он мно́го **же́ртвовал** на о́бщество... Для э́того организо́вывал благотвори́тельные балы́...

2) (*кем-чем*) Не щади́ть кого́-л., чего́-л., подверга́ть опа́сности ра́ди чего́-л.

   Же́ртвовать свобо́дой, че́стью, жи́знью, собо́й, бу́дущим, карье́рой, и́менем, состоя́нием, бога́тством, здоро́вьем, красото́й, о́тдыхом, вре́менем, всем.

   - Она́ не заду́мываясь **поже́ртвовала** свое́й жи́знью, чтобы спасти́ ребёнка.
   - Моя́ любо́вь никому́ не принесла́ сча́стья, потому́ что я ниче́м не **же́ртвовал** для тех, кого́ люби́л: я люби́л для себя́, для со́бственного удово́льствия.
   - Зна́чит, она́ **же́ртвует** собо́й во и́мя его́ сча́стья!

- Он там **жéртвует** своéй молодóй жи́знью рáди познáния я́дерной и́стины.
- Мы в Росси́и всегдá бу́дем отдавáть дань уважéния му́жеству нáших товáрищей по ору́жию, чтить всех, кто **пожéртвовал** жи́знью в борьбé с сáмым стрáшным злом XX вéка.

б) Переведи́те слéдующие предложéния на ру́сский язы́к.

1) 当时，为了这个崇高的目标我们捐出了一切。

2) 人们感激他的帮助，感谢他的慈善捐款。

3) 是的，我捐献过。但是现在我想知道我的捐款到哪里去了？

4) 我不认为一个女人为她所爱的人牺牲一切是好事。

5) 为了达到崇高的目的，信徒们愿意牺牲健康、财产，甚至他们拥有的一切。

Задáние 23

а) Прочитáйте предложéния и объясни́те значéние сою́за **тем не мéнее** и части́цы **тем бóлее**, исходя́ из контéкста.

1) Всю ночь ему́ не спалóсь, **тем не мéнее** на другóй день он отпрáвился в путь.

2) Прекрáсно скáзано! **Тем не мéнее** я не соглáсен с вáми.

3) Он óчень устáл, и **тем не мéнее** продолжáет рабóтать.

4) Эти жéнщины ориенти́рованы не на рабóту плюс семью́, и **тем бóлее** не на рабóту целикóм, а на семью́.

5) Оди́н он рабóтать не смóжет, **тем бóлее** налáдить нóвую маши́ну.

6) Онá не лю́бит ходи́ть в кинó, **тем бóлее** у неё боли́т головá.

б) Запóлните прóпуски, испóльзуя сою́з **тем не мéнее** и части́цу **тем бóлее**.

1) Пéтя был большóй шалу́н, _____ бáбушка лю́бит егó бóльше всех.

2) Все, _____ молодёжь, должны́ учи́ться.

3) Я был óчень зáнят, но _____ я находи́л врéмя для встрéчи с друзья́ми.

4) У неё ни от когó нé было секрéтов, а _____ от меня́.

5) На кани́кулы я никудá не éду, _____ в други́е городá.

6) Я не умéю плáвать, _____ ныря́ть.

7) Мы óчень торопи́лись, _____ мы не смогли́ успéть вóвремя.

8) – Сади́тесь, я подвезу́. – Да нет, мне тут бли́зко. – Ну, _____.

9) Хотя́ он мнóго болéл, он _____ хорошó подготóвился к экзáменам.

Задáние 24

а) Прочитáйте предложéния с уступи́тельной придáточной чáстью. Укажи́те слу́чаи, в котóрых выражáется нереáльность услóвий.

1) Где мы ни́ были, вездé ви́дно строи́тельство нóвых домóв.

2) Скóлько ни объясня́л я ему́ э́то прáвило, он всё-таки не пóнял егó.

3) Когдá я ни прихожу́ в магази́н, там всегдá мнóго нарóду.

4) Ско́лько ни бу́дешь стуча́ть, ни за что не откро́ю.

5) Как бы высоко́ ни оце́нивали вас, име́йте всегда́ му́жество сказа́ть себе́: я неве́жда.

6) Како́й бы вопро́с я ни задава́л э́тому ма́льчику, он на вся́кий вопро́с отвеча́ет уве́ренно и сра́зу.

7) Что бы я ни сказа́л, мне бы всё равно́ не пове́рили.

б) Вста́вьте в про́пуски сою́зные слова́ с усили́тельной части́цей **ни** в ну́жной фо́рме. Укажи́те, где возмо́жны вариа́нты.

1) _____ я _____ би́лся над зада́чей, я не смогу́ её реши́ть.

2) _____ стуча́л я в дверь, мне так никто́ и не отве́тил.

3) _____ тру́дностями мы _____ встре́тимся, мы их преодоле́ем.

4) _____ силён был моро́з, он нас не испуга́л.

5) _____ я _____ жила́, я не забу́ду э́того.

6) _____ ты _____ зайдёшь к нему́, всегда́ заста́нешь его́ за кни́гой.

7) _____ к нему́ _____ обраща́лся за по́мощью, он всем отка́зывал.

Зада́ние 25

а) Прочита́йте предложе́ния и сравни́те глаго́лы **изба́виться – избавля́ться** и **избежа́ть – избега́ть**.

1) Сейча́с крестья́не **изба́вились** от мно́гих трудоёмких рабо́т: их взя́ли на себя́ маши́ны.

2) Ему́, наве́рное, неудо́бно отказа́ться, а пить не хо́чется; и он избра́л вот тако́й спо́соб **изба́виться** от во́дки.

3) Благодаря́ своевре́менно при́нятым ме́рам во вре́мя тайфу́на удало́сь **избежа́ть** серьёзных поте́рь.

4) Этот мужчи́на был проти́вен ей, и она́ стара́лась **избега́ть** его́.

б) Переведи́те предложе́ния на ру́сский язы́к.

1）明星们千方百计地想摆脱记者。

2）为了避免与父亲见面，他很少在家。

3）必须从过去的错误中吸取教训，以免将来重复犯错。

4）掌握同义词可以帮助我们避免不必要的用词重复。

5）我感觉你在回避我。

Зада́ние 26

а) Прочита́йте предложе́ния и определи́те значе́ния однокоренны́х глаго́лов.

1) Он **сел** на по́езд и добра́лся до Баку́.

2) Ко́стя скро́мно **присе́л** на траве́. – Это кака́я дере́вня? – спроси́л у него́ команди́р.

3) Людми́ла заняла́ стул во́зле окна́, а я **присе́л** на крова́ть у него́ в нога́х.

4) До́ма он **усе́лся** пе́ред экра́ном телеви́зора и стал смотре́ть спорти́вную програ́мму.

б) Приба́вьте к сле́дующим глаго́лам приста́вку **при-**, что́бы новообразо́ванные глаго́лы име́ли значе́ние «соверши́ть де́йствие не по́лностью».

Образе́ц: сесть – присе́сть

встать	откры́ть	откры́ться	тормози́ть	останови́ть
останови́ться	по́мнить	лечь	сы́пать	подня́ться

Зада́ние 27 Вы́деленные слова́ замени́те синоними́чными слова́ми из те́кста «Зи́мние заме́тки о ле́тних впечатле́ниях».

1) Они́ не **ду́мали**, наско́лько тяжёлым бу́дет расстава́ние, и подари́ли Га́рри на па́мять свои́ фотогра́фии.

2) Солда́ты пробежа́ли **значи́тельное** расстоя́ние, когда́ Ти́хон заме́тил, что Соломо́нова ря́дом с ним нет.

3) Он ожида́л, что База́ров заговори́т с Одинцо́вой, как с же́нщиной у́мной, о свои́х **взгля́дах** и мировоззре́ниях.

4) Ле́ночка и Шу́рочка стоя́ли **во́зле** Ли́зы.

5) Да́же тру́дно бы́ло определи́ть, с како́й стороны́ **разда́лся** э́тот звук: он пронёсся по ле́су ни́зко, над са́мой землёй, и стих.

6) Дире́ктор ду́мает, как бы ему́ **освободи́ться** от нежела́тельного спу́тника.

7) **Век** проходи́л за **ве́ком**, а де́ти ле́са жи́ли без переме́н, всё так же, как и пре́жде.

Зада́ние 28 Вста́вьте в про́пуски подходя́щие по смы́слу усто́йчивые выраже́ния **чуть ли не, к тому́ же, по кра́йней ме́ре, от не́чего делать, всё равно́, на вся́кий слу́чай**.

1) Сиде́л бы я лу́чше до́ма: _____ тепло́.

2) _____ мы отпра́вились побро́дить по бульва́ру.

3) Возьми́те зо́нтик _____.

4) Э́то бы́ли хоро́шие ученики́, _____ о́чень дру́жные.

5) Ей _____, что бы о ней ни говори́ли.

6) Она́ позвони́ла о́чень по́здно, _____ в час но́чи.

Зада́ние 29

а) Прочита́йте заголо́вок те́кста. Скажи́те, как бы вы для себя́ отве́тили на э́тот вопро́с.

б) Прочита́йте текст. Как а́вторы отвеча́ют на вопро́с, вы́раженный в заголо́вке те́кста? Измени́лось ли ва́ше мне́ние по́сле прочте́ния те́кста?

Текст 2.
Ру́сские – европе́йский наро́д и́ли азиа́тский?

Э́тот вопро́с уже́ давно́ вызыва́ет спо́ры. Действи́тельно, грани́ца ме́жду Евро́пой и Азией прохо́дит че́рез «се́рдце» Росси́и – Ура́льские го́ры. Так каки́е же ка́чества преоблада́ют в хара́ктере россия́н – за́падные и́ли азиа́тские, восто́чные? И здесь просто́го отве́та нет.

Осно́ва ру́сского э́тноса – славя́нское нача́ло. Ещё в дре́вности исто́рики отмеча́ли, что славя́не – земледе́льческий наро́д, воспри́мчивый ко всему́ чужо́му. Сейча́с мы бы назва́ли э́то ка́чество хара́ктера славя́н толера́нтностью, оно́ им придава́ло ги́бкость и терпи́мость в отноше́нии други́х наро́дов. Одна́ко оно́ име́ет и неприя́тные после́дствия: из-за мя́гкости хара́ктера славя́не поддаю́тся возде́йствию и ассимиля́ции ле́гче други́х наро́дов, вплоть до того́, что да́же спосо́бны утра́тить свои́ национа́льные черты́.

Огро́мное влия́ние на Дре́внюю Русь оказа́л Восто́к – византи́йская культу́ра, отку́да пришла́ рели́гия, в кото́рой лю́ди иска́ли утеше́ние, си́лу ду́ха и ве́ру. Христиа́нство бы́ло це́нтром ру́сской наро́дной жи́зни, его́ национа́льной черто́й. Кро́ме того́, Виза́нтия передала́ Руси́ авторита́рные при́нципы вла́сти, централизо́ванный госуда́рственный аппара́т, нало́говую систе́му, се́льские общи́ны и городски́е комму́ны, многоку́польные це́ркви, тради́ции иконогра́фии, герб с двугла́вым орло́м, коро́че говоря́ – наибо́лее самобы́тные ка́чества и си́мволы ру́сской культу́ры.

Не ме́ньшее влия́ние на ру́сских оказа́ла их встре́ча с тата́ро-монго́лами в XIII– XV века́х. По тео́рии «евразийства», она́ име́ла и положи́тельные, и отрица́тельные сто́роны. Ча́ще об э́том говори́тся в негати́вных тона́х. Едва́ ли не все отрица́тельные черты́ в ру́сском хара́ктере поро́ю объясня́ют «тата́рщиной»: ра́бство, жесто́кость, наси́лие, гру́бые руга́тельства, открове́нное чинопочита́ние, зайски́вание пе́ред «ва́жными» людьми́, гру́бость по отноше́нию к «просты́м» и т. п.

Одна́ко нельзя́ своди́ть влия́ние тата́ро-монго́лов то́лько к негати́вным явле́ниям ру́сской жи́зни. Оно́ бы́ло сложне́е. Существу́ет изве́стная погово́рка «Поскреби́ любо́го ру́сского и найдёшь тата́рина». Три ве́ка испыта́ний разви́ли в ру́сских терпе́ние и сто́йкость, спосо́бность легко́ переноси́ть бытовы́е тру́дности и при э́том не па́дать ду́хом, а кро́ме того́ – хра́брость, спосо́бность к самопоже́ртвованию.

Не́которые сво́йства ру́сского хара́ктера насто́лько самобы́тны, что для них нельзя́ найти́ соотве́тствия у други́х славя́нских наро́дов. Наприме́р, у други́х славя́н

Славянский народ

Константинополь

татаро – монголы

ре́дко встреча́ется тако́е ка́чество, как скло́нность к созерца́тельности (влия́ние неправосла́вного Восто́ка). То же мо́жно сказа́ть о ру́сской «у́дали»: «Ли́бо грудь в креста́х, ли́бо голова́ в куста́х». Это ка́чество ре́дко сво́йственно други́м славя́нам, явля́ясь чи́сто степно́й доброде́телью. Оно́ высоко́ це́нится тю́рками, но непоня́тно други́м славя́нам.

Влия́нием сте́пи мо́жно объясни́ть привя́занность к тради́циям и да́же консервати́зм ру́сских. Одна́жды пове́рив во что́-то, ру́сский сло́вно успока́ивается, его́ ве́ра застыва́ет, игра́я роль це́нтра тя́жести, необходи́мого для психи́ческого равнове́сия. Отка́з от ве́ры и́ли переме́на иде́й даю́тся ему́ насто́лько тяжело́, что э́то мо́жет повле́чь за собо́й да́же поте́рю психи́ческого здоро́вья. Подо́бное ка́чество отме́тил Н. Трубецко́й у тю́рков.

По́зднее усиле́ние за́падных сосе́дей и угро́за изоля́ции потре́бовали но́вых при́нципов организа́ции вла́сти и освое́ния за́падной культу́ры. Не сто́ит припи́сывать э́то то́лько гениа́льному «проры́ву» Петра́ Вели́кого. Уже́ со времён ца́рства Ива́на III (XV век) мо́жно говори́ть об европеиза́ции Руси́ – в смы́сле широ́ких конта́ктов и взаимопроникнове́ния культу́р. Просвещённый Алексе́й Миха́йлович, оте́ц Петра́, продо́лжил э́ту ли́нию, а при Петре́ Вели́ком с иде́ей «восто́чного ца́рства» бы́ло поко́нчено: при нём Росси́я оконча́тельно приобщи́лась к европе́йской культу́ре, поменя́ла о́браз и стиль жи́зни, усво́ила европе́йские техни́ческие, культу́рные, вое́нные и нау́чные достиже́ния. Европеиза́ция дли́лась два ве́ка и не прошла́ да́ром.

По мне́нию фило́софа Н. Бердя́ева, «Росси́я соединя́ет в себе́ и За́пад, и Восто́к». Но э́то не превраща́ет её в како́й-то о́бщий вариа́нт (смесь того́ и э́того), а де́лает её аре́ной столкнове́ния «двух пото́ков мирово́й исто́рии – Восто́ка и За́пада». Географи́ческая истори́ческая дво́йственность Росси́и отрази́лась в противоречи́вости ру́сской «души́».

А кем счита́ют себя́ са́ми ру́сские – европе́йцами и́ли «азиа́тами»? Еди́нства по э́тому вопро́су нет. Ру́сский наро́д – сплав, сло́жный по соста́ву: в котёл исто́рии туда́ добавля́ли в ра́зные времена́ всё но́вые и но́вые элеме́нты. В ито́ге получи́лся наро́д, не похо́жий ни на оди́н друго́й в ми́ре.

Тут сле́дует немно́го объясни́ть, что тако́е «евразийство».

«Евразийство» – фило́софское направле́ние, кото́рое рассма́тривает Евра́зию не про́сто как осо́бое географи́ческое поня́тие, а как осо́бый мир, кото́рый объединя́ет Евро́пу и А́зию и в то же вре́мя отлича́ется от них. По мне́нию сторо́нников э́того подхо́да, Росси́я, в отли́чие от Евро́пы, – э́то еди́ный, недели́мый, осо́бый органи́зм.

Иде́и евразийства впервы́е прозвуча́ли в среде́ «пе́рвой волны́» ру́сской эмигра́ции, они́ объединя́ли са́мые ра́зные умы́: фило́софа В. Н. Ильина́, экономи́ста и гео́графа П. Н. Сави́цкого, лингви́ста Н. С. Трубецко́го, правосла́вных фило́софов А. П. Корса́вина и В. Г. Флоро́вского, исто́рика ру́сского зарубе́жья Г. Верна́дского, а та́кже сове́тского исто́рика Льва Гумилёва (сы́на изве́стных поэ́тов – Никола́я Гумилёва и А́нны Ахма́товой). Они́ откры́то признава́ли, что разочаро́ваны в За́паде, в его́ отноше́нии к Росси́и как к полиго́ну свои́х иде́й. Признава́я, что их иде́и иду́т от славянофи́льства, они́ отверга́ли и строй ста́рой Росси́и, и сове́тскую власть. Они́ говори́ли о це́нности ру́сской культу́ры, не отрица́я, что эконо́мика Росси́и мо́жет стро́иться по за́падному образцу́. Они́ счита́ли: ру́сские – не европе́йский и не азиа́тский наро́д, а самобы́тная этни́ческая о́бщность – еврази́йцы, кото́рые роди́лись из спла́ва ра́зных э́тносов. Поэ́тому ру́сская культу́ра – не европе́йская и не азиа́тская, и не «су́мма и́ли механи́ческое сочета́ние той и друго́й», а еврази́йская, – т. е. «середи́нная», а потому́ самобы́тная и неповтори́мая. В ней невозмо́жно отдели́ть одно́ от друго́го, не разру́шив це́лого.

Никола́й Гумилёв и Анна Ахма́това с их сы́ном Льво́м Гумилёвым

Теоре́тики еврази́йства бы́ли про́тив «ра́бского» отноше́ния к за́падной культу́ре: они́ счита́ли, что западноевропе́йская культу́ра – не уника́льна и не универса́льна. Вме́сте с тем они́ бы́ли и про́тив преувеличе́ния всего́ «славя́нского». Они́ категори́чески не́ были согла́сны с традицио́нно негати́вной оце́нкой ро́ли тата́р в ру́сской исто́рии. А Сави́цкий вообще́ счита́л, что «ру́сское госуда́рство основа́ли не ки́евские князья́, а моско́вские цари́, кото́рые «продо́лжили де́ло монго́льских ха́нов».

И всё-таки, несмотря́ на о́струю кри́тику, еврази́йцам удало́сь поста́вить таки́е вопро́сы, кото́рые ждут реше́ния и по сего́дняшний день. Наприме́р: каки́ми должны́ быть отноше́ния ме́жду За́падом и Восто́ком? В чём суть росси́йской цивилиза́ции? В чём выража́ется взаимовлия́ние разли́чных наро́дов в Росси́и? Какова́ должна́ быть роль госуда́рства в жи́зни о́бщества?

По́сле распа́да СССР иде́и еврази́йства обрели́ второ́е дыха́ние. К россия́нам впервы́е прихо́дит осозна́ние того́, что их страна́ – не то́лько европе́йская, но и азиа́тская: ведь на до́лю А́зии прихо́дится 80% её террито́рии и 70% грани́ц.

«Росси́я, – писа́л исто́рик В. Ключе́вский, – никогда́ не была́ «чи́сто европе́йской» держа́вой, да и в бу́дущем вряд ли е́ю ста́нет. Бо́лее уме́стно говори́ть о её самобы́тности, о её ро́ли посре́дника ме́жду двумя́ мира́ми. Её культу́ра неразры́вно свя́зана с Евро́пой. Но приро́да наложи́ла на неё таки́е осо́бенности, кото́рые всегда́ влекли́ её в А́зию, и́ли А́зию к ней».

По А. В. Серге́евой

■ Но́вые слова́

славяни́н, -а; -я́не	斯拉夫人 ‖ славя́нка	ги́бкость	柔韧性，弹性；灵活性
земледе́льческий	耕作的；农业的；庄稼人的	терпи́мость	容忍，容让，宽容
		ассимиля́ция (*книжн.*)	同化
восприи́мчивый	容易理解的；易受感染的 ‖ восприи́мчиво	утра́тить, -чу, -тишь *сов.* ‖ утра́чивать *несов.* (*кого́-что*)	丧失，失去
толера́нтность	宽容，包容；耐受性	византи́йский	拜占庭的

Византи́я	拜占庭
авторита́рный	专横的，霸道的；追求个人威信的 ‖ авторита́рно
о́бщина	公社，村社；协会，团体
комму́на	公社，公团
ку́польный	圆屋顶的，圆顶的
иконогра́фия	肖像学；肖像画法
двугла́вый	双头的
тата́рин, -а; -а́ры, -а́р, -а́рам	鞑靼人；金帐汗国人 ‖ тата́рка
монго́л	蒙古人 ‖ монго́лка
еврази́йство	欧亚
едва́ ли не	几乎是；差不多是
тата́рщина	鞑靼习气
руга́тельство	骂人的话，骂街的话
чинопочита́ние (книжн.)	尊敬上司；巴结领导
заи́скивание	巴结，谄媚
скрести́, -ебу́, -ебёшь; -рёб, -ебла́ несов. // поскрести́ сов. (кого́-что)	抓；刮；使心烦意乱
сто́йкость	坚固性；持久性；坚定性
самопоже́ртвование	自我牺牲，舍己精神
созерца́тельность	直观性；冥思，沉思
доброде́тель (ж.)	美德
цени́ться, це́нится несов.	值钱；得到重视，被人珍惜
тюрк	突厥人
привя́занность	依恋，眷恋；所依恋的人或事
консервати́зм	保守主义，守旧思想
засты́ть, -сты́ну, -сты́нешь сов. // застыва́ть несов.	凝结，凝固；结冰
повле́чь, -еку́, -ечёшь, -еку́т; -лёк, -екла́ сов. (что)	引起，惹起，招致
усиле́ние	放大；加强，加固
изоля́ция	隔离，隔断，隔绝
приписа́ть, -ишу́, -и́шешь сов. // припи́сывать несов. (кого́-что)	补写上，把……列入；把……归咎于
европеиза́ция	欧化，洋化
проникнове́ние	贯穿；浸透；进入
приобщи́ться, -щу́сь, -щи́шься сов. // приобща́ться несов. (к чему́)	参加，投身
да́ром (нареч.)	免费地；白白地，徒然；便宜地
смесь (ж.)	混合物，混合体
дво́йственность	二元性，二重性
азиа́т	亚洲人 ‖ азиа́тка
недели́мый	分不开的，不可分割的；除不尽的
прозвуча́ть, -чи́т сов.	响起；听起来具有（某种特点）；表现出，流露出
полиго́н	靶场，射击场，武器实验场
славянофи́льство	斯拉夫派
отве́ргнуть, -ну, -нешь; -ёрг, -гла сов. // отверга́ть несов. (кого́-что)	拒绝，不接受
отрица́ть несов. (что)	否认，不承认；否定
этни́ческий	民族的；人种的 ‖ этни́чески
о́бщность	共同性；一致（性）
еврази́ец	欧亚人
сплав	合金；熔合物
еврази́йский	欧亚的
распа́д	分解，分裂，解体
осозна́ние	认清，意识到
уме́стный	适当的，适宜的；适时的 ‖ уме́стно
самобы́тность	独特性

ПОНИМАНИЕ ТЕКСТА

Зада́ние 30 Отве́тьте на вопро́сы к те́ксту.

1) Расскажи́те об осо́бенностях ру́сского э́тноса.

2) Найди́те в те́ксте фрагме́нт, в кото́ром расска́зывается о влия́нии византи́йской культу́ры на Дре́внюю Русь. Перечи́слите то, что, по мне́нию а́второв, приобрёл ру́сский наро́д в результа́те э́того.

3) Найди́те в те́ксте отры́вок, в кото́ром расска́зывается о нача́ле освое́ния Росси́ей за́падной культу́ры. К чему́, по мне́нию Бердя́ева, привела́ географи́ческая и истори́ческая «среди́нность» Росси́и?

4) Да́йте определе́ние поня́тию «евра́зи́йство». Назови́те основны́е иде́и тео́рии евра́зи́йства. Каки́е из них остаю́тся актуа́льными для совреме́нного росси́йского о́бщества?

ЯЗЫКОВАЯ РАБОТА

Зада́ние 31

> **Лиши́ться** и **потеря́ть** широко́ употребля́ются с конкре́тными и отвлечёнными существи́тельными, ча́сто по отноше́нию к тому́, кто у́мер, поги́б и т. п.; **утра́тить** употребля́ется преиму́щественно с отвлечёнными существи́тельными, обознача́ющими сво́йство, ка́чество, состоя́ние.

а) Прочита́йте предложе́ния и сравни́те употребле́ние сино́нимов **лиши́ться**, **потеря́ть**, **утра́тить**.

1) **Лиши́вшись** в после́днюю войну́ му́жа и сы́на, вы́дав за́муж дочь, Арши́нцева оста́лась одна́ (*Бабае́вский*).

2) – С тех пор как у́мер Никола́й Миха́йлович, жизнь **потеря́ла** для меня́ вся́кую це́ну (*Че́хов*).

3) Брат Евпра́ксии Васи́льевны был вдов: он **потеря́л** жену́ на второ́й год по́сле сва́дьбы (*Л. Андре́ев*).

4) Адела́ида одна́, ка́жется, из всей компа́нии не **утра́тила** весёлого расположе́ния ду́ха (*Достое́вский*).

5) Лицо́ у него́ похуде́ло, глаза́ **утра́тили** свой я́сный де́тский блеск (*М. Го́рький*).

6) Он переста́л чита́ть газе́ты и **утра́тил** представле́ние о дела́х ми́ра (*Павле́нко*).

б) Переведи́те сле́дующие предложе́ния на ру́сский язы́к.

1）童年时他失去父母后，便去了一家汽车厂做工。

2）由于腐败，政府失去了人民的信任。

3）该法律已于2012年1月1日起失效。

4) 她很粗心，总是丢东西：要么是书包，要么是眼镜，要么是雨伞。

Зада́ние 32

а) От сле́дующих глаго́лов образу́йте фо́рмы проше́дшего вре́мени.

печь	течь	лечь	увле́чь	привле́чь
пости́чь	пренебре́чь	стричь	мочь	повле́чь

б) Раскро́йте ско́бки, поста́вив глаго́л в фо́рме проше́дшего вре́мени.

1) Этот сайт _____ (привле́чь) внима́ние мно́гих спорти́вных коллекционе́ров и про́сто люби́телей спорти́вной исто́рии.

2) Я _____ (пренебре́чь) его́ сове́тами, и мне бы́ло сты́дно.

3) Подожди́ мину́ту, сейча́с я зако́нчу, меня́ _____ (отвле́чь) телефо́нный звоно́к.

4) Я _____ (пересе́чь) грани́цу без осо́бых хлопо́т.

5) Эта исто́рия всех нас немно́го _____ (развле́чь).

6) Я на мину́тку _____ (приле́чь) на крова́ть и не заме́тил, как усну́л.

Зада́ние 33

а) Прочита́йте предложе́ния и сравни́те глаго́лы **объедини́ть** и **соедини́ть**.

1) В Кита́е прожива́ет 56 национа́льностей, кото́рые **объединены́** в большу́ю дру́жную семью́.

2) Учёные двух институ́тов реши́ли **объедини́ть** свои́ уси́лия для разрабо́тки э́той нау́чной пробле́мы.

3) Сего́дня э́ти стра́ны **объединя́ет** совме́стная борьба́ про́тив террори́зма.

4) Он осторо́жно **соедини́л** концы́ проводо́в, и ла́мпочка я́рко вспы́хнула.

5) Это был челове́к, кото́рый удиви́тельным о́бразом **соединя́л** в себе́ тала́нт, глубо́кие зна́ния и порази́тельное трудолю́бие.

6) Кана́л и́мени Москвы́ **соединя́ет** Москву́-реку́ с Во́лгой.

б) Вста́вьте в про́пуски глаго́лы **объедини́ть – объединя́ть** и́ли **соедини́ть – соединя́ть**.

1) Необходи́мо всегда́ _____ тео́рию с пра́ктикой.

2) Интерне́т _____ все уголки́ ми́ра.

3) Нас те́сно _____ о́бщие интере́сы и о́бщие идеа́лы.

4) Мост че́рез ре́ку _____ ме́жду собо́й о́бе ча́сти го́рода.

5) Всех начина́ющих реши́ли _____ в одну́ гру́ппу.

6) _____ на́ши уси́лия, что́бы скоре́е дости́гнуть це́ли!

Зада́ние 34

а) Прочита́йте предложе́ния. Сравни́те глаго́лы **отрица́ть** и **отверга́ть**.

1) Он категори́чески **отрица́ет** своё уча́стие в э́том де́ле.

2) Он **отрица́ет**, что приходи́л сюда́ вчера́.

3) Вы говори́те – нау́ка, нау́ка, а са́ми **отрица́ете** гра́мотность.

4) А́втор статьи́ **отрица́ет** э́ту тео́рию, дока́зывая её несостоя́тельность.

5) Са́нин **отрица́ет** влия́ние книг, он **отверга́ет** вся́кие гипо́тезы, счита́я, что «глу́по» на основа́нии их стро́ить свою́ жизнь.

6) Филосо́фские спо́ры его́ состоя́ли в том, что он **отверга́л** возмо́жность ра́зумом дойти́ до и́стины.

7) Бы́ло бы легкомы́сленно **отверга́ть** предложе́ния сни́зу без до́лжного разбо́ра.

8) 48 голоса́ми про́тив 22 прое́кт **отве́ргнут** и напра́влен на перерабо́тку.

б) Вста́вьте в про́пуски глаго́лы **отрица́ть** и́ли **отверга́ть**.

1) На суде́ уби́йца упо́рно _____ свою́ вину́.

2) Профсою́з _____ усло́вия, предло́женные в свою́ о́чередь фабрика́нтами, и забасто́вка продолжа́лась.

3) Мои́ роди́тели категори́чески _____ э́ти мы́сли и твёрдо и стро́го сказа́ли, что я до́лжен уе́хать домо́й в Москву́ оди́н.

4) _____ по́льзу лека́рств ника́к не сле́дует.

5) Пу́шкина я не _____, напро́тив, сове́тую чита́ть его́ внима́тельнее и ча́ще.

Зада́ние 35

а) Прочита́йте предложе́ния. Обрати́те внима́ние на вы́деленные сочета́ния. Проанализи́руйте значе́ния сочета́ний гру́ппы **до** + **род. п.** и **по** + **вин. п.**

1) Заявле́ния принима́ются **до 1/VI**. 1/VI приёма заявле́ний не бу́дет.
   Заявле́ния принима́ются **по 31/V**. 1/VI приёма заявле́ний не бу́дет.

2) Мы здесь бу́дем **до ию́ля**. В пе́рвых чи́слах ию́ля мы уезжа́ем.
   Де́ти жи́ли в дере́вне **по ию́ль** ме́сяц, **1/VIII** они́ уе́хали.

3) Вплоть **до 2012 го́да** дире́ктором заво́да был И. А. Смирно́в.
   И. А. Смирно́в был дире́ктором заво́да **с 2001 по 2011 год**.

б) Испо́льзуя да́нные све́дения, отве́тьте на вопро́сы.

1) Пе́рвое ноября́ – после́дний день рабо́ты я́рмарки. ➲ До каки́х пор бу́дет рабо́тать я́рмарка?

2) Инжене́ры и сего́дня рабо́тают над улучше́нием констру́кции пассажи́рского самолёта. ➲ До каки́х пор рабо́тают инжене́ры над улучше́нием констру́кции пассажи́рского самолёта?

3) После́дний ме́сяц гастро́лей Большо́го теа́тра в Ки́еве – а́вгуст. ➲ Как до́лго Большо́й теа́тр бу́дет гастроли́ровать в Ки́еве?

4) Когда́ наста́ла глубо́кая ночь, де́вушка закры́ла кни́гу. ➲ До каки́х пор де́вушка чита́ла?

5) В понеде́льник он зако́нчит свои́ о́пыты. ➲ До́лго ли ещё он бу́дет проводи́ть о́пыты?

ДИСКУССИЯ

Зада́ние 36 Как вы ду́маете, почему́ у большинства́ ру́сских фило́софов, оказа́вшихся по́сле револю́ции 1917 го́да за грани́цей, появи́лась потре́бность поня́ть ру́сскую исто́рию и хара́ктер наро́да? Как вы ду́маете, возмо́жно ли э́то сде́лать, живя́ вдали́ от ро́дины? Почему́ вы так счита́ете?

Зада́ние 37 Разделя́ете ли вы мне́ние Ключе́вского и други́х мысли́телей о том, что ми́ссия Росси́и состои́т в своеобра́зном посре́дничестве ме́жду европе́йской и азиа́тской цивилиза́циями? Поясни́те свою́ то́чку зре́ния. Обсуди́те э́ту пробле́му в гру́ппе.

Зада́ние 38 Приходи́лось ли вам ста́лкиваться с непонима́нием, свя́занным с неве́рным представле́нием о Кита́е и кита́йцах? Расскажи́те об э́том. Проведи́те диску́ссию о том, как кита́йцы отно́сятся к иностра́нцам и как иностра́нцы (ру́сские, наприме́р) к кита́йцам?

Зада́ние 39

a) Найди́те информа́цию в Интерне́те и́ли самостоя́тельно проведи́те опро́с о том, каки́е существу́ют стереоти́пы о Росси́и среди́
- кита́йских студе́нтов с други́х факульте́тов;
- студе́нтов из Коре́и, Япо́нии, Монго́лии;
- студе́нтов из За́падной Евро́пы.

б) Сопоста́вьте их мне́ния и подгото́вьте небольшу́ю заме́тку на те́му «**Росси́я: Восто́к и́ли За́пад**» *(В представле́нии иностра́нца, напр. япо́нца, кита́йца, коре́йца, англича́нина, францу́за, поля́ка и т. п.).*

Зада́ние 40 В нача́ле XX ве́ка в Кита́е происходи́ли горя́чие деба́ты о пути́ разви́тия страны́: Чэнь Дусю́ счита́л, что совреме́нная за́падная цивилиза́ция представля́ет собо́й наибо́лее передову́ю и что Кита́й до́лжен идти́ по пути́ за́падной цивилиза́ции; Лян Шуми́н призыва́л развива́ть страну́ за счёт возрожде́ния национа́льной культу́ры. Како́й вы ви́дите свою́ страну́ че́рез 20-30 лет?

Зада́ние 41 Лян Цича́о, кита́йский реформа́тор, призыва́л молодёжь учи́ться у За́пада и в то же вре́мя сохрани́ть свою́ культу́ру. Прочита́йте его́ слова́ и вы́скажите своё мне́ние.

所以我希望我们可爱的青年，第一步，要人人存一个尊重爱护本国文化的诚意；第二步，要用那西洋人研究学问的方法去研究他，得他的真相；第三步，把自己的文化综合起来，还拿别人的补助他，叫他起一种化合作用，成了一个新文化系统；第四步，把这新系统往外扩充，叫人类全体都得着他好处。我们人数居全世界人口四分之一，我们对于人类全体的幸福，该负四分之一的责任。不尽这责任，就是对不起祖宗，对不起同时的人类，其实是对不起自己。 （梁启超）

Зада́ние 42 Напиши́те сочине́ние на одну́ из тем:

1) «Моё пе́рвое заграни́чное путеше́ствие»;

2) «По како́му пути́ идти́ Кита́ю».

III ЛЕКСИКО-СТИЛИСТИЧЕСКАЯ РАБОТА

■ «говори́ть» с приста́вками

Зада́ние 43 Прочита́йте предложе́ния. Определи́те значе́ния вы́деленных глаго́лов и сопоста́вьте их.

1) Снача́ла ребя́та стесня́лись и молча́ли, а пото́м **разговори́лись**.

2) Начался́ интере́сный разгово́р, ребя́та **заговори́лись** и не заме́тили, как прошло́ вре́мя.

3) Они́ до́лго говори́ли друг с дру́гом и не могли́ **наговори́ться**.

4) Он **оговори́лся**, сказа́в, что поэ́т роди́лся в 1830 году́; на са́мом де́ле он роди́лся в 1930 году́.

5) В тот ве́чер он был сли́шком разгово́рчив и **проговори́лся**, вы́дав на́шу о́бщую та́йну.

Зада́ние 44 Зако́нчите предложе́ния, употребля́я да́нные глаго́лы в ну́жной фо́рме: **оговори́ться, проговори́ться, разговори́ться, заговори́ться, наговори́ться**.

1) Мой брат о́чень стесни́тельный и в незнако́мой компа́нии ему́ тру́дно ....

2) Вы удивля́етесь, что её до́лго нет? Она́ лю́бит поговори́ть, наве́рное, опя́ть с ке́м-нибудь ....

3) Они́ до́лго не ви́делись, и хотя́ проговори́ли весь ве́чер, так и не ...

4) Пе́ред выступле́нием студе́нт си́льно волнова́лся, поэ́тому во вре́мя докла́да не́сколько раз ....

5) Он сли́шком разгово́рчив и всегда́ мо́жет ...

Зада́ние 45 Определи́те и сопоста́вьте значе́ния вы́деленных глаго́лов. Обрати́те внима́ние на то, что глаго́лы с части́цей **-ся** и без неё части́цы передаю́т ра́зное значе́ние.

1) Он **заговори́л** ти́хим го́лосом.

   Сестра́ **заговори́лась** и забы́ла о теа́тре.

2) Ле́ктор не успе́л **договори́ть**, как послы́шались аплодисме́нты.

   На собра́нии **договори́лись** о проведе́нии фо́рума.

3) Они́ **проговори́ли** це́лый ве́чер.

Я чуть не **проговори́лся** о том, о чём обеща́л молча́ть.

4) Его́ **уговори́ли** спеть что́-нибудь.

Они́ **уговори́лись** не вспомина́ть ста́рого.

5) Она́ была́ чём-то расстро́ена и **наговори́ла** мно́го ли́шнего.

Никто́ не меша́л, и они́ **наговори́лись** вдо́воль.

6) Аспира́нт отказа́лся выступа́ть на ве́чере, **отговори́лся** за́нятостью.

Бра́та **отговори́ли** от пое́здки на юг.

7) Его́ напра́сно **оговори́ли**, он че́стный челове́к.

Докла́дчик сра́зу **оговори́лся**, что не смо́жет рассмотре́ть всю пробле́му в це́лом, а коснётся лишь одно́й, о́чень ва́жной стороны́ да́нной пробле́мы.

8) Когда́ я вошёл, профе́ссор **разгова́ривал** по телефо́ну.

Снача́ла он то́лько отвеча́л на вопро́сы, а пото́м **разговори́лся** и рассказа́л мно́го интере́сного.

Зада́ние 46 Зако́нчите предложе́ния, употребля́я слова́, да́нные в ско́бках, и оди́н из сле́дующих глаго́лов: **заговори́ться**, **отговори́ть**, **проговори́ть**, **проговори́ться**, **заговори́ть**, **наговори́ться**, **оговори́ться**, **договори́ть**, **договори́ться**.

1) Они́ совсе́м не говори́ли о но́вом спекта́кле, а мы ... (весь ве́чер).

2) Ребя́та увлекли́сь разгово́ром о предстоя́щем турпохо́де, но всё вре́мя по́мнили о том, что ве́чером у них трениро́вка, а мы ... (и забы́ть о трениро́вке).

3) У нас не́ было вре́мени, мы то́лько перебро́сились двумя́ слова́ми, а они́ ... (вдо́воль).

4) Он пра́вильно назва́л коли́чество свои́х ученико́в, а я ... (по рассе́янности).

5) Рассерди́вшись, он оборва́л свою́ речь на середи́не, а я ... (до конца́).

6) Я так и не вступи́л в разгово́р, а она́ ... (пе́рвая).

7) Я убеди́л своего́ бра́та пое́хать отдыха́ть в Крым, а друзья́ ... (э́та пое́здка).

8) Они́ так и не реши́ли, кто из них пойдёт за биле́тами, а мы ... (пойти́ вме́сте).

9) Я никому́ не сказа́л о на́шей иде́е, а мой друг ... (случа́йно).

Зада́ние 47 Измени́те да́нные предложе́ния таки́м о́бразом, что́бы в них мо́жно бы́ло употреби́ть глаго́л **говори́ть** с ра́зными приста́вками.

1) Ей тру́дно бы́ло нача́ть разгово́р пе́рвой.

2) Больно́го ребёнка не могли́ заста́вить вы́пить лека́рство.

3) На совеща́нии пришли́ к реше́нию по вопро́су торго́вли ме́жду стра́нами.

4) Оте́ц ошибся, сказа́в, что уезжа́ет сего́дня: он уезжа́ет за́втра.

5) Е́сли вы вы́берете для обсужде́ния интере́сную те́му, то постепе́нно в разгово́р включа́тся все, да́же са́мые молчали́вые.

6) Не перебива́йте собесе́дника, да́йте ему́ зако́нчить свою́ мысль.

7) Е́сли брат реши́л что́-нибудь сде́лать, его́ невозмо́жно убеди́ть не де́лать э́того.

8) Впечатле́ний по́сле ле́тнего о́тдыха бы́ло так мно́го, что они́ до́лго не могли́

закончить разговор.

Задание 48 Вставьте в пропуски глагол **говорить** с разными приставками.

1) Мой друг торопился, но мы всё-таки _____ его выпить стакан чаю.

2) Как только _____ о спорте, все оживились и _____.

3) Родители _____ его от поездки в Крым.

4) Они _____ каждую неделю писать друг другу письма.

5) Подруги _____ и проехали свою остановку.

6) Я поправил брата, потому что он, видимо, _____, неправильно назвав год рождения А. Блока.

7) Не шумите, дайте выступающему _____ до конца.

8) Раздражённый человек может _____ грубостей.

9) Настоящему другу можно доверить всё, он никогда никому не _____.

10) Вы очень увлечены разговором. Когда _____, приходите слушать музыку.

2

■ «менять» с приставками

Задание 49

а) Прочитайте предложения. Сопоставьте значения глаголов **сменить – сменять** (*кого - что*) и **заменить – заменять** (*кого*).

1) Его дежурство продолжалось обычно до восьми часов, а в восемь часов его **сменяли.**

   Замените меня на некоторое время, я должен срочно позвонить.

2) Подождите меня, через пятнадцать минут кончается моя смена, в пять часов меня должны **сменить.**

   Наш участковый врач был в отпуске, и его временно **заменял** другой.

3) К кассе подходили люди. Вот подошёл старичок, его **сменила** девушка, потом военный.

   Он почувствовал себя плохо, и я его тут же **заменил.**

4) Пока болел наш преподаватель, его **заменял** другой.

   В интернате до двух часов с детьми занимаются учителя, а в два часа их **сменяют** воспитатели.

5) Одно поколение **сменяет** другое.

6) Тёплая весна **сменила** снежную и в то же время морозную зиму,

7) У детей часто слёзы **сменяет** смех.

б) Измените данные предложения таким образом, чтобы в них можно было употребить глаголы **сменить – сменять, заменить – заменять.**

1) Директора завода вызвали на совещание в другой город, и в это время все

вопро́сы реша́л за него́ гла́вный инжене́р.

2) По́сле жа́ркого ду́шного дня наступи́ла така́я же ду́шная ночь.

3) Из-за боле́зни актри́сы спекта́кль пришло́сь отмени́ть, так как никто́ не мог игра́ть вме́сто неё.

4) По́сле эпо́хи освое́ния атмосфе́ры начала́сь эпо́ха освое́ния косми́ческого простра́нства.

5) Центра́льный напада́ющий получи́л тра́вму, и вме́сто него́ на по́ле вы́шел молодо́й футболи́ст.

6) На радиоста́нции дежу́рили по о́череди все чле́ны экспеди́ции: снача́ла нача́льник экспеди́ции, пото́м метеоро́лог Серге́ев, а по́сле него́ са́мый молодо́й член экспеди́ции био́лог Воло́дин.

Зада́ние 50 Прочита́йте предложе́ния и запо́мните, что вы́деленные глаго́лы в сочета́ниях с не́которыми существи́тельными име́ют бли́зкие значе́ния и мо́гут свобо́дно заменя́ть друг дру́га.

1) По́сле до́лгих спо́ров он **измени́л (перемени́л)** свою́ то́чку зре́ния: по́нял, что был не прав.

2) Врач посове́товал отцу́ **измени́ть (перемени́ть)** о́браз жи́зни: бо́льше дви́гаться, ча́ще быва́ть на во́здухе.

3) Начался́ си́льный шторм, и кора́бль **измени́л (перемени́л)** свой курс: поверну́л к бе́регу.

4) Враг **измени́л (перемени́л)** свою́ та́ктику: уже́ не́сколько дней не́ было ни одно́й ата́ки.

Зада́ние 51 Прочита́йте предложе́ния. Обрати́те внима́ние, что глаго́лы **перемени́ть – меня́ть** и **измени́ть – изменя́ть** здесь име́ют ра́зные значе́ния.

1) Они́ **перемени́ли** кварти́ру и живу́т тепе́рь далеко́ от нас.
Но́вые обо́и соверше́нно **измени́ли** на́шу кварти́ру: она́ ста́ла просто́рнее и светле́е.

2) Брат **перемени́л** ме́сто рабо́ты.
Молоды́е дере́вья за ле́то разросли́сь и **измени́ли** парк до неузнава́емости.

Зада́ние 52 Измени́те да́нные предложе́ния таки́м о́бразом, что́бы в них мо́жно бы́ло употреби́ть глаго́лы **измени́ть** и́ли **перемени́ть**. Укажи́те слу́чаи, где возмо́жны вариа́нты.

1) Тепе́рь брат рабо́тает в друго́м ме́сте.

2) Вы́йдя за́муж, она́ взяла́ фами́лию му́жа.

3) Он повзросле́л, и тепе́рь у него́ друго́е отноше́ние к заня́тиям в институ́те.

4) Дом отремонти́ровали, покра́сили, и тепе́рь он име́ет совсе́м друго́й вид.

5) Мы хоти́м сде́лать жизнь ещё лу́чше, ещё интере́снее.

6) По́сле того́ как в раство́р доба́вили кислоты́, он стал друго́го цве́та.

7) Он учи́лся в одно́м институ́те, а пото́м перешёл в друго́й.

8) В э́том году́ во всех гру́ппах друго́е расписа́ние заня́тий.

Зада́ние 53 Отве́тьте на вопро́сы, употребля́я в отве́тах глаго́лы **измени́ть**, **измени́ться**, **перемени́ть**, **перемени́ться**, а та́кже слова́, да́нные в ско́бках.

1) Вы по-пре́жнему крити́чески отно́ситесь к карти́нам э́того молодо́го худо́жника? (то́чка зре́ния)

2) Неуже́ли и по́сле всего́ пережи́того им, он тако́й же за́мкнутый? (хара́ктер)

3) Вы не по́мните, ка́жется, сцена́рий начина́лся не так, как кинофи́льм? (нача́ло)

4) Э́тим ле́том вы плы́ли на байда́рках по той же реке́, что и в про́шлом году́? (маршру́т)

5) Самолёт во Владивосто́к, как и в про́шлом году́, вылета́ет в шесть часо́в утра́? (расписа́ние)

6) На ста́рших ку́рсах изуча́ют произведе́ния тех же писа́телей, что и в про́шлые го́ды? (програ́мма)

7) Больно́й всё в том же состоя́нии? (состоя́ние)

Зада́ние 54 Прочита́йте предложе́ния. Определи́те значе́ния вы́деленных глаго́лов.

1) Костю́м у́зок в плеча́х, придётся пойти́ **обменя́ть**.

2) В любо́м ба́нке Росси́и вы мо́жете **обменя́ть** иностра́нную валю́ту на росси́йскую.

3) Сло́манные часы́ мо́жно не ремонти́ровать, а **обменя́ть** на други́е.

4) Стра́ны, входя́щие в ШОС, постоя́нно **обме́ниваются** информа́цией в ра́зных областя́х.

5) В бесе́де, кото́рая проходи́ла в дру́жественной обстано́вке, представи́тели обе́их стран **обменя́лись** мне́ниями по вопро́сам эконо́мики.

6) – Вы не **разменя́ете** мне сто рубле́й? – Да, пожа́луйста, **разменя́ю**.

7) Вчера́ из-за си́льного моро́за **отмени́ли** соревнова́ния.

8) В институ́те грудно́й хиру́ргии **применя́ют** но́вые ме́тоды лече́ния се́рдца.

Зада́ние 55 Вста́вьте в про́пуски глаго́л **меня́ть** с ра́зными приста́вками. Укажи́те, где возмо́жны вариа́нты.

1) Ле́кцию по литерату́ре в связи́ с боле́знью профе́ссора _____ ле́кцией по исто́рии.

2) Тру́дно пове́рить, что в пятьдеся́т лет челове́к мо́жет _____ профе́ссию.

3) Вчера́ по телеви́дению _____ пока́з кинофи́льма из-за междунаро́дного хокке́йного ма́тча.

4) Мы встре́тились пе́ред ле́кцией, но не разгова́ривали, а то́лько _____ приве́тствиями.

5) Врач посове́товал больно́му _____ режи́м дня.

6) Он уже́ _____ три па́ры лыж и всё ему́ не нра́вились.

7) Кто мо́жет _____ пятьдеся́т юа́ней?

8) Отéц óчень мнóго знал и, мóжно сказáть, _____ мне энциклопéдию.

9) Мнóгие совéтские юноши и дéвушки в 1941 годý _____ шкóльную фóрму на воéнную гимнастёрку и отпрáвились на фронт.

10) Он пошёл в библиотéку _____ книги.

Задáние 56 Переведи́те слéдующие предложéния на рýсский язы́к.

1) 我们的化学老师生病期间，校长亲自代他上课。

2) 中国的快速发展在很大程度上改变了国际关系的格局。

3) 由于天气原因，游览长城的活动取消了。

4) 冬去春来。

5) 你没有变，还像十年前那么精神。

6) 我们两校每年都互派大学生、研究生和进修生。

 ДЕЛОВЫЕ БУМАГИ

Как писáть приглашéние?

Письмó-приглашéние – э́то приглашéние на какóе-то мероприя́тие: юбилéй, банкéт, конферéнцию, вы́ставку, встрéчу, концéрт, благотвори́тельный вéчер, семинáр, совещáние и т.п.

Текст приглашéния дóлжен содержáть чёткую и конкрéтную информáцию о дáте и мéсте проведéния торжествá. Письмó мóжет быть адресóвано как одномý лицý (обращéние «Уважáемый..!»), так и нéскольким одноврéменно (напримéр, «Уважáемые дáмы и господá!»).

Образцы

1

Уважáемый × × ×

Генерáльный секретáрь Шанхáйской организáции сотрýдничества М. С. Иманáлиев имéет честь пригласи́ть Вас на приём в честь Дня ШОС, котóрый состои́тся в зáле ВС гости́ницы Кемпи́нски 15 июня 2013 гóда с 18:00 — 20:00.

С уважéнием,

8 июня 2013 г.

2

24 февраля́ 2013 г.

Уважа́емая госпожа́ Воронцо́ва!

Приглаша́ем Вас на конце́рт «Все Звёзды для Люби́мой», посвящённый Дню 8 Ма́рта, кото́рый состои́тся 06 ма́рта 2013 го́да в 19.00 в Госуда́рственном Кремлёвском Дворце́.

С уваже́нием,

руководи́тель компа́нии ООО «Ла́вина»

Ваби́лов Серге́й Ива́нович

3

Дороги́е выпускники́ шко́лы, уважа́емые роди́тели!

Приглаша́ем Вас на пра́зднование 60-ле́тия Сре́дней общеобразова́тельной шко́лы №20, кото́рое состои́тся 14 декабря́ 2012 го́да в До́ме культу́ры железнодоро́жников, ул. Гага́рина, 29. Нача́ло торже́ственной ча́сти в 18:30.

С уваже́нием,

Администра́ция шко́лы

4

Дорого́й друг!

Приглаша́ем тебя́ на церемо́нию бракосочета́ния, кото́рая состои́тся 16 апре́ля 2013 го́да. Торжество́ пройдёт в рестора́не «Ки́ев».

Анна и Андре́й

10 апре́ля 2013 г.

Зада́ние 57 Организа́ция, в кото́рой вы рабо́таете, устра́ивает банке́т в честь росси́йской делега́ции. Напиши́те по э́тому слу́чаю письмо́-приглаше́ние.

Зада́ние 58 Соста́вьте текст приглаше́ния на нау́чную конфере́нцию, кото́рая ско́ро состои́тся в ва́шем университе́те.

Зада́ние 59 Пригласи́те свои́х бли́зких и друзе́й на како́й-то пра́здник и́ли юбиле́й.

V ДОПОЛНИТЕЛЬНЫЙ ТЕКСТ

Культу́ра как це́лостная среда́

Ру́сская культуросфе́ра одна́ спосо́бна убеди́ть ка́ждого образо́ванного челове́ка в том, что он име́ет де́ло с вели́кой культу́рой, вели́кой страно́й и вели́ким наро́дом.

Сейча́с вновь вошли́ в мо́ду иде́и так называ́емого еврази́йства. Я писа́л положи́тельные о́тзывы на ру́кописи тала́нтливейшего исто́рика-фанта́ста еврази́йца Л. Н. Гумилёва, писа́л предисло́вия к его́ кни́гам, помога́л в защи́те диссерта́ции. Но всё э́то не потому́, что соглаша́лся с ним, я для того́, что́бы его́ печа́тали. Когда́ речь идёт о пробле́мах экономи́ческого взаимоде́йствия и цивилизо́ванного сотру́дничества Евро́пы и Азии, иде́я еврази́йства вы́глядит прие́млемой. Одна́ко когда́ сего́дняшние «еврази́йцы» выступа́ют с утвержде́нием не́коего «тура́нского» нача́ла ру́сской культу́ры и исто́рии, они́ уво́дят нас в о́бласть весьма́ сомни́тельных фанта́зий и, в су́щности, о́чень бе́дной мифоло́гии, направля́емой бо́льше эмо́циями, чем нау́чными фа́ктами, исто́рико-культу́рными реа́лиями и про́сто до́водами рассу́дка.

Еврази́йство как не́кое иде́йное тече́ние возни́кло в среде́ ру́сской эмигра́ции в 20-х года́х и разви́лось с нача́лом изда́ния «Еврази́йского временника́». Ущемлённая в своём национа́льном чу́встве часть ру́сских мысли́телей-эмигра́нтов соблазни́лась лёгким реше́нием сло́жных и траги́ческих вопро́сов ру́сской исто́рии, провозгласи́в Росси́ю осо́бым органи́змом, осо́бой террито́рией, ориенти́рованной гла́вным о́бразом на Восто́к, на Азию, а не на За́пад. Отсю́да был сде́лан вы́вод, бу́дто европе́йские зако́ны не для Росси́и пи́саны и за́падные но́рмы и це́нности для неё во́все не годя́тся.

Ме́жду тем азиа́тское нача́ло в ру́сской культу́ре лишь чу́дится. Мы нахо́димся ме́жду Евро́пой и Азией то́лько географи́чески. Если смотре́ть на Росси́ю с За́пада, то мы, коне́чно, нахо́димся на Восто́ке и́ли, по кра́йней ме́ре, ме́жду Восто́ком и За́падом. Но ведь францу́зы ви́дели и в Герма́нии Восто́к, а не́мцы в свою́ о́чередь усма́тривали Восто́к в По́льше.

В свое́й культу́ре Росси́я име́ла чрезвыча́йно ма́ло со́бственно восто́чного. Восто́чного влия́ния нет в на́шей жи́вописи. В ру́сской литерату́ре прису́тствует не́сколько заи́мствованных восто́чных сюже́тов, но э́ти восто́чные сюже́ты, как э́то ни стра́нно, пришли́ к нам из Евро́пы – с За́пада и́ли Юга.

Для Росси́и, да и для Евро́пы (Испа́нии, Се́рбии, Ита́лии, Ве́нгрии), гора́здо бо́льшее значе́ние име́ло противостоя́ние Юга и Се́вера, чем Восто́ка и За́пада.

С ю́га, из Византи́и и Болга́рии, пришла́ на Русь духо́вная европе́йская культу́ра, а с се́вера друга́я язы́ческая дружи́нно-кня́жеская вое́нная культу́ра – Скандина́вии. Русь есте́ственнее бы́ло бы назва́ть Скандовизанти́ей, не́жели Евра́зией.

Для существова́ния и разви́тия настоя́щей, большо́й культу́ры в о́бществе должна́ нали́чествовать высо́кая культу́рная осведомлённость, бо́лее того́ – культу́рная среда́, среда́, владе́ющая не то́лько национа́льными культу́рными це́нностями, но и це́нностями, принадлежа́щими всему́ челове́честву.

Европе́йская культу́ра – культу́ра общечелове́ческая. И мы, принадлежа́щие к культу́ре Росси́и, должны́ принадлежа́ть общечелове́ческой культу́ре че́рез принадле́жность и́менно к культу́ре европе́йской.

Мы должны́ быть ру́сскими европе́йцами, е́сли хоти́м поня́ть духо́вные и культу́рные це́нности А́зии и анти́чности.

Преодолева́я в себе́ э́ту национа́льную закомплексо́ванность спра́ва и сле́ва, мы должны́ реши́тельно отве́ргнуть попы́тки уви́деть спасе́ние на́шей культу́ры исключи́тельно в на́шей геогра́фии, исключи́тельно в по́исках прикладны́х геополити́ческих приорите́тов, обусло́вленных на́шим пограни́чным положе́нием ме́жду А́зией и Евро́пой, в убо́гой идеоло́гии евразийства.

На́ша культу́ра, ру́сская культу́ра и культу́ра росси́йских наро́дов, – европе́йская, универса́льная культу́ра; культу́ра, изуча́ющая и усва́ивающая лу́чшие сто́роны всех культу́р челове́чества.

Конце́пция Достое́вского об универса́льности, общечелове́чности ру́сских верна́ лишь в том отноше́нии, что мы бли́зки к остально́й Евро́пе, облада́ющей как раз э́тим ка́чеством общечелове́чности и одновреме́нно позволя́ющей сохрани́ть со́бственное национа́льное лицо́ ка́ждому наро́ду.

На́ша перве́йшая и насу́щная зада́ча сего́дня – не дать осла́бнуть э́той европе́йской общечелове́чности ру́сской культу́ры и посильно поддержа́ть равноме́рное существова́ние всей на́шей культу́ры как еди́ного це́лого.

По Д. С. Лихачёву

Ру́сские посло́вицы и погово́рки

Там хорошо́, где нас нет.
От добра́ добра́ не и́щут.
Худа́ та пти́ца, кото́рой гнездо́ своё не ми́ло.

УРОК 4

ОТЗЫВЧИВОСТЬ

I ВВЕДЕНИЕ В ТЕМУ

Отзы́вчивость – одно́ из важне́йшнх для ли́чности человéка кáчеств. Её воспи́тывают с рáннего дéтства. Когдá ребёнок плáчет, мать берёт его́ нá руки, отзывáется на его́ про́сьбу, т.е. проявля́ет отзы́вчивость. Так ребёнок впервы́е стáлкивается с э́тим кáчеством, обучáется ему́. Психо́логи установи́ли, что у детéй, кото́рых мать бралá нá руки чéрез значи́тельное врéмя, и́ли вообщé игнори́ровала

ну́жды ребёнка, у́ровень агресси́вности в дальнéйшей жи́зни был вы́ше относи́тельно други́х детéй. В течéние жи́зни такóй ребёнок путём получéния образовáния мóжет смягчи́ть негати́вные ли́чностные чéрты, свя́занные с игнори́рованием его́ мáтерью, но всё равно́ он не всегдá приобретáет доброту́ и сердéчность в отношéнии други́х людéй. Гдé-то глубоко́ в душé человéк с такóй трáвмой (а ну́жно говори́ть и́менно о трáвме) про́сто не мóжет повéрить, что другóй мóжет быть дóбрым по отношéнию к нему́.

С другóй стороны́, вáжно учи́тывать влия́ние о́бщества. Потéря э́того кáчества объясни́ма стреми́тельным о́бразом жи́зни информацио́нного о́бщества. В погóне за свои́ми цéлями, мы обесцéниваем то, что не прино́сит ви́димый результáт пря́мо сейчáс. Нам лу́чше закры́ться в зáмке равноду́шия, чем приня́ть приглашéние прося́щего, войти́ в его́ мир, поня́ть его́ проблéму. Мы не всегдá знáем, что дéлать с бóлью другóго человéка, избегáем её.

▮ Но́вые словá

отзы́вчивость	同情心
отозвáться, *отзову́сь, отзовёшься*; -áлся, -лáсь, -лось *сов.* // отзывáться *несов.*	
	应声，回答；评论
игнори́ровать *сов и несов.* (*кого́-что*)	
	忽略，忽视，不理
агресси́вность	侵略性
относи́тельно	比较；(*кого́-чего́*) 关于，对于

смягчи́ть, -чу́, -чи́шь *сов.* // смягчáть *несов.*	
(*что*)	使柔软，使柔韧；减轻
сердéчность	诚挚
трáвма	损伤，外伤，创伤
обесцéнить *сов.* // обесцéнивать *несов.* (*что*)	
	使丧失价值

Зада́ние 1 Отве́тьте на вопро́сы.

1) Когда́ челове́к впервы́е в жи́зни ста́лкивается с отзы́вчивостью?

2) К каки́м негати́вным после́дствиям мо́жет привести́ игнори́рование ма́терью нужд ребёнка?

3) Чем мо́жно объясни́ть коллекти́вную поте́рю отзы́вчивости в о́бществе?

Зада́ние 2 Что вы понима́ете под «отзы́вчивостью»? Како́го челове́ка вы счита́ете отзы́вчивым? Приведи́те приме́ры из своего́ ли́чного о́пыта.

 **ТЕКСТЫ**

■ НЕМНОГО О ПИСАТЕЛЕ И ПРОИЗВЕДЕНИИ

Алекса́ндр Ива́нович Купри́н (1870–1938гг.) – ру́сский писа́тель. Роди́лся в семье́ ме́лкого чино́вника. Отца́ он не по́мнил. Когда́ оте́ц у́мер, бу́дущему писа́телю бы́ло о́коло го́да. Де́тские го́ды Куприна́ прошли́ в Москве́ в сиро́тском до́ме. Зате́м вое́нное учи́лище, офице́рская слу́жба в а́рмии.

А. Купри́н – челове́к широ́кой, до́брой, отзы́вчивой души́. Он прояви́л глубо́кую симпа́тию к трудовы́м низа́м о́бщества. В тво́рчестве Куприна́ отрази́лась жизнь во всём её бесконе́чном разнообра́зии. Среди́ его́ геро́ев проститу́тки, солда́ты, во́ры, шпио́ны, арти́сты, кло́уны, писа́тели, рабо́чие, рыбаки́. Мно́гие его́ произведе́ния автобиографи́чны, мно́гие опи́сывают слу́чаи, свиде́телем кото́рых он был. К таки́м мо́жно отнести́ и расска́з «Чуде́сный до́ктор» (1897).

Зада́ние 3 Прочита́йте кра́ткую спра́вку об А. И. Куприне́. С каки́ми его́ произведе́ниями вы уже́ знако́мы? Найди́те в Интерне́те дополни́тельную информа́цию о писа́теле.

Текст 1. Чуде́сный до́ктор

Сле́дующий расска́з не есть плод вы́мысла. Всё опи́санное мно́ю действи́тельно произошло́ в Ки́еве лет о́коло тридцати́ тому́ наза́д и до сих пор сохраня́ется в сердца́х чле́нов семьи́, о кото́рой пойдёт речь. Я, со свое́й стороны́, лишь измени́л имена́ не́которых де́йствующих лиц э́той тро́гательной исто́рии да прида́л у́стному расска́зу письменную форму.

– Гриш, а Гриш! Гляди-ка, поросёнок-то... Смеётся... Да-а. А во рту-то у него!.. Смотри, смотри... травка во рту, травка!.. Вот штука-то!

И двое мальчиков, стоящих перед огромным окном гастрономического магазина, принялись неудержимо хохотать, толкая друг друга в бок локтями. Они уже более пяти минут стояли перед этой великолепной выставкой, возбуждавшей в одинаковой степени их умы и желудки. Здесь, освещённые ярким светом висящих ламп, стояли целые горы красных крепких яблок и апельсинов; протянулись на блюдах огромные копчёные и маринованные рыбы... Глядя на бесчисленное множество баночек и коробочек с солёными, варёными и копчёными закусками, оба мальчика на минуту забыли о морозе и о важном поручении, возложенном на них матерью.

Старший мальчик первый оторвался от великолепной картины. Он дёрнул брата за рукав и произнёс сурово:

– Ну, Володя, идём, идём... Нечего тут...

Бросив последний влюблённо-жадный взгляд на гастрономическую выставку (старшему из них было только десять лет, и к тому же оба с утра ничего не ели, кроме пустых щей), мальчуганы торопливо побежали по улице. Иногда сквозь запотевшие окна какого-нибудь дома они видели ёлку, а иногда слышали даже звуки весёлой музыки...

По мере того как шли мальчики, всё малолюднее и темнее становились улицы. Прекрасные магазины, новогодние ёлки, весёлый гул разговоров, смеющиеся лица нарядных дам – всё осталось позади. Потянулись пустыри, кривые, узкие переулки... Наконец они достигли ветхого дома; низ его – собственно подвал – был каменный, а верх – деревянный. Обойдя тесным и грязным двором, они спустились вниз, в подвал, прошли в темноте общим коридором, отыскали ощупью свою дверь и отворили её.

Уже более года жили Мерцаловы в этом подземелье. Оба мальчугана давно успели привыкнуть и к этим сырым стенам, и к протянутой через комнату верёвке, и к этому ужасному запаху детского грязного белья – к настоящему запаху нищеты. Но сегодня, после всего, что они видели на улице, после этой праздничной атмосферы, которую они чувствовали повсюду, их маленькие детские сердца сжались от острого, недетского страдания. В углу, на грязной широкой постели, лежала девочка лет семи; её лицо горело, дыхание было коротко и затруднительно, широко раскрытые блестящие глаза смотрели пристально и бесцельно. Рядом с постелью в колыбели кричал грудной ребёнок. Высокая, худая женщина, с усталым, почерневшим от горя лицом, стояла на коленях около больной девочки, поправляя ей подушку и в то же время не забывая подглядывать за ребёнком в колыбели. Когда мальчики вошли в подва́л, же́нщина оберну́ла наза́д своё встрево́женное лицо́.

– Ну? Что же? – спроси́ла она́ нетерпели́во.

Ма́льчики молча́ли. То́лько Гри́ша шу́мно вы́тер нос рукаво́м своего́ пальто́, переде́ланного из ста́рого ва́тного хала́та.

– Отнесли́ вы письмо́?.. Гри́ша, я тебя́ спра́шиваю, отда́л ты письмо́?

– Отда́л, – отве́тил си́плым от моро́за го́лосом Гри́ша.

– Ну, и что же? Что ты ему́ сказа́л?

– Да всё, как ты учи́ла. Вот, говорю́, от Мерца́лова письмо́, от ва́шего бы́вшего управля́ющего. А он нас обруга́л: «Убира́йтесь вы, говори́т, отсю́да...»

– Да кто же э́то? Кто же с ва́ми разгова́ривал?..

– Швейца́р разгова́ривал... Кто же ещё? Я ему́ говорю́: «Возьми́те, дя́денька, письмо́, переда́йте, а я здесь внизу́ отве́та подожду́». А он говори́т: «Есть у ба́рина вре́мя ва́ши пи́сьма чита́ть...»

– Ну, а ты?

– Я ему́ всё, как ты учи́ла, сказа́л: «Есть, мол, не́чего... Машу́тка больна́... помира́ет...» Говорю́: «Как па́па ме́сто найдёт, так поблагодари́т вас, Саве́лий Петро́вич, поблагодари́т». Ну, а в э́то вре́мя звоно́к как зазвони́т, как зазвони́т, а он нам и говори́т: «Убира́йтесь скоре́е отсю́да к чёрту! Что́бы ду́ху ва́шего здесь не́ бы́ло!..»

Ста́рший ма́льчик вдруг принялся́ озабо́ченно ры́ться в глубо́ких карма́нах своего́ хала́та. Вы́тащив наконе́ц отту́да измя́тый конве́рт, он положи́л его́ на стол и сказа́л:

– Вот оно́, письмо́-то...

Бо́льше мать не расспра́шивала. До́лгое вре́мя в ду́шной ко́мнате слы́шался то́лько крик ребёнка да коро́ткое, ча́стое дыха́ние Машу́тки. Вдруг мать сказа́ла, оберну́вшись наза́д:

– Там борщ есть, от обе́да оста́лся... Мо́жет, пое́ли бы? То́лько холо́дный, – разогре́ть-то не́чем...

В э́то вре́мя в коридо́ре послы́шались чьи́-то неуве́ренные шаги́ и шурша́ние руки́, оты́скивающей в темноте́ дверь. Мать и о́ба ма́льчика – все тро́е да́же побледне́в от напряжённого ожида́ния – оберну́лись в э́ту сто́рону.

Вошёл Мерца́лов. Он был в ле́тнем пальто́, ле́тней шля́пе и без кало́ш. Его́ ру́ки посине́ли от моро́за, глаза́ провали́лись. Он не сказа́л жене́ ни одного́ сло́ва, она́ ему́ не задала́ ни одного́ вопро́са. Они́ по́няли друг дру́га по тому́ отча́янию, кото́рое прочли́ друг у дру́га в глаза́х.

В э́тот ужа́сный, роково́й год несча́стье за несча́стьем насто́йчиво и безжа́лостно сы́пались на Мерца́лова и его́ семью́. Снача́ла он сам заболе́л ти́фом. Пото́м, когда́ он попра́вился, он узна́л, что его́ ме́сто, скро́мное ме́сто управля́ющего до́мом на два́дцать пять рубле́й в ме́сяц, за́нято уже́ други́м... Начала́сь отча́янная

погóня за случáйной рабóтой, за ничтóжным мéстом, залóг вещéй. А тут ещё пошли́ болéть дéти. Три мéсяца томý назáд умерлá однá дéвочка, тепéрь другáя лежи́т в жарý и без сознáния. Елизавéте Ивáновне приходи́лось одновремéнно ухáживать за больнóй дéвочкой, корми́ть грýдью мáленького и ходи́ть почти́ на другóй конéц гóрода в дом, где онá стирáла бельё.

Весь сегóдняшний день был зáнят тем, чтóбы посрéдством нечеловéческих уси́лий вы́жать откýда-нибудь хоть нéсколько копéек на лекáрство Машýтке. С э́той цéлью Мерцáлов обегáл чуть ли не полгóрода, умоля́я и унижáясь повсю́ду; Елизавéта Ивáновна ходи́ла к своéй бáрыне, дéти бы́ли пóсланы с письмóм к томý бáрину, дóмом котóрого управля́л рáньше Мерцáлов... Но всё напрáсно.

Минýт дéсять никтó не мог произнести́ ни слóва. Вдруг Мерцáлов бы́стро подня́лся с сундукá, на котóром он до сих пор сидéл, и подошёл к двери́.

– Кудá ты? – тревóжно спроси́ла Елизавéта Ивáновна.

Мерцáлов, взя́вшийся ужé за рýчку двери́, обернýлся.

– Всё равнó, сидéнием ничегó не помóжешь, – отвéтил он. – Пойдý ещё... Хоть ми́лостыню попрóбую проси́ть.

Вы́йдя на ýлицу, он пошёл бесцéльно вперёд. Он ничегó не искáл, ни на что не надéялся. Им овладéло неудержи́мое желáние бежáть кудá попáло, бежáть без огля́дки, чтóбы тóлько не ви́деть молчали́вого отчáяния голóдной семьи́.

Проси́ть ми́лостыни? Он ужé попрóбовал э́то срéдство сегóдня два рáза. Но в пéрвый раз какóй-то господи́н сказáл емý, что нáдо рабóтать, а не проси́ть, а во вторóй – егó обещáли отпрáвить в поли́цию.

Незамéтно для себя́ Мерцáлов очути́лся в цéнтре гóрода, óколо густóго общéственного сáда. Так как емý пришлóсь всё врéмя идти́ в гóру, то он почýвствовал устáлость. Машинáльно он свернýл в кали́тку и, пройдя́ дли́нную аллéю лип, занесённых снéгом, опусти́лся на ни́зкую садóвую скамéйку.

Тут бы́ло ти́хо и торжéственно. Дерéвья, стоя́вшие в своéй бéлой одéжде, дремáли в неподви́жном вели́чии. Иногдá с вéрхней вéтки срывáлся кусóчек снéга. Глубóкая тишинá и вели́кое спокóйствие вдруг пробуди́ли в душé Мерцáлова нестерпи́мую жáжду такóго же спокóйствия, такóй же тишины́.

«Вот лечь бы и заснýть, – дýмал он, – и забы́ть о женé, о голóдных дéтях, о больнóй Машýтке». Просýнув рýку под жилéт, Мерцáлов нащýпал довóльно тóлстую верёвку, служи́вшую емý пóясом. Мысль о самоуби́йстве совершéнно я́сно встáла в егó головé.

«Чем погибáть мéдленно, так не лýчше ли избрáть бóлее крáткий путь?» Он ужé хотéл встать, чтóбы испóлнить своё стрáшное намéрение, но в э́то врéмя в концé аллéи послы́шались шаги́, отчётливо раздáвшиеся в морóзном вóздухе. Мерцáлов с озлоблéнием обернýлся в э́ту стóрону. Ктó-то шёл по аллéе. Сначáла был ви́ден огонёк то вспы́хивающей, то потухáющей сигáры. Потóм Мерцáлов мáло-помáлу мог разглядéть старикá небольшóго рóста, в тёплой шáпке, меховóм пальтó и высóких калошах. Поравнявшись со скамейкой, незнакомец вдруг круто повернул в сторону Мерцалова и, слегка дотрагиваясь до шапки, спросил:

— Вы позволите здесь присесть?

Мерцалов нарочно резко отвернулся от незнакомца и подвинулся к краю скамейки. Минут пять прошло в обоюдном молчании, в продолжение которого незнакомец курил сигару и (Мерцалов это чувствовал) искоса наблюдал за своим соседом.

— Ночка-то какая славная, — заговорил вдруг незнакомец. — Морозно... тихо. Что за прелесть — русская зима!

Голос у него был мягкий, ласковый, старческий. Мерцалов молчал, не оборачиваясь.

— А я вот ребятишкам знакомым подарочки купил, — продолжал незнакомец (в руках у него было несколько свёртков). — Да вот по дороге сделал круг, чтобы садом пройти: очень уж здесь хорошо.

Мерцалов вообще был застенчивым человеком, но при последних словах незнакомца его охватила вдруг отчаянная злоба. Он резким движением повернулся в сторону старика и закричал:

— Подарочки!.. Подарочки!.. Знакомым ребятишкам подарочки!.. А я... а у меня, в настоящую минуту мои ребятишки с голоду дома помирают... Подарочки!.. А у жены молоко пропало, и грудной ребёнок целый день не ел... Подарочки!..

Мерцалов ожидал, что после этих беспорядочных, озлобленных криков старик поднимется и уйдёт, но он ошибся. Старик приблизил к нему своё умное, серьёзное лицо с седыми волосами и сказал дружелюбно, но серьёзным тоном:

— Подождите... не волнуйтесь! Расскажите мне всё по порядку и как можно короче. Может быть, вместе мы придумаем что-нибудь для вас.

В необыкновенном лице незнакомца было что-то до того спокойное и внушающее доверие, что Мерцалов тотчас же, страшно волнуясь и спеша, передал свою историю. Он рассказал о своей болезни, о потере места, о смерти ребёнка, обо всех своих несчастиях, вплоть до нынешнего дня. Незнакомец слушал, не перебивая его ни словом, и только всё пристальнее заглядывал в его глаза, точно желая проникнуть в самую глубину этой наболевшей, возмущённой души. Вдруг он быстрым, совсем юношеским движением вскочил со своего места и схватил Мерцалова за руку. Мерцалов невольно тоже встал.

— Едемте! — сказал незнакомец, увлекая за руку Мерцалова. — Едемте скорее!.. Счастье ваше, что вы встретились с врачом. Я, конечно, ни за что не могу ручаться, но... поедемте!

Минут через десять Мерцалов и доктор уже входили в подвал. Елизавета Ивановна лежала на постели рядом со своей больной дочерью. Мальчишки ели борщ, сидя на тех же местах. Испуганные долгим отсутствием отца и неподвижностью матери, они плакали. Войдя в комнату, доктор скинул с себя пальто и подошёл к Елизавете Ивановне. Она даже не подняла головы при его приближении.

– Ну, полно, полно, голубушка, – заговорил доктор, ласково погладив женщину по спине. – Вставайте-ка! Покажите мне вашу больную.

И точно так же, как недавно в саду, что-то ласковое и убедительное, звучавшее в его голосе, заставило Елизавету Ивановну мигом подняться с постели и исполнить всё, что говорил доктор. Через две минуты Гришка уже растапливал печку дровами, за которыми чудесный доктор послал к соседям. Спустя некоторое время явился и Мерцалов. На три рубля, полученные от доктора, он успел купить за это время чаю, сахару и горячей пищи. Доктор сидел за столом и что-то писал на листе бумажки, который он вырвал из записной книжки. Окончив это занятие и изобразив внизу какой-то своеобразный крючок вместо подписи, он встал, прикрыл написанное чайным блюдечком и сказал:

– Вот с этой бумажкой вы пойдёте в аптеку... давайте через два часа по чайной ложке. Кроме того, хотя бы вашей дочери и сделалось лучше, во всяком случае пригласите завтра доктора Афросимова. Это опытный врач и хороший человек. Я его сейчас же предупрежу. Затем прощайте, господа! Дай бог, чтобы наступающий год немного снисходительнее отнёсся к вам, чем этот, а главное – не падайте никогда духом.

Пожав руки Мерцалову и Елизавете Ивановне, всё ещё находящимся в изумлении, доктор быстро всунул свои ноги в глубокие калоши и надел пальто. Мерцалов опомнился только тогда, когда доктор уже был в коридоре, и кинулся вслед за ним.

Так как в темноте нельзя было ничего разобрать, то Мерцалов закричал наугад:

– Доктор! Доктор, постойте!.. Скажите мне ваше имя, доктор! Пусть хоть мои дети будут за вас молиться!

И он водил в воздухе руками, чтобы поймать невидимого доктора. Но в это время в другом конце коридора спокойный старческий голос произнёс:

– Э! Вот ещё пустяки выдумали!.. Возвращайтесь-ка домой скорей!

Когда он возвратился, его ожидал сюрприз: под чайным блюдцем вместе с рецептом чудесного доктора лежало несколько крупных кредитных билетов...

В тот же вечер Мерцалов узнал и фамилию своего неожиданного благодетеля. На лекарстве чёткою рукою аптекаря было написано: «По рецепту профессора Пирогова».

По А .И. Куприну

■ Но́вые слова́

сиро́тский	孤儿的
офице́рский	军官的
отзы́вчивый	富有同情心的；敏感的 ‖ отзы́вчиво
низ, *о ни́зе, на низу́ (разг.)*	下面，下边；(*то́лько мн.: низы́, -о́в*) 下层，底层；基层
проститу́тка	妓女
автобиографи́чный	自传体的，自述性的
вы́мысел	虚构，臆造；谎话
неудержи́мый	抑制不住的，难以遏止的 ‖ неудержи́мо
ло́коть, -ктя; ло́кти, -е́й	胳膊肘，肘部
возбуди́ть, -ужу́, -уди́шь *сов.* ‖ возбужда́ть *несов. (кого́-что)*	引起，激起；刺激，使激动
освети́ть, -ещу́, -ети́шь *сов.* ‖ освеща́ть *несов. (кого́-что)*	照明，照亮；说明
копчёный	熏制的；熏黑了的
бесчи́сленный	无数的，数不胜数的 ‖ бесчи́сленно
варёный	煮熟的；熬成的，熬制的
дёргать *несов.* ‖ дёрнуть *(однокр.)*	拽，拉，扯
торопли́вый	性急的；着急的；急促的，匆忙的 ‖ торопли́во
сквозь *(кого́-что)*	通过，透过
запоте́ть, -е́ю, -е́ешь *сов.* ‖ запотева́ть *(несов.)*	蒙上一层水汽；出汗
малолю́дный	人口不多的，人烟稀少的，人少的 ‖ малолю́дно
наря́дный	打扮得漂亮的，装饰华丽的；美丽的 ‖ наря́дно
пусты́рь, -я́ *(м.)*	空地，荒地
криво́й	弯曲的，歪斜的；独眼的 ‖ кри́во
подва́л	地下室；地窖
верх, *о-е, на-у́; верхи́*	顶；上端；(*разг.*) 上边；上层
отыска́ть, -ыщу́, -ы́щешь *сов.* ‖ оты́скивать *несов. (кого́-что)*	找到，寻得
о́щупью *(нареч.)*	用手摸着；试探着
подземе́лье	地洞，地窖
роково́й	不幸的；决定性的；致命的
нищета́	赤贫；贫乏
сжа́ться, сожму́сь, сожмёшься *сов.* ‖ сжима́ться *несов.*	收缩；瑟缩，蜷缩
посте́ль *(ж.)*	卧具，被褥，床铺，(铺好的) 床
затрудни́тельный	困难的；困窘的 ‖ затрудни́тельно
ми́лостыня	施舍
бесце́льный	漫无目的的；无益的 ‖ бесце́льно
грудно́й	胸部的；哺乳期的，吃奶的
попра́вить, -влю, -вишь *сов.* ‖ поправля́ть *несов.*	*(что)* 整理；*(кого́)* 改正，纠正
поду́шка	枕头；坐垫；垫板，托
подтолкну́ть *сов.* ‖ подта́лкивать *несов. (кого́-что)*	轻轻地推……一下；促进，推动
оберну́ть, -ну́, -нёшь *сов.* ‖ обёртывать, обора́чивать *несов. (что)*	缠上；使转向，使变为
терпели́вый	能忍耐的；耐心的，顽强的 ‖ терпели́во
переде́лать *сов.* ‖ переде́лывать *несов. (кого́-что)*	改制；改造；改写，改作
ва́тный	棉的，棉制的；棉絮的

121

си́плый	哑哑作响的；嘶哑的 ‖ си́пло
убра́ться, уберу́сь, уберёшься; -а́лся, -ла́сь, -лось сов. // убира́ться несов.	走开，离开；整理好
ба́рин	贵族；地主；东家，老爷 ‖ ба́рыня 太太
мять, мну, мнёшь несов. // измя́ть, изомну́, изомнёшь сов. (что)	揉，搓；压出皱褶，揉成一团
оберну́ться, -ну́сь, -нёшься сов. // обёртываться, обора́чиваться несов.	转过头来，转过身来；变为；周转
разогре́ть, -е́ю, -е́ешь сов. // разогрева́ть несов. (что)	加热，烤热；热一热，温一温
шурша́ние	沙沙的响声
кало́ша = гало́ша	胶皮套鞋
отча́яние	绝望，悲观失望
безжа́лостный	无怜悯心的；无情的 ‖ безжа́лостно
сы́паться, -плется несов.	散落，洒出；下（小雨或小雪）；倾注
тиф	伤寒
ничто́жный	极小的，极少的；微不足道的 ‖ ничто́жно
жар, о -е, в (на) -у́	热；发烧，发热；狂热
уха́живать несов. (за кем-чем)	照料；献殷勤；巴结
вы́жать, -жму, -жмешь сов. // выжима́ть несов. (что)	拧(或挤、榨)出；拧(或挤、榨)干
обежа́ть, -егу́, -ежи́шь, -егу́т сов. // обега́ть несов. (кого-что)	围绕……跑（一圈）；跑着绕过；跑遍
уни́зиться, -и́жусь, -и́зишься сов. // унижа́ться несов.	贬低自己；不顾体面
напра́сный	徒劳无益的，枉然的；不必要的 ‖ напра́сно
сунду́к, -а́	大箱子
трево́жный	慌张的；危险的；警报的 ‖ трево́жно
сиде́ние	坐着；座椅，座位
куда́ попа́ло (разг.)	随便往哪里
огля́дка	环顾四周
без огля́дки	拼命地；头也不回地
алле́я	林阴道；小径
занести́, -су́, -сёшь; -нёс, -есла́ сов. // заноси́ть несов. (кого-что)	顺便送到；盖满，埋住
неподви́жный	不动的；不好动的；呆板的 ‖ неподви́жно
вели́чие	伟大，崇高；宏伟，庄严
пробуди́ть, -бужу́, -буди́шь сов. // пробужда́ть несов. (кого-что)	叫醒；唤起，引起
нестерпи́мый	难以忍受的 ‖ нестерпи́мо
просу́нуть, -ну, -нешь сов. // просо́вывать несов. (кого-что)	伸进，塞进
жиле́т	坎肩，背心；救生衣
самоуби́йство	自杀
озлобле́ние	愤怒，凶狠
вспы́хнуть, -ну, -нешь сов. // вспы́хивать несов.	突然燃起；泛起红晕；爆发
мехово́й	毛的；毛皮的；皮货的
поравня́ться, -я́юсь, -я́ешься сов. (с кем-чем)	(赶上来) 与……并排
круто́й	陡峭的；急转的；严峻的 ‖ кру́то
дотро́нуться, -нусь, -нешься сов. // дотра́гиваться несов. (до кого-чего)	触动一下，碰一下
отверну́ться, -ну́сь, -нёшься сов. // отвора́чиваться несов.	转过脸去；(от кого) 断绝关系，不再往来

подви́нуться, -нусь, -нешься сов. // подвига́ться несов. 稍微移动一下，稍移近些；有进展

обою́дный 双方的，彼此的 ‖ обою́дно

и́скоса (нареч.) 斜眼（看）

пре́лесть (ж.) 美妙，绝妙

ста́рческий 老年人的；像老年人的 ‖ ста́рчески

свёрток 一卷儿；一纸包儿

пропа́сть, -аду́, -адёшь; -а́л сов. // пропада́ть несов. 遗失，不见；消失

озло́бить, -блю, -бишь сов. // озлобля́ть несов. (кого) 使凶狠起来，激怒

прибли́зить, -лижу, -ли́зишь сов. // приближа́ть несов. (кого-что) 挪近，移近，使靠近

внуши́ть, -шу́, -ши́шь сов. // внуша́ть несов. (что кому́) 引起，激起；灌输，注入

то́тчас 立刻，马上，就；紧接着

наболе́ть, -е́ет и́ли -ли́т сов. 疼痛加剧；痛苦万分

ю́ношеский 青年的；青年人的 ‖ ю́ношески

вскочи́ть, -очу́, -о́чишь сов. // вска́кивать несов. 跳上；跳入，站起，跳起

нево́льный 无意中的，偶然的；情不自禁的，不由自主的 ‖ нево́льно

руча́ться несов. // поручи́ться, -учу́сь, -у́чишься сов. (за кого-что) 保证，担保

неподви́жность 静止，不动

ски́нуть, -ну, -нешь сов. // ски́дывать несов. (кого-что) 抛下，扔下；脱下，摘掉，消除，摆脱

приближе́ние 接近，靠近，快到

голу́бушка 亲爱的

растопи́ть, -оплю́, -о́пишь сов. // раста́пливать несов. (что) 点火，生火

вы́рвать, -ву, -вешь сов. // вырыва́ть несов. (кого-что) 拔出；撕下；夺去

записно́й 记笔记用的

крючо́к 小钩，挂钩，吊钩

прикры́ть, -кро́ю, -кро́ешь сов. // прикрыва́ть несов. (кого-что) 盖上，遮住，掩饰，虚掩上

ча́йный 喝茶用的

блю́дце 茶托，茶碟

во вся́ком слу́чае 无论如何，不管怎样；至少

дай бог 上帝保佑

снисходи́тельный 宽容的，体谅的；傲慢的 ‖ снисходи́тельно

пожа́ть, -жму́, -жмёшь сов. // пожима́ть несов. (что) 握，握一握

изумле́ние 非常惊奇，异常惊讶

всу́нуть, -ну, -нешь сов. // всо́вывать несов. (что во что) 塞入；插入；放入

опо́мниться, -нюсь, -нишься сов. 苏醒过来；冷静下来；醒悟，回心转意

ки́нуться, -нусь, -нешься сов. // кида́ться несов. 互相投掷；奔去，跑过去

разобра́ть, -зберу́, -зберёшь; -а́л, -ла́, -ло сов. // разбира́ть несов. (что) 拆开；拆除；整理好；研究清楚

науга́д (нареч.) 胡乱地；瞎碰，瞎蒙

постоя́ть, -ою́, -ои́шь сов. 站一会儿 постой́(те) 等一下

пустя́к, -а́ 小事，琐事；不值一提；没关系

благоде́тель 捐助者，恩人 ‖ благоде́тельница

слеза́, (мн.) слёзы, слёз, слеза́м 泪，眼泪；一滴眼泪

ПОНИМАНИЕ ТЕКСТА

Задание 4 Ответьт е на вопросы и выполните задания.

1) В какое время года происходит действие рассказа? Найдите в тексте слова, описывающие праздничную атмосферу. Какие чувства обычно испытывают дети при приближении этих праздников? Могут ли мальчики Гриша и Володя надеяться на сюрприз, подарки в эти праздничные дни? Что вы узнали о них и их поручении?

2) Приведите слова из текста, описывающие жилище Мерцаловых. Почему семья Мерцаловых оказалась в таком положении? Найдите в тексте слова, выражающие бедственное положение семьи. Перечислите способы, с помощью которых Мерцалов пробовал достать денег.

3) Попробуйте описать пейзаж в саду. О чём думал Мерцалов среди глубокой тишины и что хотел совершить? Почему? Как вы думаете, если бы не появление доктора, осуществил ли бы Мерцалов своё намерение?

4) Как Пирогов помог семье Мерцаловых справиться с трудностями? Почему Мерцалов доверился этому человеку и рассказал обо всех своих несчастьях? Какой сюрприз ждал Мерцаловых после исчезновения доктора? Как Мерцаловы узнали фамилию «чудесного доктора»?

АНАЛИЗ ТЕКСТА

Задание 5 Познакомьтесь с теоретическим материалом о **«рассказе в рассказе»**.

Как показывает само название, это такое композиционное построение, когда в один рассказ (назовём его условно «первый рассказ») включается другой рассказ (назовём его условно «второй рассказ»). Соотношение первого и второго рассказов может быть различно. Во-первых, если второй рассказ, как правило, представляет собой повествование от лица рассказчика, то первый рассказ может быть повествованием «от автора» или «от первого рассказчика». Во-вторых, второй рассказ может быть и по объёму, и по значению главным в произведении, а может быть хотя и очень важным для понимания произведения в целом, но не основным, не главным в нём.

Задание 6 От какого лица ведётся рассказ «Чудесный доктор»? Есть ли «рассказ в рассказе» в этом тексте? Если да, то почему автор так строит композицию?

Задание 7 Прочитайте ещё раз 2–6 абзацы (начиная с *«Гриш, а Гриш...»* и заканчивая словами *«слышали даже звуки весёлой музыки...»*). Скажите, какой образ мальчиков создал автор? Проанализируйте их речь, поведение и характер. Как вы думаете, с какой целью Куприн так подробно описывает разговор и поведение мальчиков?

Зада́ние 8 Соста́вьте ле́ксико-семанти́ческое по́ле, раскрыва́ющее смысл **бе́дствие и лише́ния** Мерца́ловых (жили́щные усло́вия, оде́жда, портре́т и выраже́ние лица́ геро́ев).

Зада́ние 9 В э́том расска́зе а́втор неоднокра́тно испо́льзует стилисти́ческий приём **контра́ста**. Найди́те места́ примене́ния э́того приёма и скажи́те, како́й эффе́кт при э́том достига́ется.

Зада́ние 10 Проведи́те ана́лиз о́браза до́ктора Пирого́ва. Приведи́те дета́ли, помога́вшие в созда́нии э́того о́браза.

Зада́ние 11 Кака́я основна́я иде́я расска́за «Чуде́сный до́ктор»?

Зада́ние 12 Найди́те в Интерне́те информа́цию о Н. И. Пирого́ве и подгото́вьте у́стное сообще́ние о нём.

Зада́ние 13 Вы ве́рите в чу́до? Что бы́ло бы, е́сли бы в жи́зни семьи́ Мерца́ловых не появи́лся чуде́сный до́ктор? Что бы вы сде́лали, е́сли бы вы са́ми попа́ли в подо́бную ситуа́цию и́ли е́сли бы вы встре́тились с людьми́, находя́щимися в тако́м положе́нии?

Зада́ние 14 Познако́мьтесь с теорети́ческим материа́лом о **субъектива́ции повествова́ния**.

Авторское повествова́ние от 3-го лица́ обы́чно рассма́тривается как «объекти́вное». В слу́чае переда́чи повествова́ния расска́зчику повествова́ние субъективи́руется. Но переда́ча повествова́ния расска́зчику – не еди́нственно возмо́жный слу́чай субъектива́ции. Она́ возмо́жна и в преде́лах «а́вторского повествова́ния». Выража́ется э́то в том, что то́чка ви́дения в «а́вторском повествова́нии» не нахо́дится всё вре́мя над изобража́емой действи́тельностью, а мо́жет смеща́ться в сфе́ру созна́ния кого́-либо из персона́жей, то есть вре́менно станови́ться то́чкой ви́дения одного́ из персона́жей, зате́м опя́ть станови́ться «а́вторской» и́ли переходи́ть к друго́му персона́жу.

Смеще́ние то́чки ви́дения из «а́вторской» сфе́ры в сфе́ру персона́жа, субъе́кта – э́то и есть субъектива́ция «а́вторского повествова́ния».

Зада́ние 15 Вспо́мните сце́ну, когда́ Мерца́лов в саду́ хоте́л бы́ло соверши́ть самоуби́йство, но вдруг вдали́ появи́лся челове́к (начина́я со слов «*Чем погиба́ть ме́дленно...*» и зака́нчивая слова́ми «*...слегка́ дотра́гиваясь до ша́пки, спроси́л...*»). Скажи́те, есть ли здесь субъектива́ция повествова́ния? В чём она́ выража́ется?

ЯЗЫКОВАЯ РАБОТА

Зада́ние 16

а) Переведи́те словосочета́ния на кита́йский язы́к. Обрати́те внима́ние на глаго́лы движе́ния, кото́рые употребля́ются с предло́гом **сквозь**.

проника́ть **сквозь** ту́чи	слы́шать **сквозь** сон (шум ве́тра)
говори́ть (улыба́ться) **сквозь** слёзы	пройти́ **сквозь** тонне́ль
ви́деть **сквозь** стекло́	проходи́ть **сквозь** оде́жду
рассмотре́ть **сквозь** дым	пробра́ться **сквозь** толпу́
прони́кнуть **сквозь** щель.	

б) Прочита́йте предложе́ния с предло́гами **сквозь** и **че́рез**. Определи́те их значе́ние.

1) Почему́ ты разгова́риваешь со мной **сквозь** зу́бы! Ра́зве я тебя́ чём-то оби́дел?

2) Его́ нигде́ нет, как **сквозь** зе́млю провали́лся.

3) – Неуже́ли она́ не зна́ет, чем он занима́ется? – Мо́жет быть, зна́ет, но смо́трит на его́ посту́пки **сквозь** па́льцы, наве́рное, ей удо́бнее не замеча́ть ничего́.

4) Ты ещё совсе́м ребёнок, жи́зни не зна́ешь, смо́тришь на всё **сквозь** ро́зовые очки́.

5) Он прошёл **че́рез** зал, держа́ в рука́х гита́ру.

6) Милиционе́р под руку ведёт старика́ **че́рез** у́лицу.

7) Иногда́ они́ доставля́ли све́дения в партиза́нские отря́ды **че́рез** ли́нию блока́ды.

8) Вы́ставки теря́ют и уча́стников, и посети́телей – информа́цию о нови́нках легко́ получи́ть **че́рез** Интерне́т.

в) Вста́вьте в про́пуски необходи́мые по смы́слу предло́ги **че́рез** и́ли **сквозь**. Укажи́те вариа́нты.

1) Не́которое вре́мя мы дви́гались _____ тума́н, с трудо́м различа́я доро́гу.

2) Будь внима́тельным, когда́ пойдёшь _____ доро́гу.

3) Лучи́ со́лнца с трудо́м проника́ли _____ густу́ю листву́ дере́вьев.

4) Свет в ко́мнату проходи́л _____ небольшо́е кру́глое окно́ под потолко́м.

5) Я ви́дел его́ глаза́, кото́рые внима́тельно смотре́ли на меня́ _____ то́лстые стёкла очко́в.

6) Наш путь лежа́л _____ го́ры.

7) Нам ничего́ не остава́лось как посмея́ться над собо́й, но э́то был смех _____ слёзы.

8) Вре́мя прохо́дит бы́стро и незаме́тно, как вода́ _____ песо́к.

9) Мы прошли́ _____ все тру́дности и тепе́рь мо́жем вздохну́ть свобо́дно.

Зада́ние 17 Сравни́те значе́ния глаго́лов **найти́** и **отыска́ть** и скажи́те, в како́м предложе́нии глаго́л **найти́** мо́жно замени́ть глаго́лом **отыска́ть**?

1) Ведь есть же лека́рство, ду́маешь, про́тив э́той боле́зни, сто́ит то́лько **найти́** (*Турге́нев*).

2) По-пре́жнему Ольга Ива́новна иска́ла вели́ких люде́й, **находи́ла** и не удовлетворя́лась и опя́ть иска́ла (*Че́хов*).

3) По́сле це́лого дня безуспе́шных по́исков я **нашёл** их наконе́ц (*Полево́й*).

4) В по́исках слов нельзя́ пренебрега́ть ниче́м. Никогда́ не зна́ешь, где **найдёшь** настоя́щее сло́во (*Паусто́вский*).

5) Но всё-таки, е́сли ты **найдёшь** свобо́дную мину́ту и прое́дешь навести́ть больну́ю, э́то бу́дет настоя́щее до́брое де́ло.

6) Верну́вшись домо́й, я **нашёл** на столе́ запи́ску от Ани.

7) Де́ти принесли́ домо́й ежа́, кото́рого **нашли́** в лесу́.

Зада́ние 18

а) Прочита́йте предложе́ния и сравни́те глаго́лы **попра́вить – поправля́ть** и **испра́вить – исправля́ть**.

> **Попра́вить** (*что*) – привести́ в поря́док, **испра́вить** (*что*) – устрани́ть повреждение, де́лать го́дным для употребле́ния; **попра́вить** (*кого́*) – указа́ть кому́-либо на допу́щенную оши́бку, **испра́вить** (*что*) – устрани́ть недоста́тки, оши́бки, де́лать пра́вильным.

1) **Попра́вив** на голове́ плато́к, ба́бушка взяла́ корзи́ну и пошла́ в магази́н.

2) – Меня́ зову́т не Ива́н Петро́вич, а Андре́й Петро́вич, – **попра́вил** дежу́рного по кла́ссу но́вый учи́тель.

3) Если я бу́ду де́лать оши́бки, **поправля́й** меня́.

4) Оте́ц до по́здней но́чи **исправля́л** тетра́дки ученико́в.

5) Если в мое́й ре́чи бу́дут оши́бки, **испра́вьте**.

6) Ма́стер сказа́л, что телеви́зор смо́гут **испра́вить** то́лько в мастерско́й.

б) Вста́вьте в про́пуски глаго́лы **попра́вить – поправля́ть** и́ли **испра́вить – исправля́ть**.

1) Конду́ктор неве́рно назва́л остано́вку, и кто́-то из пассажи́ров _____ его́.

2) Он встал, привы́чным движе́нием _____ очки́ и на́чал говори́ть.

3) Посмотри́ мои́ вычисле́ния, е́сли найдёшь оши́бку, _____, пожа́луйста.

4) Сяо Ван, _____ опеча́тки в те́ксте!

5) _____, пожа́луйста, га́лстук.

6) В ва́шем переска́зе не всё бы́ло ве́рно, но я не _____ вас, так как не хоте́л перебива́ть.

7) Замо́к не в поря́дке. Ты не мо́жешь его́ _____?

Зада́ние 19 Образу́йте глаго́лы с по́мощью приста́вки **пере-** и назови́те их видову́ю па́ру. Соста́вьте с новообразо́ванными глаго́лами словосочета́ния.

Образе́ц: де́лать ➲ переде́лать – переде́лывать *дома́шние зада́ния.*

писа́ть	чита́ть	сказа́ть	рабо́тать	стро́ить
шить	учи́ть	формирова́ть	воспита́ть	экзаменова́ть
вы́брать	избра́ть			

Зада́ние 20

а) Прочита́йте предложе́ния и сравни́те имена́ существи́тельные **жар** и **жара́**.

> **Жар** – повы́шенная температу́ра те́ла при боле́зни. **Жара́** – высо́кая температу́ра во́здуха, нагре́того со́лнцем, пе́чью, каки́м-л. исто́чником тепла́.

1) – У него́ **жар**, **жар**, он в **жару́**! – повторя́л я про себя́ в у́жасе (*Достое́вский*).

2) Ли́да вот уже́ два дня лежа́ла вся в **жару́** и ничего́ не е́ла (*Че́хов*).

3) Я заболе́л: у меня́ был **жар** и се́рдце би́лось ча́сто и гу́лко (*Гладко́в*).

4) В Москве́ как раз была́ **жара́**, а у нас 19 гра́дусов и до́ждик (*Ю. Пе́шкова*).

5) – Коне́чно, – сказа́л Лага́рпов, но вы́разил жела́ние умы́ть лицо́, потому́ что оно́ уста́ло от **жары́** и пы́ли (*А. Слапо́вский*).

6) Вот почему́ ле́том в **жару́** у нас исчеза́ет аппети́т (*Б. Серге́ев*).

7) Действи́тельно, и в моро́з и в **жару́**, но́ги, обу́тые в ва́ленки, ощуща́ют комфо́рт, су́хость и тепло́ (*Д. Оси́пов*).

б) Вста́вьте в про́пуски слова́ **жар** и́ли **жара́**. Слова́, стоя́щие в ско́бках, поста́вьте в ну́жной фо́рме.

1) У него́ _____. Температу́ра поднима́ется всё вы́ше и вы́ше.

2) Сло́вом, кро́ме _____ и свире́пого со́лнца, не́ было ничего́.

3) _____ в То́кио со́рок гра́дусов, все хо́дят в руба́шках, но мы е́дем в посо́льство, как нас предупрежда́ли, в чёрных костю́мах и га́лстуках.

4) Не́сколько дней я пролежа́л в _____, а пото́м температу́ра упа́ла.

5) А лу́чшего ме́ста, чем подва́л, в _____ не найти́.

6) Тако́й суп в _____ мо́жно есть хоть ка́ждый день.

7) Доходи́ло до сорока́ двух в тени́, _____ (дли́ться) до сентября́.

8) По́сле дожде́й (наступи́ть) _____, в лесу́ по́лно грибо́в.

Зада́ние 21

а) Прочита́йте предложе́ния с фразеологи́ческими выраже́ниями **кто (что, как, где, куда́) попа́ло**. Объясни́те свои́ми слова́ми, как вы их понима́ете.

1) Он раздава́л значки́ **кому́ попа́ло**.

2) В окно́ постуча́ли. Он вскочи́л, наде́л **что попа́ло** и вы́бежал на у́лицу.

3) Он рисова́л **на чём попа́ло**.

4) Она́ сиде́ла на дива́не, уку́танная **чем попа́ло**.

5) Его́, десятиле́тнего ма́льчика, заставля́ли рабо́тать, как взро́слого, а корми́ли ху́же соба́ки. Чуть что, би́ли **чем попа́ло**.

6) Дома́ стоя́ли не по поря́дку, а **как попа́ло**.

7) На столе́ **как попа́ло** лежа́ли тетра́ди, кни́ги.

8) Ма́льчик броса́л игру́шки **куда́ попа́ло**.

б) Вста́вьте в про́пуски **кто (что, как, где, куда́) попа́ло**. Там, где необходи́мо, доба́вьте предло́г.

1) В ко́мнате был беспоря́док, ве́щи лежа́ли _____.

2) Де́ти бро́сили игру́шки _____ и убежа́ли на у́лицу.

3) Он чита́л _____: до́ма, на у́лице, в метро́.

4) Я не мог разгова́ривать об э́том _____.

5) Они́ сади́лись _____ и подо́лгу разгова́ривали.

6) Не клади́ кни́ги _____, пото́м не найдёшь.

7) Он торопи́лся и ел _____.

8) Начался́ дождь, и ребя́та спеши́ли спря́таться _____.

Зада́ние 22 Прочита́йте предложе́ния и переведи́те их на кита́йский язы́к. Обрати́те внима́ние на значе́ние приста́вки **за-** и синтакси́ческую констру́кцию предложе́ний.

> Приста́вка **за-** обознача́ет «покры́тие предме́та чём-либо и́ли заполне́ние пустоты́».

1) Ве́тер **занёс** пы́лью весь го́род.

   Сне́гом **занесло́** доро́гу.

2) Река́ **зали́ла** луга́.

   Ко́мнату **зали́ло** све́том.

3) Пыль **засы́пала** всё вокру́г.

   Зе́млю **засы́пало** сне́гом.

4) Ка́мни **завали́ли** пеще́ру.

   Доро́ги **завали́ло** сне́гом.

5) Шкаф **заби́т** кни́гами.

   Трубу́ **заби́ло** песко́м.

Зада́ние 23 Зако́нчите безли́чные предложе́ния, употребля́я вме́сто про́пусков глаго́л в соотве́тствующей фо́рме.

Образе́ц: В ма́рте уже́ та́ял снег. – В ма́рте уже́ та́яло.

1) Ве́тер ду́ет в окно́. Отойди́ от окна́, там _____.

2) Эти цветы́ хорошо́ па́хнут. В лесу́ _____ цвета́ми и молодо́й зе́ленью.

3) Снег уже́ та́ет. На у́лице _____.

4) Лес нам о́чень понра́вился. В лесу́ нам о́чень _____.

5) За окно́м всю ночь шуме́л ве́тер. За окно́м всю ночь _____.

6) Вода́ залила́ доро́гу. Водо́й _____ доро́гу.

7) Ве́тер сдул снег с доро́ги. Ве́тром _____ снег с доро́ги.

Зада́ние 24 Переведи́те сле́дующие предложе́ния на ру́сский язы́к, употребля́я фразеологи́ческое выраже́ние «лу́чше.., чем».

1）与其逃避困难，不如迎难而上。

2）与其禁止，不如规范。

3）与其抱怨，不如行动。

4）与其跪着生，不如站着死。

5）迟做总比不做好。

Зада́ние 25

а) Прочита́йте предложе́ния. Определи́те ра́зницу в значе́ниях прилага́тельных **коро́ткий** и **кра́ткий**.

> Прилага́тельное **коро́ткий** име́ет значе́ние «небольшо́й по длине́», а **кра́ткий** означа́ет «изло́женный немногосло́вно, в не́скольких слова́х».

1) Автобиогра́фия, кото́рую ты написа́л, о́чень **коро́ткая**, ну́жно не ме́нее одно́й страни́цы, перепиши́, пожа́луйста.

   Мне не нужны́ мельча́йшие подро́бности его́ жи́зни, доста́точно **кра́ткой** биогра́фии, в кото́рой перечи́слены основны́е собы́тия.

2) Спи́сок о́чень **коро́ткий**, наве́рное, полови́ну веще́й ты забы́л в него́ внести́.

   Вы́бери са́мое необходи́мое и соста́вь **кра́ткий** спи́сок веще́й, кото́рые ты до́лжен взять с собо́й.

3) Интервью́ бу́дет о́чень **коро́тким**, я попрошу́ вас отве́тить то́лько на оди́н вопро́с.

   Все его́ отве́ты мы не смо́жем опубликова́ть, то́лько **кра́ткую** ве́рсию интервью́ с ним, вы́бери са́мую интере́сную информа́цию.

4) Я получи́л от него́ **коро́ткую** запи́ску, не́сколько слов о том, что у него́ всё в поря́дке.

Я не смогу́ запо́мнить всё, о чём ты меня́ проси́л, соста́вь для меня́ **кра́ткое** описа́ние того́, что я до́лжен сде́лать.

5) Мне нужны́ **кра́ткие** све́дения об исто́рии го́рода.

Све́дения, кото́рые я получи́л, о́чень отры́вочные и **коро́ткие**, их недоста́точно, что́бы предста́вить и́стинное положе́ние дел.

б) Сравни́те значе́ния прилага́тельных **коро́ткий** и **кра́ткий**.

> Для обозначе́ния чего́-либо, име́ющего небольшу́ю длину́, обы́чно употребля́ется прилага́тельное **коро́ткий**. Но со слова́ми *путь*, *доро́га*, *расстоя́ние* возмо́жно употребле́ние и прилага́тельного **кра́ткий** (ча́сто в превосхо́дной сте́пени – **кратча́йший**).

1) К шко́ле вела́ **коро́ткая** ли́повая алле́я.

2) Гео́логи реши́ли идти́ **коро́тким** путём.

3) Я не мог не ходи́ть по э́той у́лице – э́то был са́мый **кра́ткий** путь.

4) В зада́че на́до бы́ло найти́ **кратча́йшее** расстоя́ние ме́жду двумя́ за́данными то́чками.

5) Что́бы не опозда́ть на по́езд, вам на́до идти́ **кратча́йшей** доро́гой, напрями́к.

в) Вста́вьте в про́пуски прилага́тельные **коро́ткий** и́ли **кра́ткий**.

1) Ду́маю, на́до поиска́ть са́мую _____ доро́гу че́рез лес.

2) В тру́бке я слы́шу _____ гудки́: телефо́н за́нят.

3) Я о́чень люблю́ _____ расска́зы А. П. Че́хова.

4) Что́бы не заблуди́ться, на́до купи́ть _____ путеводи́тель по го́роду.

5) Это _____ спра́вочник, ну́жного тебе́ те́рмина там мо́жет не быть.

6) Дай мне другу́ю верёвку, э́та о́чень _____.

7) Ле́то бы́ло о́чень _____: в ию́не и в ию́ле шли дожди́.

8) Я предпочита́ю носи́ть _____ во́лосы.

9) Джек почу́вствовал себя́ так, как бу́дто он сби́лся с доро́ги и не зна́ет, куда́ ну́жно поверну́ть, что́бы сно́ва вы́йти на прямо́й и _____ путь.

Зада́ние 26 Назови́те субъекти́вно-оце́ночные фо́рмы по образцу́.

Образе́ц: пода́рок – пода́рочек

сыно́к	звоно́к	ребёнок	мешо́к	замо́к	кипято́к
подро́сток	внук	кусо́к	цвето́к		

Зада́ние 27 Подбери́те видовы́е па́ры к да́нным глаго́лам.

предложи́ть	приложи́ть	изложи́ть	косну́ться	вскочи́ть
вздро́гнуть	избра́ть	постла́ть	запере́ть	умере́ть
заже́чь	вы́тереть	стере́ть	вздохну́ть	призва́ть
посла́ть	снять	обня́ть	сжать	нажа́ть

Зада́ние 28

а) Прочита́йте предложе́ния и сравни́те глаго́лы **закры́ть**, **прикры́ть, захло́пнуть**.

1) Она́ проводи́ла до две́ри и **закры́ла** её, лишь когда́ Корча́гин ушёл в ночь.

2) Жена́ **закры́ла** Са́шу в ку́хне на замо́к, а сама́ ушла́ на рабо́ту.

3) Ма́ша сняла́ рюкза́к, раскры́ла его́, вы́тащила одея́ло, и опя́ть **закры́ла** рюкза́к.

4) Татья́на Васи́льевна ти́хо **прикры́ла** за собо́й дверь и взяла́ Ка́тю за́ руку: «Пойдём».

5) Они́ пло́тно **прикрыва́ли** дверь и часа́ми сиде́ли мо́лча, в стра́нной тишине́.

6) Она́ взяла́ с дива́на плато́к сестры́ и **прикры́ла** им телефо́н, сказа́ла: «Ребёнок спит».

7) Шофёр **захло́пнул** две́рцу и завёл мото́р.

8) У него́, наве́рное, мно́го ещё бы́ло в запа́се злых и серди́тых слов, но он сдержа́лся, махну́л руко́й, поверну́вшись, бы́стро подня́лся и с шу́мом **захло́пнул** за собо́й дверь.

9) **Я захло́пнул** кни́жку и предложи́л оста́вшимся задава́ть мне вопро́сы.

б) Переведи́те сле́дующие предложе́ния на ру́сский язы́к.

1）妻子走出房间，砰的一声关上了门。

2）儿子车开得很快，她把眼睛眯上，以免看着心里发慌。

3）"你在哪里学的钢琴？"当他把钢琴盖盖上以后，姑娘问道。

4）她轻轻地给我盖上被子，站了一会儿就走了。

5）教授重重地合上书，问道："有问题吗？"

6）他把客人领到隔壁房间，指了指沙发，带上门，就回自己的房间去了。

Зада́ние 29 Проспряга́йте в настоя́щем и́ли бу́дущем вре́мени глаго́лы.

жать	пожа́ть	вы́жать	нажа́ть	сжа́ться	мять	помя́ть

Зада́ние 30 Вы́деленные слова́ замени́те фразеологи́ческими оборо́тами из те́кста «Чуде́сный до́ктор».

1) Я был уве́рен, что **при любы́х обстоя́тельствах** встре́чу его́ сего́дня в шко́ле.

2) **Жела́тельно**, что́бы у нас в э́тот раз всё краси́во получи́лось,

3) **Серди́то взгляну́в на нас**, она́ вы́шла из ко́мнаты.

4) Велосипеди́сты мча́лись **о́чень бы́стро**, обгоня́я друг дру́га.

5) Она́ де́лала всё **в определённой после́довательности**: убира́ла посте́ль, за́втракала, гото́вила уро́ки.

6) В про́шлом году́ мы е́здили в Москву́ **беспла́тно**.

Зада́ние 31 Прочита́йте эпи́графы к те́ксту. Объясни́те, как вы понима́ете их смысл. Согла́сны ли вы с Ф. М. Достое́вским? Поясни́те свою́ мысль.

Текст 2. Всеми́рная отзы́вчивость ру́сского наро́да

Сострада́ние есть главне́йший и, мо́жет быть, еди́нственный зако́н бытия́ всего́ челове́чества.
(Ф. М. Достое́вский)

Когда́ о́бщество переста́нет жале́ть сла́бых и угнетённых, тогда́ ему́ же самому́ ста́нет пло́хо...
(Ф. М. Достое́вский)

В 1880 году́ Ф. М. Достое́вский в торже́ственной ре́чи, посвящённой вели́кому ру́сскому поэ́ту Алекса́ндру Пу́шкину, вы́сказал мысль, кото́рая ста́ла предме́том филосо́фских диску́ссий не на одно́ столе́тие. Эта мысль была́ сформули́рована практи́чески в двух предложе́ниях и заключа́лась в сле́дующем. Достое́вский, во-пе́рвых, утвержда́л, что и́менно Пу́шкину прису́ща «та осо́бая характе́рнейшая и не встреча́емая кро́ме него́ нигде́ и ни у кого́ черта́ худо́жественного ге́ния – спосо́бность всеми́рной отзы́вчивости». Во-вторы́х, отмеча́л он, «спосо́бность э́та есть целико́м спосо́бность ру́сская, национа́льная, и Пу́шкин то́лько де́лит её со всем наро́дом на́шим, и, как соверше́ннейший худо́жник, он есть и соверше́ннейший вырази́тель э́той спосо́бности, по кра́йней ме́ре в свое́й де́ятельности, в де́ятельности худо́жника». Ру́сский наро́д, счита́л Достое́вский, заключа́ет в душе́ свое́й э́ту скло́нность к всеми́рной отзы́вчивости и уже́ прояви́л её во все две́сти лет с рефо́рмы Петра́ Пе́рвого не раз.

Эти утвержде́ния ру́сского писа́теля, самого́ ста́вшего к тому́ вре́мени едва́ ли не столь же знамени́тым, как Пу́шкин, вы́звали сра́зу горя́чий спор «славянофи́лов» и «за́падников». Мно́гие филосо́фы, литерату́рные кри́тики и писа́тели выска́зывались «за» и «про́тив». Суть диску́ссии соста́вил вопро́с о том, явля́ется ли «всеми́рная отзы́вчивость» ру́сского наро́да ка́чеством и́менно ру́сским и мо́жно ли его́ оце́нивать как неоспори́мое досто́инство.

Не́которые говори́ли, что э́та спосо́бность к полне́йшему растворе́нию в ино́й культу́ре и исключи́тельная восприи́мчивость к «чужо́му» – свиде́тельство поте́ри национа́льной самобы́тности. Причём «за́падники» не ви́дели в э́том ничего́ плохо́го, поско́льку счита́ли, что Росси́и про́сто необходи́мо хотя́ бы на каку́ю-то часть стать европе́йской, а «славянофи́лы» возмущённо говори́ли о том, что Достое́вский подо́бными утвержде́ниями факти́чески заявля́ет о по́лной зави́симости ру́сского наро́да от всего́ иностра́нного и отрица́ет его́ национа́льную самостоя́тельность.

Говоря́ о «ру́сскости» Пу́шкина, ру́сский филосо́ф Ива́н Ильи́н подчеркну́л, что «ге́ний твори́т из глубины́ национа́льного духо́вного о́пыта, твори́т, а не займствует и не подража́ет».

Ну́жно отме́тить, что для самого́ Ф. М. Достое́вского всегда́ была́ о́чень важна́ э́та спосо́бность ру́сского ду́ха. Сам он, практи́чески ни ра́зу не употребля́я сло́во «отзы́вчивость» в свои́х худо́жественных произведе́ниях, мно́го писа́л о ней в свои́х дневника́х. Для него́ бы́ли одина́ково це́нны отзы́вчивость как наро́да в це́лом, так и отзы́вчивость конкре́тного, отде́льного челове́ка, принадлежа́щего к ру́сской на́ции.

Что же понима́л Достое́вский под «отзы́вчивостью»? Что понима́ет под ней ру́сский челове́к вообще́? Ведь отзы́вчивость как сво́йство национа́льного хара́ктера ру́сские лю́ди и сейча́с оце́нивают доста́точно высоко́ и всегда́ ука́зывают э́то сво́йство при характери́стике ру́сского национа́льного ти́па. Об э́том в своё вре́мя писа́ли таки́е выдаю́щиеся де́ятели ру́сской культу́ры, как Д. С. Лихачёв, Н. А. Бердя́ев, А. И. Солжени́цын и др.

Удиви́тельно, но слова́ *отзы́вчивый* и *отзы́вчивость* никогда́ не испо́льзуются ру́сскими людьми́ для самохарактери́стики. Ру́сский челове́к не мо́жет сказа́ть про себя́ «я – отзы́вчивый», он мо́жет сказа́ть «я добр» и́ли «я зол», мо́жет быть – «я скло́нен к жа́лости и милосе́рдию», но отзы́вчивость как сво́йство хара́ктера он всегда́ припи́сывает друго́му.

Пе́рвое, что необходи́мо отме́тить сра́зу, э́то то, что само́ сло́во «отзы́вчивость» для ру́сского языка́ – новообразова́ние, оно́ дово́льно по́зднего происхожде́ния. Э́то сло́во происхо́дит от глаго́ла *отзыва́ться*. Ина́че говоря́, отзы́вчивостью ру́сский называ́ет сво́йство челове́ка, стремя́щегося помо́чь тому́, кто «зовёт», т. е. про́сит о по́мощи. Отзы́вчивость – э́то абстра́ктное сво́йство отзы́вчивого челове́ка.

В ру́сском языке́ сло́во *отзы́вчивый* характеризу́ется сле́дующими при́знаками: 1) припи́сываемая спосо́бность явля́ется и́менно сво́йством ли́чности челове́ка; 2) э́то сво́йство постоя́нно, а не ситуати́вно; 3) ока́зываемая отзы́вчивым челове́ком по́мощь явля́ется де́йствием.

Ита́к, отме́тим, что *отзы́вчивый* – э́то тот, кто ориенти́рован на друго́го, но ориенти́рован не пасси́вно, а де́ятельно. Причём отзы́вчивый челове́к де́йствует легко́, то есть ему́ не ну́жно прикла́дывать каки́х-то невероя́тных уси́лий для того́, что́бы де́йствовать, э́то – веле́ние души́. Да́лее отме́тим, что *отзы́вчивый* – гора́здо бо́лее акти́вный, чем *внима́тельный* и́ли *забо́тливый*. Его́ акти́вность ча́сто проявля́ется в том, что он помога́ет да́же тогда́, когда́ его́ не про́сят, но е́сли и про́сят, то де́лает он бо́льше, чем про́сят.

Слово *отзы́вчивый* те́сно свя́зано с *сочу́вствием*. Отзы́вчивый челове́к всегда́ гото́в помо́чь, причём помо́чь реа́льно. Така́я по́мощь ча́сто вы́глядит уже́ как соуча́стие в беде́: сочу́вствующий челове́к как бы разделя́ет чужу́ю боль и го́ресть и страда́ет с други́м вме́сте. Именно потому́ *сочу́вствию* так бли́зко *сострада́ние*. В ру́сском созна́нии всего́ лишь оди́н шаг от *отзы́вчивости* до *сострада́ния*. Не случа́йно, э́ти слова́ в ру́сской литерату́ре ча́сто употребля́ются ря́дом.

В чём же состои́т отли́чие ме́жду *отзы́вчивостью, сочу́вствием* и *сострада́нием*? Ду́мается, пре́жде всего́ в том, что *отзы́вчивость* – э́то сво́йство ли́чности, а *сочу́вствие* и *сострада́ние* – её чу́вства. Чу́вства ситуати́вны, непостоя́нны, изме́нчивы, а сво́йства – неотъе́млемы. Сочу́вствующим и сострада́ющим мо́жно «побы́ть» не́которое вре́мя, отзы́вчивым же мо́жно то́лько быть. Отзы́вчивость – постоя́нное сво́йство, кото́рое мо́жет проявля́ться соверше́нно по-ра́зному: в ра́зных конкре́тных дела́х, в ра́зных чу́вствах, испы́тываемых ру́сским челове́ком, когда́ его́ «зову́т» на по́мощь. Но в то́м-то и де́ло, что ру́сский челове́к не испы́тывает в э́том слу́чае ничего́ друго́го, кро́ме сочу́вствия и сострада́ния. Это для него́ соверше́нно есте́ственно и подразумева́емо. «Отозва́ться» на чужо́е го́ре мо́жно то́лько сочу́вственно и сострада́тельно, т. е. совме́стно пережи́ть чужи́е го́рести, и да́же приста́вка *со-* ука́зывает на истори́ческую черту́ ру́сского правосла́вного наро́да – *собо́рность*. Возмо́жно, и́менно э́ти глуби́нные и то́нкие смы́слы интуити́вно ощуща́л вели́кий ру́сский писа́тель Ф. М. Достое́вский, когда́ ста́вил в заслу́гу ру́сскому наро́ду спосо́бность к «всеми́рной отзы́вчивости»; возмо́жно, и́менно поэ́тому он ре́дко употребля́л в свои́х произведе́ниях новообразо́ванное сло́во «отзы́вчивость», но о́чень ча́сто – «сочу́вствие» и «сострада́ние».

По Н. В. Семёновой

◾ Но́вые слова́

сострада́ние	怜悯，同情	вырази́тель	表达者，代表 者，代言人 ‖
бытие́	存在；生活条件		вырази́тельница
челове́чество	人类		
вы́сказать *сов.* ‖ выска́зывать *несов.* (*что*)	说出，表示	по кра́йней ме́ре	至少
		утвержде́ние	确认；论点，见解
диску́ссия	辩论，争论；讨论	славянофи́л	斯拉夫派分子，斯拉 夫主义者
формули́ровать *сов и несов.* ‖ сформули́ровать *сов.* (что)	用话语表述；准确简 练地表达出来	за́падник	西欧派，西欧主义者
		кри́тик	批评者；评论家
характе́рный	具有特点的，有特 色的；所特有的 ‖ характе́рно	вы́сказаться *сов.* ‖ выска́зываться *несов.*	说出自己的看法；表 示赞成
на́ция	民族；国家	неоспори́мый	无可争辩的 ‖ неоспори́мо

растворе́ние	溶解	милосе́рдие	仁慈，慈悲
восприи́мчивость	感受性，敏感性	новообразова́ние	新生成；新生物；新现象
возмути́ть, -ущу́, -ути́шь сов. // возмуща́ть несов. (кого́)	使愤恨，使愤怒	происхожде́ние	出身；起源，来历
факти́ческий	事实上的，实际的 ‖ факти́чески	абстра́ктный	抽象的 ‖ абстра́ктно
		ситуати́вный	情景的 ‖ ситуати́вно
самостоя́тельность	独立性，自主性；独立精神	пасси́вный	消极的，被动的；负债的 ‖ пасси́вно
ру́сскость	俄罗斯性	де́ятельный	积极的，积极活动的 ‖ де́ятельно
твори́ть, -рю́, -ри́шь несов. // сотвори́ть сов. (что)	创造，创作；做；做出	приложи́ть сов. // прилага́ть несов. (что)	把……贴在……上；附上，附送；运用
займствовать сов. и несов.	借用，采用		
подража́ть несов. (кому́-чему́)	模仿，仿照，以……为榜样	веле́ние	命令；要求
		да́лее	较远；往下
		соуча́стие	参与，共同进行
самобы́тный	独具风格的，独特的 ‖ самобы́тно	созна́ние	意识；知觉，感觉；思维
созерца́ть несов. (кого́-что)	观察；深思，冥想	отли́чие	区别，差别；功绩，功劳
расти́ть, ращу́, расти́шь несов. (кого́-что)	养，培育；抚育	ду́маться несов. (кому́)	想，以为；思考
крепи́ть, -плю́, -пи́шь несов. (что)	固定；加固；巩固，加强	подразумева́ть несов. (кого́-что)	指，意思是；暗示，影射
инсти́нкт	本能；天性	совме́стный	共同的；协同的，联合的 ‖ совме́стно
самосохране́ние	自我保全	собо́рность	同心同德，协同精神
иноро́дный	异类的；异己的	глуби́нный	深处的；边远的
отображе́ние	表现，再现；反映	смысл	意义；涵义；目的；意思
жа́лость (ж.)	同情，怜悯；可惜，惋惜		

■ ПОНИМАНИЕ ТЕКСТА

Зада́ние 32 Отве́тьте на вопро́сы к те́ксту.

1) В чём заключа́ется опа́сность для о́бщества, в кото́ром слабе́ет и исчеза́ет чу́вство отзы́вчивости?

2) Каку́ю мысль вы́сказал Ф. Достое́вский в свое́й ре́чи, посвящённой Пу́шкину?

3) Кака́я диску́ссия разверну́лась вокру́г мы́сли Достое́вского? Кто выступа́л «за», а кто – «про́тив» иде́и Достое́вского?

4) Отчего́ образо́вано сло́во «отзы́вчивый»? В чём заключа́ются осо́бенности семáнтики э́того сло́ва?

5) Чем отлича́ются слова́ «отзы́вчивость», «сочу́вствие» и «сострада́ние»?

ЯЗЫКОВА́Я РАБО́ТА

Зада́ние 33

а) Прочита́йте предложе́ния и сравни́те однокоренны́е слова́ **на́ция** и **национа́льность**.

1) Культу́ра кита́йской **на́ции** восхо́дит к глубо́кой дре́вности.

2) Все европе́йские **на́ции** о́чень похо́жи по свои́м характери́стикам.

3) Оди́н из америка́нских президе́нтов, обраща́ясь к **на́ции**, сказа́л: «Мы все таки́е ра́зные, и в э́том на́ша си́ла».

4) На́до обеспе́чить всесторо́ннее разви́тие всех **национа́льностей** на́шей ро́дины.

5) Его́ не взя́ли рабо́тать в прокурату́ру из-за его́ **национа́льности**.

6) Оте́ц был по **национа́льности** наполови́ну не́мцем, наполови́ну англича́нином.

б) Переведи́те сле́дующие предложе́ния на ру́сский язы́к.

1) 我国有56个民族。

2) 联合国在国际组织中占据着重要地位。

3) 他的父亲是蒙古族，母亲是朝鲜族。

4) 宪法规定各民族一律平等。

Зада́ние 34 Переведи́те сле́дующие словосочета́ния на кита́йский язы́к. Обрати́те внима́ние на превосхо́дную сте́пень прилага́тельных.

Превосхо́дная сте́пень прилага́тельных мо́жет име́ть значе́ние преде́льной сте́пени ка́чества вне сравне́ния с други́ми предме́тами. Фо́рмы на -*ейший* и -*айший* с э́тими значе́ниями отлича́ются большо́й экспресси́вностью.

характе́рнейшая черта́	соверше́ннейший худо́жник
ближа́йшее знако́мство	с велича́йшим удово́льствием
верне́йшее сре́дство	генина́льнейший фило́соф
глубоча́йшее уваже́ние	добре́йшее се́рдце
зако́ннейшее пра́во	зле́йший враг
в кратча́йший срок	крупне́йший де́ятель
до мельча́йших подро́бностей	нижа́йший покло́н
трудне́йшая зада́ча	ценне́йшее ка́чество
широча́йшие ма́ссы	

Задание 35

а) Прочитайте предложения и сравните наречия **полностью** и **целиком**. Обратите внимание на то, что в некоторых случаях эти слова являются синонимами.

1) Ребёнок ещё не умеет произносить слова **полностью (целиком)**.

2) Имя и фамилию в анкете напишите **полностью**.

3) Постарайтесь **полностью (целиком)** отключиться от дел и забот – только тогда вы сможете по-настоящему отдохнуть.

4) Не режьте пирог, подайте его на стол **целиком**.

5) Этот район **целиком (полностью)** оказался в руках врага.

6) Своими успехами мы **целиком (полностью)** обязаны руководителю нашей инженерной группы.

б) Вставьте в пропуски наречия **целиком** и **полностью**.

1) Он _____ избавился от своих сомнений.

2) Поросёнка зажарили _____.

3) У него _____ отсутствует чувство юмора.

4) – Вы будете печатать в журнале эту большую статью по частям? – Нет, _____ помещу в одном журнале.

5) Пиши своё имя _____.

6) Деньги, выделенные на строительство, израсходованы _____.

7) Воскресенье она старалась _____ отдавать детям.

8) Его талант организатора раскрылся здесь _____.

Задание 36

а) Прочитайте предложения и сравните глаголы **ценить** и **оценить – оценивать**.

1) Покажите ему стихи. Он сможет квалифицированно **оценить** их, ведь он поэт.

2) Мы **ценим** в стихах Пушкина не только их музыкальность и поэтичность, но и гражданское мужество.

3) Отца **ценят** на заводе, и молодые инженеры всегда обращаются к нему за советом.

4) Человека надо **оценивать** по его делам и поступкам, а не по словам.

5) Последние произведения молодого художника критика **оценивает** как вполне зрелые.

6) Особенно высоко специалисты **ценят** последние работы учёного.

7) Как вы думаете, можно ли **оценить** эту картину в 5000 рублей?

8) Не бросайте бумагу на пол, **цените** чужой труд.

9) Мы высоко **ценим** заслуги человека перед обществом.

б) Вста́вьте в про́пуски глаго́лы **цени́ть** и́ли **оцени́ть – оце́нивать**.

1) Она́ уме́ла _____ своё вре́мя, поэ́тому успева́ла мно́го чита́ть.

2) О́пыт позволя́ет ей сра́зу пра́вильно _____ музыка́льные спосо́бности дете́й.

3) Статью́ обсуди́ли и _____ положи́тельно.

4) Ты _____ люде́й по пе́рвому впечатле́нию, кото́рое ча́сто быва́ет оши́бочным.

5) Мы _____ ва́ше дове́рие и постара́емся оправда́ть его́.

6) Мне ка́жется, вы непра́вильно _____ э́ту рабо́ту. Она́ не така́я интере́сная, как ка́жется на пе́рвый взгляд.

7) Молоды́е лю́ди ча́сто не _____ своё здоро́вье.

8) Челове́ку тру́дно самому́ _____ свои́ посту́пки.

9) В сре́дней шко́ле Росси́и зна́ния уча́щихся _____ по пятиба́лльной систе́ме.

10) Э́того сотру́дника о́чень _____ в компа́нии.

Зада́ние 37 Прочита́йте сле́дующие словосочета́ния. Попро́буйте соста́вить приме́ры с не́которыми из них.

> **разделя́ть – раздели́ть** что-л.: ~ взгля́ды, мне́ние о чём-л., то́чку зре́ния, мысль, убежде́ния в чём-л.; ра́дость, восто́рг, го́ре, увлече́ние, скорбь, сча́стье, судьбу́, чу́вство чего́-л.;
>
> **приходи́ть – прийти́** к чему́-л.: ~ к мне́нию, к вы́воду, к заключе́нию, к мы́сли, к убежде́нию, к реше́нию, к согла́сию, к соглаше́нию, к результа́ту;
>
> **в го́лову прихо́дит** что-л.: ~ план, мысль, иде́я, реше́ние.

■ ДИСКУССИЯ

Зада́ние 38 Соста́вьте спи́сок из пяти́ са́мых це́нных ли́чно для вас ка́честв челове́ка. Вошли́ ли в э́тот спи́сок *отзы́вчивость, сострада́ние, жа́лость*? Е́сли да, то на како́м ме́сте по зна́чимости э́ти ка́чества в ва́шем спи́ске? Е́сли не включены́, то почему́?

Сравни́те свой спи́сок со спи́сками свои́х това́рищей в гру́ппе. Каки́е ка́чества челове́ка безусло́вно лиди́руют в большинстве́ спи́сков? Чем вы э́то мо́жете объясни́ть?

Зада́ние 39 Согла́сны ли вы с мне́нием Ф. Достое́вского о том, что всеми́рная отзы́вчивость как общенациона́льное ка́чество сво́йственна то́лько ру́сским?

Зада́ние 40 В 1910 году́, в во́зрасте 82 лет, Лев Толсто́й ухо́дит из до́ма и умира́ет по доро́ге, на ста́нции Аста́пово. Прочита́йте отры́вок из дневника́ Л. Н. Толсто́го и скажи́те, в чём причи́на душе́вных страда́ний писа́теля? Проведи́те обсужде́ние в гру́ппе.

Всё бо́льше и бо́льше почти́ физи́чески страда́ю от нера́венства: бога́тства на́шей жи́зни среди́ нищеты́; и не могу́ уме́ньшить э́того нера́венства. В э́том та́йный траги́зм мое́й жи́зни.

Зада́ние 41 Говоря́ о жа́лости, изве́стный ру́сский фило́соф Н. Бердя́ев осужда́л самого́ себя́ за пасси́вность. Прочита́йте выска́зывание фило́софа. Как вам ка́жется, прису́щи ли черты́ эгоисти́ческого самосохране́ния совреме́нному о́бществу в Кита́е? Встреча́ли ли вы приме́ры тако́го поведе́ния?

Мне о́чень сво́йственна жа́лость, сострада́тельность. Я с трудо́м выношу́ страда́ние люде́й и живо́тных и совсе́м не выношу́ жесто́кости. Поэ́тому я исключи́тельно страда́л от жа́лости, пасси́вно страда́л. Я ма́ло де́лал для реализа́ции в жи́зни мое́й жа́лости, ма́ло помога́л страда́ющим лю́дям, ма́ло облегча́л их страда́ния. Жа́лость и забо́тливость соединя́лись у меня́ с эгоисти́ческим самосохране́нием. Я ча́сто пря́тался, избега́л того́, что могло́ бы вы́звать о́строе сострада́ние.

Зада́ние 42 Кирги́зский писа́тель Ч. Айтма́тов сказа́л: «Добру́ челове́к у челове́ка у́чится». Объясни́те, как вы понима́ете э́ти слова́.

Зада́ние 43

а) Прочита́йте текст из шко́льного уче́бника и вспо́мните, как вас в шко́ле воспи́тывали в отзы́вчивости.

Челове́к бо́лен …

Мо́жно ли смея́ться над боле́знью и́ли физи́ческим недоста́тком челове́ка? Коне́чно, нет!

Но в жи́зни встреча́ются жесто́кие лю́ди, кото́рые мо́гут так поступа́ть. Быва́ет, что в результа́те боле́зни и́ли несча́стного слу́чая челове́к стано́вится калéкой, си́льно меня́ется внéшне, о́чень полне́ет и́ли худе́ет, теря́ет зре́ние. Ра́зве он винова́т в том, что заболе́л? Ведь э́то мо́жет случи́ться с ка́ждым! Смея́ться над больны́м позо́рно и га́дко. Бо́лее того́, больно́й челове́к ждёт от нас по́мощи и подде́ржки. По́мни, что без осо́бой забо́ты и внима́ния други́х люде́й он не мо́жет сде́лать то, что ка́жется тебе́ совсе́м просты́м: оде́ться, умы́ться, перейти́ доро́гу и мно́гое друго́е.

б) Приходи́лось ли вам в шко́льные го́ды ста́лкиваться с де́тской жесто́костью? Расскажи́те о са́мом запомина́ющемся слу́чае. Как вы и ва́ши друзья́ вели́ себя́ в той ситуа́ции? Приходи́лось ли вам жале́ть о како́м-то своём жесто́ком посту́пке в де́тстве? Расскажи́те об э́том.

Зада́ние 44 Согла́сны ли вы со сле́дующим вы́водом Ван Тончжа́о :

德的文学偏于严重，法的文学趣于活泼，意大利文学优雅。而俄罗斯则幽深暗淡，描写人生苦痛，直到极深密处，几乎为全世界呼出苦痛喊声来……俄罗斯文学最有特色的是人情的表现。（王统照）

Зада́ние 45 Вы́скажите ва́ше мне́ние по по́воду выска́зывания Юй Чююя :

文化的最终目标，是在人世间普及爱和善良。

（余秋雨）

Зада́ние 46 Напиши́те сочине́ние на одну́ из тем:

1) «Свет не без до́брых люде́й»;
2) «Почему́ мно́гие не подхо́дят, уви́дев на у́лице упа́вшего челове́ка».

ЛЕКСИКО-СТИЛИСТИЧЕСКАЯ РАБОТА

«по́мнить» с приста́вками

Зада́ние 47 Прочита́йте предложе́ния. Сопоста́вьте значе́ния вы́деленных глаго́лов.

1) Прослу́шав стихотворе́ние, он **запо́мнил** его́. И всё вре́мя о́чень хорошо́ **по́мнил**. Но когда́ его́ спроси́ли на уро́ке, он вдруг забы́л и не мог **вспо́мнить** сам. Учи́тель **напо́мнил** ему́ пе́рвую стро́чку, и он сра́зу **вспо́мнил** всё стихотворе́ние.

2) У него́ хоро́шая па́мять: он бы́стро **запомина́ет** и **по́мнит** всё до мельча́йших подро́бностей. Ему́ не ну́жно **напомина́ть** о том, что он обеща́л сде́лать, он всегда́ **по́мнит**. Он бы́стро и легко́ **вспомина́ет** то, что учи́л мно́го лет наза́д.

Зада́ние 48 Отве́тьте на вопро́сы, употребля́я глаго́лы **запо́мнить – запомина́ть**, **вспо́мнить – вспомина́ть**, **по́мнить** и слова́ и́ли словосочета́ния, да́нные в ско́бках.

1) Како́е впечатле́ние произвела́ на вас встре́ча с поэ́тами? (надо́лго)
2) Вы зна́ете, что, переходя́ че́рез у́лицу, на́до быть о́чень внима́тельным? (всё вре́мя)
3) Вы поздра́вили с днём рожде́ния ва́шу знако́мую? (по́здно)
4) Вы легко́ усва́иваете но́вые пра́вила? (с пе́рвого ра́за)

5) Вы так и не зна́ете, где оста́вили свой зо́нтик? (спустя́ не́сколько дней)

6) Вы узна́ли всех, кто снят на э́той ста́рой фотогра́фии? (сра́зу, с трудо́м)

Зада́ние 49 Зако́нчите предложе́ния одни́м из сле́дующих словосочета́ний: **я не по́мню**, **я не по́мнил**, **я не запо́мнил**. Если необходи́мо, распространи́те э́ти словосочета́ния.

1) – Вчера́ у меня́ спроси́ли ваш телефо́н, а ... – А сейча́с? – И сейча́с...

2) – Спо́йте нам «Катю́шу»! – К сожале́нию, слова́ э́той пе́сни ...

3) – Как фами́лия ва́шего преподава́теля? – ...

4) – Я же то́лько что сказа́л, кто был с на́ми на экску́рсии! – Прости́те, но ...

Зада́ние 50 Прочита́йте предложе́ния и определи́те значе́ние глаго́ла **напо́мнить – напомина́ть**. Измени́те да́нные предложе́ния, употребля́я вме́сто глаго́ла **напо́мнить – напомина́ть** слова́, бли́зкие по значе́нию.

> В да́нном значе́нии употребля́ется преиму́щественно глаго́л несовер-
> шённого ви́да. При употребле́нии глаго́ла соверше́нного ви́да ча́ще
> обяза́тельным явля́ется дополне́ние в да́тельном падеже́ и указа́ние на моме́нт
> де́йствия.

1) В обы́чные дни наш редакцио́нный коридо́р **напомина́л** чём-то ма́ленькую, но оживлённую у́лицу.

2) Лицо́м она́ **напомина́ла** мать, а хара́ктером отца́.

3) По фо́рме э́тот предме́т **напомина́ет** звезду́.

4) Я всё стара́лся вспо́мнить, кого́ он мне **напомина́ет**, и вдруг на днях вспо́мнил.

5) Эта де́вушка го́лосом **напомина́ет** мою́ подру́гу.

6) В э́тот моме́нт она́ **напо́мнила** мне сестру́.

7) Он говори́т, что я ему́ **напомина́ю** каку́ю-то ми́лую де́вушку.

Зада́ние 51 Отве́тьте на вопро́сы, употребля́я глаго́л **напомина́ть** и слова́, да́нные в ско́бках.

1) На кого́ похо́жа ва́ша сестра́? (лицо́м, ма́ма)

2) Как он отно́сится к рабо́те? (свои́м отноше́нием к де́лу, оте́ц)

3) Как держа́лся на трибу́не докла́дчик? (свои́ми мане́рами, актёр)

4) На что похо́жа подво́дная ло́дка? (по фо́рме, гига́нтская ры́ба)

Зада́ние 52 Вста́вьте в про́пуски глаго́лы **напо́мнить – напомина́ть** и́ли **вспо́мнить – вспомина́ть** в ну́жной фо́рме.

1) Вид с горы́ _____ ему́ иллюстра́цию из кни́ги.

2) Гля́дя с горы́ на го́род, он _____ иллюстра́цию из кни́ги.

3) Реда́ктор _____ худо́жнику об иллюстра́циях к кни́ге, кото́рые он до́лжен был сде́лать.

4) Е́сли бы сосе́д по купе́ не _____ мне о портфе́ле, я оста́вил бы его́ в ваго́не.

5) Уже́ до́ма я _____ о портфе́ле, кото́рый оста́вил в ваго́не.

6) Мой чемода́н небольшо́й, по своему́ ви́ду _____ портфе́ль.

7) Никто́ не мог _____ слу́чая, что́бы он вы́шел из себя́.

8) То, что я ви́дел сего́дня, _____ мне слу́чай из моего́ де́тства.

Зада́ние 53 Прочита́йте предложе́ния. Определи́те ра́зницу в значе́ниях глаго́лов **припо́мнить – припомина́ть** и **вспо́мнить – вспомина́ть**.

> Глаго́л **припо́мнить**, совпада́я по значе́нию с глаго́лом **вспо́мнить**, име́ет ча́сто дополни́тельный отте́нок «не всё, не сра́зу, с нараста́ющей отчётливостью».

1) По́сле ва́шего расска́за я ко́е-что **припомина́ю**, мо́жет быть, **вспо́мню** всё.

2) Мне то́же всё вре́мя каза́лось, что я где́-то ви́дела э́то лицо́, но не могла́ вспо́мнить, где. Тепе́рь **припомина́ю**.

3) Придя́ в себя́, он не мог сра́зу **вспо́мнить**, что с ним произошло́, и **припомина́л** случи́вшееся с ним постепе́нно, моме́нт за моме́нтом.

4) Я стал **припомина́ть** и вспо́мнил, ведь э́то был бы́вший наш учи́тель.

Зада́ние 54 Прочита́йте предложе́ния. Обрати́те внима́ние на ситуа́ции, в кото́рых употребля́ется глаго́л **опо́мниться**.

1) Наста́сью Петро́вну внесли́ домо́й без чувств, **опо́мнилась** она́ часа́ че́рез два.

2) Мне сде́лалось пло́хо. Когда́ я **опо́мнилась**, по́дле меня́ сиде́ли о́бе тётушки.

3) Э́то бы́ло так неожи́данно, так невероя́тно, что не́которое вре́мя он не мог **опо́мниться**.

4) За два дня до отъе́зда они́ сыгра́ли сва́дьбу, и тепе́рь ошеломлённые происше́дшим, ещё не **опо́мнившиеся**, они́ е́хали в далёкий го́род.

5) Ты не успе́л **опо́мниться**, как оказа́лся по́лностью в друго́й компа́нии.

6) Но не успе́л **опо́мниться**, как почу́вствовал о́струю боль.

Зада́ние 55 Переведи́те сле́дующий текст на ру́сский язы́к.

暑假我回了一趟老家。30 年过去了，它的面貌变得认不出来了，只有那条小河使我想起原来的小村子。我见到了我孩童时的朋友。他们还记得我。我们一起回忆了童年时代，还想起了一些小时候可笑的事情。大家不禁感叹："转眼间人就老了！"这次见面给我印象深刻，我一生都会记得。

2

■ «брать» с приставками

Задáние 56 Встáвьте в прóпуски глагóлы **избрáть – избирáть** и́ли **вы́брать – выбирáть**.

1) Для проведéния собрáния мы _____ одну́ из больши́х аудитóрий на пя́том этажé.

2) Собрáние _____ егó делегáтом на студéнческую конферéнцию.

3) Дéти сáми _____ Ми́шу свои́м команди́ром.

4) – Почему́ вы не захóдите к нам? – Не могу́ _____ врéмени, óчень зáнят.

5) Предмéтом своегó исслéдования он _____ малоизу́ченную óбласть хи́мии.

6) Себé режиссёр _____ сáмую мáленькую роль.

7) В Центрáльном универмáге легкó _____ хорóший костю́м для рабóты.

8) Чтóбы сообщи́ть ей э́ту неприя́тную нóвость, нáдо _____ подходя́щий момéнт.

9) В Прези́диум Акадéмии нау́к в э́том году́ _____ трёх нóвых члéнов.

Задáние 57 Отвéтьте на вопрóсы, употребля́я в отвéтах глагóлы, дáнные в скóбках.

1) Все карти́ны повезу́т на вы́ставку? (отобрáть)

2) На кáфедре есть прошлогóдние журнáлы? (собирáть)

3) Где проду́кты, котóрые я тóлько что принеслá? (убрáть)

4) На спорти́вной бáзе есть ещё лы́жи? (разобрáть)

5) Вы состáвили спи́сок слов и выражéний к тéме «Прирóда»? (подобрáть)

6) Почему́ в кóмнате такóй беспоря́док? (убирáть)

7) Вы так и не вспóмнили, кто вам сказáл об э́том? (перебрáть)

8) Что здесь напи́сано? (разобрáть)

Задáние 58 Дáнные предложéния измени́те таки́м óбразом, чтóбы в них мóжно бы́ло употреби́ть оди́н из глагóлов в ну́жном ви́де: **разбирáть, разбирáться, убирáть, подбирáть, выбирáть, собирáться, отбирáть, набирáться**.

1) Покупáть подáрок малознакóмому человéку тру́дно.

2) Откýда у тебя́ э́та вещь? Ктó-то вы́бросил, а ты взял.

3) Он лиши́лся води́тельских прав, потому́ что нару́шил прáвила дорóжного движéния.

4) Чтóбы письмó не потеря́лось, онá положи́ла егó в я́щик.

5) Скóропись невóзможно поня́ть.

6) Дежу́рные студéнты навóдят поря́док в аудитóрии.

7) На лéкции профéссор проанализи́ровал нéсколько пóздних стихотворéний А. С. Пу́шкина.

8) Биле́ты в Большо́й теа́тр раскупи́ли о́чень бы́стро.

9) Найди́те сино́нимы к э́тим глаго́лам.

10) Хоте́ли вы́ступить все, но вы́ступили то́лько дво́е.

11) Я нашёл в себе́ сме́лость и попроси́л разреше́ния прису́тствовать на э́той интере́сной опера́ции.

12) Он хорошо́ зна́ет и понима́ет совреме́нную му́зыку.

Зада́ние 59 Зако́нчите выска́зывания, употребля́я глаго́лы в ну́жном ви́де: **отбира́ть, убира́ть, выбира́ть, собира́ть, подбира́ть, набира́ть, убира́ться**.

1) В на́шей гру́ппе нет ста́росты. На́до ...

2) Че́рез два часа́ мы уезжа́ем, а ве́щи в чемода́ны ещё не уло́жены. На́до...

3) На столе́, за кото́рым мы бу́дем обе́дать, лежа́т кни́ги. На́до ...

4) Пу́говицы не подхо́дят к пла́тью. Помоги́те мне ...

5) Нет дров, что́бы разже́чь костёр. На́до ...

6) Ма́льчик рису́ет на стене́ карандашо́м. На́до ...

7) В ко́мнате беспоря́док. На́до ...

8) Ве́тер разброса́л по всей ко́мнате бума́гу. На́до ...

Зада́ние 60 Вста́вьте в про́пуски оди́н из глаго́лов **перебра́ть – перебира́ть, перебра́ться – перебира́ться, разобра́ть – разбира́ть, разобра́ться – разбира́ться**.

1) Заче́м она́ взяла́ для докла́да те́му, свя́занную с поэ́зией? Она́ ведь пло́хо _____ в э́том.

2) На друго́й бе́рег реки́ тру́дно _____.

3) «Кто же звони́л?» – ду́мала она́ и одного́ за други́м _____ всех свои́х знако́мых.

4) В библиоте́ке не́ было ни одного́ но́мера журна́ла «Октя́брь» за э́тот год, все _____.

Зада́ние 61 Переведи́те сле́дующий текст на ру́сский язы́к.

我们班同学早就想去看一场戏。终于我们选定了星期六首都剧场上演的话剧《雷雨》。可是当我们收齐了票款，剧院网上售票信息显示当天的票已经全部售完。

IV ДЕЛОВЫЕ БУМАГИ

Как писа́ть поздравле́ние?

Что́бы укрепи́ть до́брые отноше́ния, воспо́льзуйтесь слу́чаем и напиши́те письмо́-поздравле́ние. По́водом мо́жет послужи́ть любо́е зна́чимое собы́тие – юбиле́й организа́ции и́ли конкре́тного челове́ка, назначе́ние на до́лжность и́ли како́е-либо ино́е ва́жное собы́тие. Ча́ще всего́ поздравля́ют с пра́здниками и юбиле́ями.

Поздравле́ние составля́ется в абсолю́тно свобо́дной фо́рме. По объёму текст занима́ет от одного́ предложе́ния до не́скольких дли́нных абза́цев, е́сли есть жела́ние перечи́слить основны́е достиже́ния организа́ции и́ли поздравля́емого челове́ка.

В конце́ письма́-поздравле́ния всегда́ ста́вится по́дпись.

Образцы́

1

Дороги́е друзья́!

От всей души́ поздравля́ем Вас и Ва́ших колле́г с Но́вым го́дом! Наде́емся, что благодаря́ о́бщим уси́лиям, взаимовы́годное сотру́дничество ме́жду на́ми ста́нет тесне́е, а дру́жественные свя́зи ещё кре́пче! Всегда́ ра́ды ви́деть Вас в ка́честве на́ших постоя́нных партнёров!

С уваже́нием,

Коллекти́в компа́нии «Восто́к»

2

Уважа́емая Наде́жда Ива́новна!

Я и́скренне призна́телен Вам за поздравле́ние с Но́вым го́дом и Рождество́м. В свою́ о́чередь я та́кже хочу́ Вас поздра́вить с наступи́вшим Но́вым го́дом и с проше́дшим пра́здником Рождества́ Христо́ва.

От всей души́ жела́ю Вам и Ва́шим бли́зким са́мого до́брого здоро́вья, уда́чи, ра́дости, благополу́чия во всём.

С уваже́нием и благода́рностью,

Ли Минь

3

Люби́мая на́ша Светла́на Ю́рьевна!

Мы от всей души́ поздравля́ем Вас с Ва́шим пра́здником, Днём учи́теля! Здоро́вья, успе́хов и сча́стья Вам! Мы по́мним Вас, Вы на́ша пе́рвая и лу́чшая учи́тельница!

Выпускники́ 1990 го́да

Зада́ние 62 Ско́ро бу́дет Но́вый год. Напиши́те поздрави́тельное письмо́ ва́шему дру́гу и́ли ро́дственнику.

Зада́ние 63 Напиши́те письмо́-поздравле́ние Ва́шему това́рищу, кото́рый одержа́л побе́ду на ко́нкурсе ру́сского языка́.

Зада́ние 64 Поздра́вьте ва́ших преподава́телей по слу́чаю како́го-либо пра́здника.

Зада́ние 65 От и́мени ва́шей гру́ппы напиши́те поздравле́ние ру́сскому преподава́телю, рабо́тающему в ва́шем институ́те, и вы́разите ему́ ва́шу благода́рность.

V ДОПОЛНИТЕЛЬНЫЙ ТЕКСТ

Ру́сское мессиа́нство

Возвыше́ние Моско́вской Руси́ произошло́ стреми́тельно и неожи́данно для сами́х ру́сских люде́й. Ещё в нача́ле пятна́дцатого ве́ка Моско́вское кня́жество бы́ло всего́ лишь одни́м из небольши́х, хотя́ и динами́чных госуда́рственных образова́ний, затеря́вшихся в леса́х и боло́тах ве́рхней Во́лги и сре́дней Оки́. На ка́ртах,

Великое Московское княжество

изобража́ющих Русь того́ вре́мени, владе́ния моско́вского кня́зя ка́жутся совсе́м незаме́тными ря́дом с таки́ми территориа́льными гига́нтами, как Вели́кое Кня́жество Лито́вское, Золота́я Орда́ и́ли Новгоро́дская респу́блика.

Но не прошло́ и полве́ка по́сле плене́ния Васи́лия Тёмного его́ ро́дственниками и тата́рами, как его́ сын стал одни́м из наибо́лее могу́щественных владе́телей Восто́чной Евро́пы, главо́й объединённого ру́сского госуда́рства. Но са́мое удиви́тельное бы́ло то, что все успе́хи Ива́на Тре́тьего, кото́рого совреме́нники называ́ли Вели́ким и Гро́зным, бы́ли дости́гнуты без больши́х поте́рь и расхо́дов, без значи́тельных похо́дов и кровопроли́тных битв. Да́же Вели́кий Но́вгород, зе́мли кото́рого по свои́м разме́рам во мно́го раз превосходи́ли террито́рии кня́жества Моско́вского, почти́ без сопротивле́ния оконча́тельно покори́лся Москве́. В каки́е-нибудь пятна́дцать-два́дцать лет э́тот пе́рвый Ива́н Гро́зный стал самоде́ржцем всей Руси́, вы́росшей в реша́ющую си́лу Восто́ка Евро́пы. Зе́мли его́ госуда́рства простира́лись от Черномо́рских степе́й до Се́верного океа́на и от Дне́пра до За́падной Сиби́ри. Тепе́рь Росси́я, а не Литва́ и тата́ры, ста́ла гла́вным госуда́рством европе́йского Восто́ка и её геополити́ческое положе́ние на грани́цах Евро́пы и Азии радика́льно перемени́лось.

Переме́ны в геополити́ческом положе́нии Москвы́ не ограни́чились молниено́сным расшире́нием террито́рии и укрепле́нием вла́сти мона́рха. В 1480 году́, почти́ что одновре́менно с подчине́нием бога́той Новгоро́дской респу́блики, моско́вскому госуда́рю Ива́ну III удало́сь доби́ться по́лной незави́симости от Золото́й Орды́. Ещё че́рез не́сколько лет э́то госуда́рство монго́л и тата́р соверше́нно распа́лось. Внеза́пное исчезнове́ние гро́зной тата́рской импе́рии порази́ло ру́сских люде́й, привы́кших со стра́хом взира́ть на э́ту стра́шную угро́зу с Восто́ка. Но ещё бо́льшее впечатле́ние произвело́ на них то стра́нное совпаде́ние, что Русь вы́росла в могу́чую страну́ как раз в то же вре́мя, когда́ Византи́я, бы́вшая в тече́ние столе́тий гла́вным исто́чником культу́ры, ве́ры и госуда́рственных норм для ру́сских, па́ла под уда́рами бо́лее ю́жных тю́рков, созда́вших Оттома́нскую импе́рию. Паде́ние Константино́поля в 1453 году́ нево́льно привело́ к тому́, что в ума́х ру́сских люде́й зароди́лась мысль, что тепе́рь сам Госпо́дь предназна́чил молодо́й Руси́ стать прее́мником византи́йских импера́торов в де́ле защи́ты правосла́вия, хране́ния са́мых чи́стых заве́тов Христа́. К э́тому чу́вству го́рдости за полити́ческие успе́хи приме́шивалось и национа́льное удовлетворе́ние за твёрдость в дела́х ве́ры. Ведь всего́ лишь за полтора́ деся́тка лет до паде́ния второ́го Ри́ма, византи́йские патриа́рх и царь призна́ли верхо́вный авторите́т всегда́ и́ми нелюби́мого влады́ки пе́рвого Ри́ма и измени́ли, в глаза́х правосла́вных, свое́й пра́вой ве́ре и до́гме. Тепе́рь ру́сским каза́лось, что, наказа́в «изме́нников»-гре́ков за их отступле́ние, Госпо́дь награди́л «све́тлую» Русь за её стоя́ние за правосла́вие и вручи́л ей защи́ту суде́б христиа́нства.

Тео́рия осо́бого избра́ния Бо́гом на́ции и́ли госуда́рства для защи́ты ве́ры и́ли да́же для распространéния религиóзного учéния, конéчно, не былá создáнием москóвских книжников. Почти что кáждому нарóду присýще считáть себя осóбенно вáжным и осóбенно отвéтственным пéред Бóгом, мúром, человéчеством úли истóрией за сохранéние úли распространéние идéй, традúций úли тúпов цивилизáций среди другúх нарóдов.

Рúмские импéраторы, принáв христиáнство, считáли, что Рим, – всемúрное госудáрство христиáнской культýры, – являéтся úменно этим цáрством, обéщанным Бóгом. Сначáла Рим, а затéм и Константинóполь считáли себя религиóзным цéнтром этой вселéнской импéрии, едúнственной возмóжной импéрии христиáнского мúра. Вскóре Константинóполь присвóил себé и самó назвáние «вторóго Рúма». Пóзже, когдá Рúмская цéрковь «отпáла от правослáвия», византúйцы стáли себя считáть не тóлько вторым Рúмом, но и полнопрáвными наслéдниками стáрого Рúма. Свою столúцу они называли цéнтром едúнственной христиáнской импéрии. Со своéй стороны пáпа рúмский и зáпадное христиáнство полагáли, что тóлько католúческий зáпад являéтся едúнственным пóдлинно-христиáнским мúром, возглавляéмым рúмским первосвящéнником.

В Россúи, в дрéвней Русú, идéя осóбого положéния рýсского нарóда в мúре, как нарóда, удостóенного правослáвной вéры, развивáется ужé в пéрвый же век по принáтии христиáнства. Тогдá сложúлось мнéние, что, даровáв рýсской землé правослáвие, Госпóдь бýдет трéбовать за это от рýсского нарóда бóльше, чем от другúх, и бýдет стрóже накáзывать егó за грехú.

Идéя, что Русь былá постáвлена Бóгом вýше другúх госудáрств и что поэтому Госпóдь трéбует от рýсского нарóда бóльше, чем от другúх нарóдов, ясно виднá во всей интеллектуáльной истóрии, как Кúевской, так и Москóвской эпóхи. Эта мысль постоянно велá к рóсту религиóзного напряжéния в Россúи, котóрое разряжáется тóлько в семнáдцатом вéке в результáте трагúческого религиóзного крúзиса раскóла. Вполнé вероятно, что эти рáнние, свóйственные мнóгим средневекóвым госудáрствам Еврóпы мечты об осóбой úзбранности их нарóда, не прúняли бы такóй определённой и рéзкой фóрмы, éсли бы усилéние Москвы не совпáло бы с падéнием Византúи и Золотóй Орды и Русь не былá бы окруженá стрáнами другóй вéры и другóго культýрного склáда.

Но историческая обстанóвка пятнáдцатого вéка, во всяком слýчае, способствовала укреплéнию этих горделúвых теóрий в умáх рýсских людéй. Учéние о том, что Госпóдь укрепúл Русь как раз пóсле падéния Византúи и сдéлал её едúнственным и послéдним защúтником правослáвия, спосóбствовало рóсту престúжа москóвского госудáря, льстúло самолюбию рýсских образóванных совремéнников Ивáна III.

Во вторóй половúне пятнáдцатого вéка этот рýсский церкóвный патриотúзм постепéнно развивáется в учéние об осóбом мессиáнском путú рýсского нарóда.

Чýвство национáльно-религиóзной гóрдости, увéренность, что рýсское правослáвие сáмое чúстое и сáмое святóе, проявúлось с осóбенной сúлой во врéмя так называемого Стоглáвого Собóра 1551 гóда. Национáльные осóбенности и заслýги рýсской цéркви постоянно подчёркиваются и в речах Ивана IV, открывшего собор и в постановлениях собора. Греческие святые в речи царя почти что не упоминаются. Зато настойчиво подчёркивается роль великих святых русской земли. Когда собору приходилось выбирать между новогреческим и русским обрядами, то предпочтение, без колебаний, оказывалось русскому, освящённому веками его употребления на Руси.

По С. А. Зеньковскому

Русские пословицы и поговорки

Жизнь прожить – не поле перейти.

На всякое хотенье есть терпенье.

Один в поле не воин.

Друзья познаются в беде.

Свет не без добрых людей.

СЛОВАРЬ
生词表

А

абстра́ктный 抽象的 ‖ абстра́ктно (4)

автобиографи́чный 自传体的，自述性的 (4)

авторита́рный 专横的，霸道的；追求个人威信的 ‖ авторита́рно (3)

агра́рный 土地的；农业的 (2)

агресси́вность 侵略性 (4)

адапти́роваться *сов. и несов.* 适应 (1)

азиа́т 亚洲人 ‖ азиа́тка (3)

алле́я 林阴道；小径 (4)

архети́п 原型 (1)

арши́н 俄尺；一俄尺长的尺子 (1)

ассимиля́ция 同化 (3)

ассоциа́ция 协会，社团；联想 (1)

асфа́льт 沥青；柏油马路 (1)

Б

ба́ба 村妇 (2)

ба́рин 贵族；地主；东家，老爷 ‖ ба́рыня 太太 (4)

безграни́чность 无限，无穷 (2)

безде́йствовать *несов.* 不生产，停工 (2)

безжа́лостный 无怜悯心的；无情的 ‖ безжа́лостно (4)

беззабо́тный 漠不关心的；无忧无虑的 ‖ беззабо́тно (1)

без огля́дки 拼命地；头也不回地 (4)

безразли́чный 漠不关心的，冷淡的；无关紧要的，无关痛痒的 ‖ безразли́чно (2)

безрассу́дство 鲁莽，轻率，冒失 (2)

безу́держный 抑制不住的，不可遏止的 ‖ безу́держно (2)

без у́молку 不住声地 (3)

бензи́н 汽油 (1)

бесконе́чность 无限，无边无际 (2)

беспе́чность 疏忽大意；无忧无虑 (2)

беспе́чный 不认真的，漫不经心的；无忧无虑的 ‖ беспе́чно (2)

беспричи́нный 无缘无故的，无端的 ‖ беспричи́нно (1)

бессозна́тельный 无知觉的；无意识的，不知不觉的 ‖ бессозна́тельно (1)

бесхозя́йственность 经营不善，不节约 (1)

бесце́льный 漫无目的的；无益的 ‖ бесце́льно (4)

бесчи́сленный 无数的，数不胜数的 ‖ бесчи́сленно (4)

благоде́тель 捐助者，恩人 (4)

блеск 光辉，光泽；闪光 (1)

блесте́ть *несов.* ‖ блесну́ть *сов. (однокр.)* 发光；闪现出，流露出 (1)

блю́дце 茶托，茶碟 (4)

бог 神；上帝；老天爷 (1)

бо́дрость 精力充沛 (2)

борт 船舷；(球台、卡车等的）帮，拦板；衣襟 (2)

бревно́ 原木；木头人儿；平衡木 (2)

брести́ 徘徊；蹒跚 (2)

буржуа́ 资产阶级分子，资产者 (3)

бытие́ 存在；生活条件 (4)

В

ва́ленки 毡靴 (2)

варёный 煮熟的；熬成的，熬制的 (4)

ва́та 棉絮，棉花 (2)

ва́тный 棉的，棉制的；棉絮的 (4)

вдыха́ть *несов.* ‖ вдохну́ть *сов.* 吸，吸入 (2)

веле́ние 命令；要求 (4)

вели́чие 伟大，崇高；宏伟，庄严 (4)

ве́риться *несов.* 相信 (1)

ве́ровать *несов.* 相信，确信；信教，信神 (1)

ве́рующий 信徒，信教的人 ‖ ве́рующая (1)

верх 顶；上端；上边；上层 (4)

весе́лье 快乐，快活；娱乐 (2)

ве́тхий 陈旧的，破旧的；陈腐的；衰老的 (2)

взаимоде́йствие 相互关系，相互作用；互相配合，互相支持 (2)

ви́димый 看得见的；明显的；表面的 (3)

византи́йский 拜占庭的 (3)

Византи́я 拜占庭 (3)

власть 权力，政权；政权机关，政府；当局 (2)

внуши́ть *сов.* ‖ внуша́ть *несов.* 引起，激起；灌输，注入 (4)

во́все 完全，全然；绝（不），一点也（不） (1)

во вся́ком слу́чае 无论如何，不管怎样；至少 (4)

во главе́ с (*кем*) 以……为首 (1)

возбуди́ть *сов.* // возбужда́ть *несов.* 引起，激起；刺激，使激动 (4)

возмути́ть *сов.* // возмуща́ть *несов.* 使愤恨，使愤怒 (4)

вон 那里，那就是；出去！滚！ (1)

воплоти́ть *сов.* // воплоща́ть *несов.* 体现，表现，使具体化 (1)

восприи́мчивость 感受性，敏感性 (4)

восприи́мчивый 容易理解的；易受感染的 ‖ восприи́мчиво (3)

врождённый 先天的，天生的 (1)

вскочи́ть *сов.* // вска́кивать *несов.* 跳上；跳入；站起，跳起 (4)

вспы́хнуть *сов.* // вспы́хивать *несов.* 突然燃起；泛起红晕；爆发 (4)

всу́нуть, *сов.* // всо́вывать *несов.* 塞入；插入；放入 (4)

втихомо́лку 悄悄地，偷偷地 (3)

вы́жать *сов.* // выжима́ть *несов.* 拧（或挤、榨）出；拧（或挤、榨）干 (4)

вы́мысел 虚构，臆造；谎话 (4)

вы́нудить *сов.* // вынужда́ть *несов.* 迫使，逼迫；用强制手段得到 (2)

вы́нуть *сов.* // вынима́ть *несов.* 拿出，取出；掏出 (3)

вырази́тель 表达者，代表者，代言人 ‖ вырази́тельница (4)

вы́рвать *сов.* // вырыва́ть *несов.* 拔出；撕下；夺去 (4)

вы́сказать *сов.* // выска́зывать *несов.* 说出，表示 (4)

вы́сказаться *сов.* // выска́зываться *несов.* 说出自己的看法，表示赞成 (4)

вы́скочить *сов.* // выска́кивать *несов.* 跳出，蹦出；突然出现 (3)

Г

гаранти́ровать *сов. и несов.* 担保，保证，保护……免遭…… (2)

ги́бкость 柔韧性，弹性；灵活性 (3)

гла́дить *несов.* // погла́дить *сов.* 熨好，烫平；抿平；抚摸 (1)

глазоме́р 目测；目测力 (3)

глуби́нный 深处的；边远的 (4)

голу́бушка 亲爱的 (4)

госпо́дь 贵族；上帝；го́споди 上帝，天主啊 (1)

грудно́й 胸部的；哺乳期的，吃奶的 (4)

Д

дай бог 上帝保佑 (4)

да́лее 较远，往下 (4)

да́ром 免费地；白白地，徒然；便宜地 (3)

две́рца（小）门 (3)

дви́гать *несов.* // дви́нуть *сов.* 移动，挪动；晃动，摆动；推动，促进 (2)

дво́йственность 二元性，二重性 (3)

дво́йственный 双重的，自相矛盾的 ‖ дво́йственно (3)

двугла́вый 双头的 (3)

делика́тный 客气的；有礼貌的；微妙的 ‖ делика́тно (3)

де́нег ку́ры не клюю́т (*у кого*) ……钱很多；……很有钱 (1)

департа́мент 司，局 (3)

дёргать *несов.* // дёрнуть *однокр.* 拽，拉，扯 (4)

держа́ва 国家；强国，大国 (2)

де́ятельный 积极的，积极活动的 ‖ де́ятельно (4)

диску́ссия 辩论，争论；讨论 (4)

добрести́ *сов.* // добреда́ть *несов.* 勉强走到；漫步走到 (2)

добро́ 善；善事，好事 (1)

доброде́тель 美德 (3)

доведе́ние 达到 (2)

долгожда́нный 盼望已久的，望眼欲穿的 (2)

до́ля 部分，份；运气，命运 (1)

дотро́нуться *сов.* // дотра́гиваться *несов.* 触动一下，碰一下 (4)

ду́ма 思想，思索；杜马 (2)

ду́маться *несов.* 想，以为；思考 (4)

ду́ра 蠢女人 (1)

душе́вный 心灵的，内心的；衷心的，诚挚的 ‖ душе́вно (1)

ду́шный 发闷的，不通风的；闷热的 ‖ ду́шно (2)

дыми́ться *несов.* 冒烟；（烟雾、蒸气）升起 (1)

Е

еврази́ец 欧亚人 (3)

еврази́йский 欧亚的 (3)

еврази́йство 欧亚 (3)

европе́ец 欧洲人 ‖ европе́йка (2)

европеиза́ция 欧化，洋化 (3)

едва́ ли не 几乎是；差不多是 (3)

едини́чный 唯一的，单个的；为数不多的；个别的 ‖ едини́чно (1)

Ж

жа́лкий 可怜的，令人怜悯的；难看的；微不足道
的；卑劣的 ‖ жа́лко (2)

жа́лость 同情，怜悯，可惜，惋惜 (4)

жар 热；发烧，发热，狂热 (4)

же́ртвовать несов. ‖ поже́ртвовать сов. 捐助，资
助；牺牲，放弃 (3)

жиле́т 坎肩，背心；救生衣 (4)

жу́ткий 可怕的；极度的；恶劣的 ‖ жу́тко (2)

З

забра́ться сов. ‖ забира́ться несов. 爬上，钻进，
潜入；走远；躲藏 (2)

заверша́ться несов. ‖ заверши́ться сов. 完成，做
成；结束 (2)

завяза́ться сов. ‖ завя́зываться несов. 结上，系住
(2)

загуде́ть сов. 嗡嗡响起来，呜呜响起来 (1)

задрема́ть сов. ‖ задрёмывать несов. 打盹 (2)

заи́мствовать сов. и несов. 借用，采用 (4)

заи́скивание 巴结，谄媚 (3)

заложи́ть сов. ‖ закла́дывать несов. 把……放
到……后面；堵住；奠基 (1)

замёрзнуть сов. ‖ замерза́ть несов. 冻硬；结冰；
冻死；冻僵 (2)

за́морозки 霜冻 (2)

занести́ сов. ‖ заноси́ть несов. 顺便送到；盖满，
埋住 (4)

заора́ть 大喊起来 (1)

за́падник 西欧派，西欧主义者 (4)

записно́й 记笔记用的 (4)

запоте́ть сов. ‖ запотева́ть несов. 蒙上一层水汽；
出汗 (4)

заслу́га 功勋，功劳 (3)

засо́в 门闩，门栓 (2)

засты́ть сов. ‖ застыва́ть несов. 凝结，凝固；
结冰 (3)

затаи́ться сов. ‖ зата́иваться несов. 躲藏，隐藏
(2)

затрудне́ние 困难，障碍；窘境 (3)

затрудни́тельный 困难的；困窘的 ‖ затрудни́тельно
(4)

затяжно́й 持久的；拖延很久的；慢性的 ‖ затя́жно
(2)

захло́пнуть сов. ‖ захло́пывать несов. 把……
（门、盖等）砰的一声关上 (3)

захло́пнуться сов. ‖ захло́пываться несов. （门、
盖等）砰的一声关上 (3)

захрома́ть сов. 瘸起来，跛起来 (1)

защеми́ть сов. ‖ защемля́ть несов. 夹住，夹紧；
夹痛，夹伤 (1)

здра́вый 健全的；正确的，合理的 ‖ здра́во (2)

земледе́лие 耕作；农业；农作学 (2)

земледе́льческий 耕作的；农业的；庄稼人的 (3)

злить несов. ‖ разозли́ть сов. 激怒，触怒，
惹……生气 (1)

зли́ться несов. ‖ разозли́ться сов. 发怒，生气 (1)

злость 怨恨，气愤，恶意 (1)

И

игнори́ровать сов и несов. 忽略，忽视，不理 (4)

изба́виться сов. ‖ избавля́ться несов. 摆脱，避
免，得以免除 (3)

издева́ться несов. 挖苦，讥讽；嘲弄，侮辱 (1)

изли́шний 多余的；过分的，过度的 ‖ изли́шне (2)

изоля́ция 隔离，隔断，隔绝 (3)

изумле́ние 非常惊奇，异常惊讶 (4)

иконогра́фия 肖像学；肖像画法 (3)

иму́щественный 财产的 (3)

иноро́дный 异类的；异己的 (4)

инсти́нкт 本能；天性 (4)

интегра́льный 完整的，整体的 (1)

интрове́рт 性格内向的人 (1)

интуити́вный 直觉的，直观的 ‖ интуити́вно (1)

интуи́ция 直觉；洞察力 (1)

и́скоса 斜眼（看） (4)

испра́вность 完好，良好；适用 (1)

италья́нец 意大利人 ‖ италья́нка (2)

К

каби́на 室；座舱 (2)

казённый 国家的，公家的 (3)

Калифо́рния 加利福尼亚 (2)

кало́ша = гало́ша 胶皮套鞋 (4)

капри́зный 任性的 ‖ капри́зно (2)

Кёльн 科隆市 (3)

ки́нуться сов. ‖ кида́ться несов. 互相投掷；奔
去，跑过去 (4)

клева́ть несов. 啄，啄食；骂，责难；（鱼）咬钩，
上钩 (1)

климати́ческий 气候的 ‖ климати́чески (2)

коле́но 膝，膝盖 (2)

колесо́ 轮，轮子 (2)

кома́ндование 指挥；指挥部，司令部 (1)

комму́на 公社，公团 (3)

компенси́ровать сов. и несов. 补偿，赔偿；代偿；
弥补 (2)

комфóрт 舒适，方便 (1)

комфóртный 舒适的，适意的；方便的 ‖ комфóртно (3)

консервати́зм 保守主义，守旧思想 (3)

конститу́ция 宪法 (2)

контóра 事务所，办事处，办公室 (3)

контрáст 相反，对比；反差 (2)

копчёный 熏制的；熏黑了的 (4)

крепи́ть несов. 固定；加固，巩固，加强 (4)

кривóй 弯曲的，歪斜的；独眼的 ‖ кри́во (4)

кри́тик 批评者；评论家 (4)

крити́ческий 临界的；危急的，紧要关头的；批评的 (2)

кру́жево 花边 (3)

кружи́ть несов. 使转动；盘旋；打旋 (2)

крутóй 陡峭的；急转的；严峻的 ‖ кру́то (4)

крючóк 小钩，挂钩，吊钩 (4)

кудá попáло 随便往哪里 (4)

ку́зов 柳条筐；车身，车厢 (2)

кулáк 头 (1)

культ 祭祀；崇拜；迷信 (1)

ку́польный 圆屋顶的，圆顶的 (3)

Л

лиши́ть сов. ‖ лишáть несов. 夺去，剥夺，使丧失 (2)

лóкоть 胳膊肘，肘部 (4)

ломáть несов. ‖ сломáть сов. 折断；损坏；摧毁 (1)

лýжа 水洼；一汪水，一摊水 (1)

любопы́тство 好奇；好奇求知 (3)

людскóй 人的 (2)

M

малолю́дный 人口不多的，人烟稀少的，人少的 ‖ малолю́дно (4)

малонаселённый 人口少的，人烟稀少的 (2)

машинáльный 机械的；下意识的 ‖ машинáльно (1)

мéжду тем 与此同时；当时 (1)

ментáльность （民族或个人的）精神气质，心理状态；思维方式 (1)

метéль 暴风雪 (2)

метéльный 暴风雪的；扫帚的 (2)

меховóй 毛的；毛皮的；皮货的 (4)

мешóк 袋，口袋；笨拙的人，不灵活的人 (2)

мигáть несов. ‖ мигну́ть сов. однокр. 眨眼，使眼色；闪烁 (3)

ми́гом 眨眼间，刹那间 (3)

милосéрдие 仁慈，慈悲 (4)

ми́лостыня 施舍 (4)

мироздáние 宇宙，世界 (1)

миф 神话；无稽之谈，虚构 (1)

многодéтный 多子女的 (1)

многонационáльность 多民族性 (2)

моли́ться несов. ‖ помоли́ться сов. 祈祷，祷告；崇敬 (1)

монгóл 蒙古人 ‖ монгóлка (3)

мóрда （兽的）嘴脸；（人的）脸 (1)

мóре по колéно (кому) 满不在乎 (2)

мучи́тельный 令人痛苦的，折磨人的 (1)

мы́сленный 想象的；心里想的 ‖ мы́сленно (1)

мять несов. ‖ измя́ть сов. 揉，搓；压出皱褶，揉成一团 (4)

Н

наболéть сов. 疼痛加剧；痛苦万分 (4)

навали́ться сов. ‖ навáливаться несов. 用力压，挤；（感情、情绪、疾病等）向……袭来 (1)

нави́снуть сов. ‖ нависáть несов. 垂下；笼罩；低垂；降临 (2)

нагнáть сов. ‖ нагоня́ть несов. 赶上，追上；补上，弥补 (2)

нáдобность 需要，必要 (1)

наéсться сов. ‖ наедáться несов. 吃（许多）；吃饱，吃够 (2)

налегкé 不带行李，轻装；衣着单薄，穿得很少 (3)

написáться сов. 写够，写许多，写成，写出来 (3)

напрáсный 徒劳无益的，枉然的；不必要的 ‖ напрáсно (4)

наря́дный 打扮得漂亮的，装饰华丽的；美丽的 ‖ наря́дно (4)

наслаждéние 快乐；喜悦；享受 (3)

настáть сов. ‖ наставáть несов. 来临，到来；出现 (2)

настóлько 到这种程度；如此，这么 (2)

насу́щный 迫切的，紧要的，必不可少的 (1)

натурáльный 大自然的；天然的；十分自然的，不做作的 (1)

наугáд 胡乱地；瞎碰，瞎蒙 (4)

нáция 民族；国家 (4)

невóльный 无意中的，偶然的；情不自禁的，不由自主的 ‖ невóльно (4)

негодовáть несов. 愤怒，愤慨 (1)

недели́мый 分不开的，不可分割的；除不尽的 (3)

неждáнный 出乎意料的，没有想到的 ‖ неждáнно (2)

неизбéжный 不可避免的 ‖ неизбéжно (2)

необъя́тный 无边无际的；非凡的，极大的 ‖

необъя́тно (2)

неоспори́мый 无可争辩的 ‖ неоспори́мо (4)

неотрази́мый 无法抵抗的；无法反驳；强烈的 ‖ неотрази́мо (3)

неподви́жность 静止，不动 (4)

неподви́жный 不动的；不好动的；呆板的 ‖ неподви́жно (4)

непредсказу́емый 无法预料的，想象不到的 (1)

непреходя́щий 永久的，永恒的 (1)

непримири́мый 毫不妥协的，不能和解的，不可调和的 (1)

не́рвничать несов. ‖ поне́рвничать сов. 发急，发脾气 (1)

нестерпи́мый 难以忍受的 ‖ нестерпи́мо (4)

неудержи́мый 抑制不住的，难以遏止的 ‖ неудержи́мо (4)

низ 下面，下边；下层，底层，基层 (4)

ничто́жный 极小的，极少的；微不足道的 ‖ ничто́жно (4)

нищета́ 赤贫；贫乏 (4)

нови́нка 新东西；新作品；新鲜事物；新产品 (2)

новообразова́ние 新生成；新生物；新现象 (4)

но́вшество 新秩序；新事物；新发明 (3)

ночева́ть несов. ‖ переночева́ть сов. 过夜，夜宿；宿营 (2)

О

обежа́ть сов. ‖ обега́ть несов. 围绕……跑（一圈）；跑着绕过；跑遍 (4)

оберну́ть сов. ‖ обёртывать, обора́чивать несов. 缠上；使转向，使变为 (4)

оберну́ться сов. ‖ обёртываться, обора́чиваться несов. 转过头来，转过身来；变为；周转 (4)

обесце́нить сов. ‖ обесце́нивать несов. 使丧失价值 (4)

обогна́ть сов. ‖ обгоня́ть несов. 超过，赶过，越过 (1)

обою́дный 双方的，彼此的 ‖ обою́дно (4)

обрести́ сов. ‖ обрета́ть несов. 找到，寻到，获得 (1)

о́бщина 公社，村社；协会，团体 (3)

о́бщность 共同性；一致（性） (3)

объекти́вность 客观性；客观态度 (1)

огляде́ть сов. огляну́ть сов. однокр. ‖ огля́дывать несов. 环顾，打量 (3)

огля́дка 环顾四周 (4)

одеколо́н 花露水 (3)

озабо́ченный 操心的，担心的；忧虑的 ‖ озабо́ченно (3)

озло́бить сов. ‖ озлобля́ть несов. 使凶狠起来，激怒 (4)

озлобле́ние 愤怒，凶狠 (4)

опо́мниться сов. 苏醒过来；冷静下来；醒悟；回心转意 (4)

освети́ть сов. ‖ освеща́ть несов. 照明，照亮；说明 (4)

осозна́ние 认清，意识到 (3)

оспо́рить сов. ‖ оспа́ривать несов. 辩驳，对……提出异议 (1)

о́тблеск 反光，余晖 (2)

отбро́сить сов. ‖ отбра́сывать несов. 抛开，扔到一边去；击退，打退 (2)

отве́ргнуть сов. ‖ отверга́ть несов. 拒绝，不接受 (3)

отверну́ться сов. ‖ отвора́чиваться несов. 转过脸去；断绝关系，不再往来 (4)

отговори́ть сов. ‖ отгова́ривать несов. 劝……不要做……，劝阻 (2)

отде́лать сов. ‖ отде́лывать несов. (что)装修；装饰；(прост.) 痛打 (3)

отзы́вчивость 同情心 (4)

отзы́вчивый 富有同情心的；敏感的 ‖ отзы́вчиво (4)

отли́чие 区别，差别；功绩，功劳 (4)

отлу́чка 暂时离开，暂时不在 (3)

относи́тельно 比较；关于，对于 (4)

отображе́ние 表现，再现；反映 (4)

отозва́ться сов. ‖ отзыва́ться несов. 应声，回答；评论 (4)

отпа́сть сов. ‖ отпада́ть несов. 掉下，脱落 (1)

отрица́ть несов. 否认，不承认；否定 (3)

отча́яние 绝望，悲观失望 (4)

отчего́ 为什么；因此，所以 (1)

отчётность 工作报告；报表；报销单据；汇报 (3)

отъе́хать сов. ‖ отъезжа́ть несов. (乘车、马等) 走开 (2)

отыска́ть сов. ‖ оты́скивать несов. (кого-что) 找到，寻得 (4)

офице́рский 军官的 (4)

очну́ться сов. 睡醒；恢复知觉，清醒过来 (2)

очути́ться сов. 不知不觉地走到；陷入 (2)

о́щупью 用手摸着；试探着 (4)

ощуще́ние 感觉，感受 (2)

П

па́лка 木棍；手杖，拐杖 (2)

папиро́са 烟卷 (3)

парни́шка 男孩子，小伙子 (1)

пасси́вный 消极的，被动的；负债的 ‖ пасси́вно (4)

перевали́ться *сов.* ‖ перева́ливаться *несов.* (费力地) 翻越过，滚过；翻身 (2)

переде́лать *сов.* ‖ переде́лывать *несов.* 改制；改造；改写，改作 (4)

переки́нуться *сов.* ‖ переки́дываться *несов.* 跳过，越过；转到 (1)

переку́р 抽支烟；歇口气儿 (2)

перемени́ть *сов.* 更换，调换；改变，变更 (3)

перепа́д 落差；压差；跌落 (2)

пе́чка 炉子 (2)

печь 炉子，炉灶；烘箱 (2)

пляса́ть *несов.* ‖ спляса́ть *сов.* 跳 (舞) (多指民间舞) (1)

повле́чь *сов.* 引起，惹起，招致 (3)

подва́л 地下室；地窖 (4)

подви́нуться *сов.* ‖ подвига́ться *несов.* 稍微移动一下，稍移近些；有进展 (4)

подземе́лье 地洞，地窖 (4)

по́дле 在……旁边，在……近旁；靠近 (3)

подобра́ть *сов.* ‖ подбира́ть *несов.* 捡起，拾起；挑选，选配 (2)

подража́ть *несов.* 模仿，仿照，以……为榜样 (4)

подразумева́ть *несов.* 指，意思是；暗示，影射 (4)

подсозна́ние 下意识，潜意识 (1)

подста́вить *сов.* ‖ подставля́ть *несов.* 把……放到 (……下面)；用……支撑住 (2)

подтолкну́ть *сов.* ‖ подта́лкивать *несов.* 轻轻地推……一下；促进，推动 (4)

поду́шка 枕头；坐垫；垫板，托 (4)

подхвати́ть *сов.* ‖ подхва́тывать *несов.* 抬起；把……抓住，接住；伴唱 (3)

подча́с 有时，时而 (3)

пожа́ть *сов.* ‖ пожима́ть *несов.* 握，握一握 (4)

по кра́йней ме́ре 至少 (4)

полага́ть *несов.* 认为，以为，想 (2)

ползти́ *несов.* 爬，爬行 (2)

полиго́н 靶场，射击场，武器实验场 (3)

положи́тельный 肯定的；赞同的；积极的；正面的 ‖ положи́тельно (3)

положи́ться *сов.* ‖ полага́ться *несов.* 依靠，指望，信赖 (1)

помере́ть *сов.* ‖ помира́ть *несов.* 死 (2)

поме́щик 地主 ‖ поме́щица (3)

по́мысел 主意，念头；计谋 (3)

помя́ть *сов.* 揉皱，压皱；揉搓一阵 (3)

понести́ *сов.* 带走，拿走，刮走 (1)

поп 神父，牧师 (1)

попра́вить *сов.* ‖ поправля́ть *несов.* 整理；改正，纠正 (4)

попу́тчик 旅伴；同路人 ‖ попу́тчица (2)

поравня́ться *сов.* (赶上来) 与……并排 (4)

породи́ть *сов.* ‖ порожда́ть *несов.* 引起，产生 (2)

посви́стывать *несов.* 不时轻声吹口哨 (3)

поско́льку 既然；因为 (2)

посте́ль 卧具，被褥，床铺，(铺好的) 床 (4)

постига́ть *несов.* ‖ пости́гнуть и пости́чь *сов.* 理解，了解；临到……头上 (1)

постоя́лец 寄居者，租户，房客 ‖ постоя́лица (3)

постоя́нство 永恒性，恒定；常性 (2)

постоя́ть *сов.* 站一会儿 (4)

поте́ть *несов.* ‖ вспоте́ть *сов.* 出汗；蒙上水汽 (1)

поэ́ма 叙事诗，长诗；史诗；壮观，诗情画意 (2)

поясни́ть *сов.* ‖ поясня́ть *несов.* 说明，阐明，解释 (1)

правосла́вие 东正教 (1)

правота́ 正确 (性)，正义 (性) (1)

превосхо́дный 卓越的，极好的 ‖ превосхо́дно (3)

предпосы́лка 先决条件；前提，出发点 (1)

пре́лесть 美妙，绝妙 (4)

пренебре́чь *сов.* ‖ пренебрега́ть *несов.* 藐视，鄙视；忽略，不顾 (3)

пресле́дование 追击；迫害 (2)

приближе́ние 接近，靠近，快到 (4)

прибли́зить *сов.* ‖ приближа́ть *несов.* 挪近，移近，使靠近 (4)

привя́занность 依恋，眷恋；所依恋的人或事 (3)

пригляде́ться *сов.* ‖ пригля́дываться *несов.* 仔细看；认真研究；看惯，适应 (2)

придвига́ть *несов.* ‖ придви́нуть *сов.* 挪近，移近 (1)

прикры́ть *сов.* ‖ прикрыва́ть *несов.* 盖上，遮住；掩饰；虚掩上 (4)

приложи́ть *сов.* ‖ прилага́ть *несов.* 把……贴在……上；附上，附送；运用 (4)

приобщи́ться *сов.* ‖ приобща́ться *несов.* 参加，投身 (3)

приоткры́ться *сов.* ‖ приоткрыва́ться *несов.* 敞开一点儿 (2)

приписа́ть *сов.* ‖ припи́сывать *несов.* 补写上，把……列入；把……归咎于 (3)

припля́сывать *несов.* 蹦蹦跳跳 (1)

приро́дный 自然界的；天然的；生来的，天生的 ‖ приро́дно (2)

присе́сть *сов.* ‖ приседа́ть, приса́живаться *несов.* 蹲下；坐一坐，坐一会儿 (2)

при́стальный 聚精会神的，集中注意力的 ‖ при́стально (1)

пробра́ться *сов.* ‖ пробира́ться *несов.* 挤过去，钻过去；偷偷走进，钻进 (2)

пробуди́ть *сов.* // пробужда́ть *несов.* 叫醒；唤
起，引起 (4)

провали́ться *сов.* // прова́ливаться *несов.* 陷
入；坍塌；垮台；落空；考试不及格 (2)

проговори́ть *сов.* // прогова́ривать *несов.* 说出
来；说（若干时间） (3)

прозвуча́ть *сов.* 响起；听起来具有（某种特
点）；表现出，流露出 (3)

произво́л 专断，专横；臆断 (1)

происхожде́ние 出身；起源，来历 (4)

проли́ть *сов.* // пролива́ть *несов.* 把……洒出，洒
掉，使溢出 (1)

проникнове́ние 贯穿；浸透；进入 (3)

прони́кнуть *сов.* // проника́ть *несов.* 钻进，透
进；深入到 (2)

пропа́сть *сов.* // пропада́ть *несов.* 遗失，不见；
消失 (4)

проси́ться *несов.* // попроси́ться *сов.* 请求准许 (2)

проследи́ть *сов.* // просле́живать *несов.* 跟踪，
追踪侦查；系统地研究，探究 (2)

проститу́тка 妓女 (4)

просто́р 辽阔，宽敞；自由自在，无拘无束 (2)

просу́нуть *сов.* // просо́вывать *несов.* 伸进，塞进
(4)

противополо́жность 相反，对立；对立现象 (1)

противоречи́вость 矛盾，不相容性，相抵触 (2)

протяну́ть *сов.* // протя́гивать *несов.* 拉；架设；伸
出；递给；拖延；拉长 (2)

протяну́ться *сов.* // протя́гиваться *несов.* 伸出
去；延长；延伸 (2)

пря́ник 蜜糖饼 (1)

психи́ческий 心理的 ‖ психи́чески (2)

пустота́ 空，空处；空虚 (2)

пусты́рь 空地，荒地 (4)

пустя́к 小事，琐事；不值一提；没关系 (4)

пустяко́вый 不值一提的，微不足道的 (2)

пыла́ть *несов.* 燃得很旺；发红；充满 (1)

пьяни́ть *несов.* // опьяни́ть *сов.* 使人醉；使陶醉
(2)

Р

ра́зве что 除了 (2)

раздражи́ть *сов.* // раздража́ть *несов.* 激怒，使生
气；刺激 (1)

разме́ренный 均匀的；有节奏的；从容不迫的 ‖
разме́ренно (2)

разобра́ть *сов.* // разбира́ть *несов.* 拆开；拆除；
整理好；研究清楚 (4)

разогре́ть *сов.* // разогрева́ть *несов.* 加热，烤热；
热一热，温一温 (4)

разре́зать *сов.* // разреза́ть *несов.* 切断，切开，
剪断 (2)

рай 天堂；乐土，乐园 (1)

распа́д 分解，分裂，解体 (3)

рассу́док 理性；理智，正常的神志 (1)

растворе́ние 溶解 (4)

расти́ть *несов.* 养，培育；抚育 (4)

растопи́ть *сов.* // раста́пливать *несов.* 点火，生火
(4)

расточи́тельный 浪费的 ‖ расточи́тельно (2)

расточи́тельство 浪费 (2)

расчёт 结算，清算；解雇，辞退 (1)

рва́ться *несов.* 破碎；断绝；急着要 (3)

реа́льность 客观现实，真实性 (1)

реа́льный 现实的；能实现的；切合实际的 ‖
реа́льно (2)

ро́зыск 寻找；侦查，调查 (3)

роково́й 不幸的；决定性的；致命的 (4)

романти́ческий 浪漫主义的；理想的，幻想的 ‖
романти́чески (2)

руга́тельство 骂人的话，骂街的话 (3)

руково́дствоваться, руководи́ться *несов.* 遵循，
遵照 (2)

ру́сскость 俄罗斯性 (4)

руча́ться *несов.* // поручи́ться *сов.* 保证，担保 (4)

С

самобы́тность 独特性 (3)

самобы́тный 独具风格的，独特的 ‖ самобы́тно (1)

самодоста́точный 自给自足的 (2)

самопоже́ртвование 自我牺牲，舍己精神 (3)

самосохране́ние 自我保全 (4)

самостоя́тельность 独立性，自主性；独立精神 (4)

самоуби́йство 自杀 (4)

сатири́ческий 讽刺的 (3)

сби́ться *сов.* // сбива́ться *несов.* 挪地方；（鞋）
踏坏；迷失方向；聚在一起 (2)

сбы́ться *сов.* // сбыва́ться *несов.* 实现，应验 (2)

све́риться *сов.* // сверя́ться *несов.* （根据某种资
料）查对 (1)

сверну́ть *сов.* // свёртывать и свора́чивать
несов. 卷起；合上；拐弯 (2)

свёрток 一卷儿；一纸包儿 (4)

свети́ться *несов.* 发光，照耀，洋溢，流露 (2)

свободолю́бие 热爱自由 (2)

своенра́вный 性情古怪的；任性的，固执的 ‖
своенра́вно (2)

сво́йство 性质，属性；本性 (1)

сгусти́ть *сов.* // сгуща́ть *несов.* 加浓，使浓缩；凝聚 (1)

сде́ржанный 稳重的，持重的，矜持的 ‖ сде́ржанно (2)

секс 性欲，性；色情 (1)

се́ни 前室；门厅，穿堂 (3)

сеноко́с 割草；割草期；割草场 (2)

серде́чность 诚挚 (4)

сжа́ться *сов.* // сжима́ться *несов.* 收缩；瑟缩，蜷缩 (4)

сига́ра 雪茄 (3)

сиде́ние 坐着；座椅，座位 (4)

си́плый 嘶嘶作响的；嘶哑的 ‖ си́пло (4)

сиро́тский 孤儿的 (4)

ситуати́вный 情景的 ‖ ситуати́вно (4)

сквозь 通过，透过 (4)

ски́нуть *сов.* // ски́дывать *несов.* 抛下，扔下；脱下，摘掉；消除，摆脱 (4)

склад 性格，性情；风格，生活方式 (1)

скло́нный 倾向……的，爱好……的；愿意，想 (1)

скля́нка 小玻璃瓶 (3)

скрести́ *несов.* // поскрести́ *сов.* 抓；刮；使心烦意乱 (3)

славяни́н 斯拉夫人 ‖ славя́нка (3)

славянофи́л 斯拉夫派分子，斯拉夫主义者 (4)

славянофи́льство 斯拉夫派 (3)

слегка́ 轻微地，稍微地 (1)

слеза́ 泪，眼泪 (4)

сли́вочный 奶油制的 (2)

смени́ться *сов.* // сменя́ться *несов.* 更换，换人；交班；更替，替代 (2)

смесь 混合物，混合体 (3)

смысл 意义；涵义；目的，意思 (4)

смягчи́ть *сов.* // смягча́ть *несов.* 使柔软，使柔韧；减轻 (4)

снисходи́тельный 宽容的，体谅的；傲慢的 ‖ снисходи́тельно (4)

собо́рность 同心同德，协同精神 (4)

совме́стный 共同的，协同的，联合的 ‖ совме́стно (4)

созерца́тельность 直观性；冥思，沉思 (3)

созерца́ть *несов.* 观察；深思，冥想 (4)

созна́ние 意识；知觉，感觉；思维 (4)

сопережи́ть *сов.* // сопережива́ть *несов.* 共同感受；休戚相关 (1)

сорва́ться *сов.* // срыва́ться *несов.* 脱落，掉下；挣脱，摆脱；迅速离开 (1)

сострада́ние 怜悯，同情 (4)

соуча́стие 参与，共同进行 (4)

сочу́вствие 同情，同感；赞许 (1)

спе́шка 匆忙，急忙 (2)

сплав 合金；熔合物 (3)

ста́ло быть 所以，因此，可见 (1)

ста́рческий 老年人的；像老年人的 ‖ ста́рчески (4)

стать 体格，身材 (1)

стипе́ндия 奖学金；助学金 (2)

сто́йкий 坚固的；稳定的；坚强的 ‖ сто́йко (1)

сто́йкость 坚固性；持久性；坚定性 (3)

столе́тие 世纪；一百年；一百周年；百岁生日 (3)

столь 如此，那样，这样 (1)

стон 呻吟声，哼哼声 (1)

стуча́ться *несов.* // постуча́ться *сов.* 碰，撞；敲，叩 (2)

сунду́к 大箱子 (4)

суть 实质，本质 (1)

схе́ма 略图，示意图；提纲 (1)

схо́дный 相似的，类似的；相同的 ‖ схо́дно (1)

съесть *сов.* // съеда́ть *несов.* 吃掉，吃下去；耗费掉 (2)

сы́паться *несов.* 散落，洒出；下（小雨或小雪）；倾注 (4)

сюже́т 情节，题材 (2)

сюрту́к 常礼服 (3)

Т

та́йна 秘密，机密；秘诀 (1)

так и 一个劲地，不住地；马上就，就这样；到底也（没） (2)

так сказа́ть 可以说，这样说吧 (1)

таска́ть *несов.* 穿（衣服、鞋）；总是随身携带 (1)

тата́рин 鞑靼人；金帐汗国人 ‖ тата́рка (3)

тата́рщина 鞑靼习气 (3)

твори́ть *несов.* // сотвори́ть *сов.* 创造，创作；做；做出 (4)

телегра́мма 电报；电文 (3)

темне́ть *несов.* // потемне́ть *сов.* 暗淡起来；变得更暗；发黑 (2)

тень 背阴处；阴影；阴暗面 (2)

терпели́вый 能忍耐的；耐心的，顽强的 ‖ терпели́во (4)

терпи́мость 容忍，容让，宽容 (3)

тиф 伤寒 (4)

толера́нтность 宽容，包容；耐受性 (3)

толчо́к 推；跳动；推动力；挺举，推（铅球等） (2)

торопи́ть *несов.* // поторопи́ть *сов.* 催促 (2)

торопли́вый 性急的；着急的；急促的，匆忙的 ‖ торопли́во (4)

тоска́ 忧郁，忧愁，苦闷，厌倦 (1)

тосковáть *несов.* 忧郁，忧愁；挂念 (1)

тóтчас 立刻，马上，就；紧接着 (4)

точь-в-тóчь 丝毫不差，一模一样 (2)

тóшный 令人恶心的；讨厌的；折磨人的 ‖ тóшно (1)

трáвма 损伤，外伤，创伤 (4)

трагѝзм 悲剧成分，悲剧因素；悲惨，凄惨 (2)

тревóжный 慌张的；危险的；警报的 ‖ тревóжно (4)

тугóй 勒紧的，拉紧的；装得满满的；困难的 (2)

тщáтельность 精密性，精确性；仔细，细心 (2)

тщáтельный 精细的，细心的，精心的 ‖ тщáтельно (3)

тюрк 突厥人 (3)

тянýть *несов.* 拉，扯；吸引；抻长；拖延，磨蹭 (2)

У

убóрка 清除；收拾；收获；装饰 (2)

убрáться *сов.* // убирáться *несов.* 走开，离开；整理好 (4)

увезтѝ *сов.* // увозѝть *несов.* 运走，拉走；偷着运走，偷走 (2)

углубѝть *сов.* // углублять *несов.* 加深；使深化 (1)

ýдаль 勇敢，大胆，剽悍 (2)

удáрить *сов.* // ударять *несов.* 打，击；敲响；袭击 (1)

ужѝться *сов.* // уживáться *несов.* 住惯；与……和睦相处；并存 (1)

уменьшѝтельный 较小的；小的 (3)

умéстный 适当的，适宜的；适时的 ‖ умéстно (3)

умозаключéние 推理，论断；结论 (1)

ýмолк 沉默 (3)

унѝзиться *сов.* // унижáться *несов.* 贬低自己；不顾体面…… (4)

унýние 灰心，丧气；忧郁，愁闷 (2)

усéсться *сов.* // усáживаться *несов.* 坐下；坐很久；坐下(开始做某事) (3)

усилéние 放大；加强，加固 (3)

устремѝться *сов.* // устремляться *несов.* 向（某方向）冲去，奔去；朝向 (1)

утвердѝться *сов.* // утверждáться *несов.* 巩固；树立起来；确信，坚信 (2)

утверждéние 确认；论点，见解 (4)

утешѝтельный 令人宽慰的；慰藉的 ‖ утешѝтельно (3)

утéшить *сов.* // утешáть *несов.* (*кого*) 安慰，使解忧，使安心 (2)

утрáтить *сов.* // утрáчивать *несов.* 丧失，失去 (3)

ухáживать *несов.* 照料；献殷勤；巴结 (4)

Ф

фактѝческий 事实上的，实际的 ‖ фактѝчески (4)

философствовать *несов.* 不着边际地空谈，抽象地议论 (1)

формировáть *несов.* // сформировáть *сов.* 使形成；组织，建立 (1)

формулѝровать *сов и несов.* // сформулѝровать *сов.* 用话语表述；准确简练地表达出来 (4)

Х

характéрный 具有特点的，有特色的；所特有的 ‖ характéрно (4)

хлéбный 面包的；盛产粮食的；丰收的 (2)

хозяйственный 经济的；总务的；日常用的；能精打细算的 ‖ хозяйственно (2)

хозяйствование 管理，经营 (2)

Ц

цветовóй 色的 (1)

ценѝться *несов.* 值钱；得到重视，被人珍惜 (3)

Ч

чай 大概，看来 (2)

чáйный 喝茶用的 (4)

человéчество 人类 (4)

чернотá 黑，黑色；黑暗 (2)

чёрт возьмѝ 真见鬼（岂有此理） (3)

чертѝть *несов.* 画线；绘图 (3)

чинопочитáние 尊敬上司；巴结领导 (3)

что бы то ни было 无论什么 (1)

чугунóк 铁罐；铁锅 (2)

чýждый 异己的；志趣不同的；没有……的 (1)

чуть ли не 差不多，几乎；好像；大概 (3)

Ш

швейцáрец 瑞士人 ‖ швейцáрка (3)

шевелѝться *несов.* // пошевелѝться *сов.* 微动；颤动；活跃起来 (2)

широтá 广阔；广泛；纬度；纬度地带 (2)

шоссé 公路 (2)

шпиóн 间谍，奸细，特务 ‖ шпиóнка (3)

шрам 伤痕，伤疤 (3)

штурм 突击；强攻，猛攻 (2)

шуршáние 沙沙的响声 (4)

Щ

ще́дрость 慷慨，大方；奖金	(2)
щемя́щий 使压抑的，令人感到沉重的	(1)

Э

экстенси́вный 粗放的 ‖ экстенси́вно	(2)
экстраве́рт 性格外向的人，外向型的人	(1)
этни́ческий 民族的，人种的 ‖ этни́чески	(3)

э́тнос 族类共同体，民族共同体	(1)

Ю

ю́ношеский 青年的；青年人的 ‖ ю́ношески	(4)

Я

я́ростный 盛怒的，狂热的；猛烈的 ‖ я́ростно	(1)